KB216466

배산리 석불입상 | 오른손은 시무외인을, 왼손은 여원인을 결했다. '두려워하지 마라, 내가 너의 소원을 들어줄 것이다.'

이천 선읍리 입상석불 | 장호원 설성산 신흥사로 오르는 입구 한쪽에 있는 불상으로, 근래에 새로 만들어 올린 불두가 세련되고 아름답다.

기솔리 석불입상 | 법상종의 총본산 쌍미륵사 경내에 있는 2기의 불상으로 '쌍미륵', '남녀미륵'으로도 불린다. 고려 초기의 대형 미륵불로, 1장 6척(약 480㎝)의 장륙불상으로 조성한 것이다.

용인 미평리 약사여래입상 | 왼손에 호리병 모양의 정병을 든 약사여래불이다. 불상 앞이 막히면 마을에 화재가 나고 흉사가 든다고 해서 건물을 짓지 못한다고 한다.

관촉사 석조미륵보살입상 | 높이 18m의 국내 최대 석조보살상으로, '은진미륵' 으로 더 유명하다. '고려 광종대에 큰 돌이 솟아오른 것을 승려 혜명이 쪼아서 불상을 이루었다' 는 기록이 남아 있다.

부여 성흥산성 | 대조사 위에 있는 성흥산성에 오르면 사방이 탁 트이는 조망과 함께 커다란 '사랑나무' 가 반긴다.

연동사지 지장보살입상 | 담양 추월산 금성산성 남쪽의 높이 20m쯤 되는 암벽 밑에 석탑과 함께 모셔져 있다. 민머리에 얼굴이 둥글넓적한 지장보살이 고개를 앞으로 조금 숙이고 있다.

화순 운주사 석불군 | 하룻밤에 천불천탑을 완성하려 했지만 와불을 일으켜 세우기 전에 새벽닭이 울어 천지개벽을 이루지 못했다는 전설을 간직한 운주사. 부부와불은 천불천탑 중 마지막 불상인데, 이 불상이 일어나면 세상이 바뀌고 1,000년 동안 태평성대가 이어진다고 한다.

안동 이천동 석불상 ┃ '제비원 미륵'으로 보물 제115호로 지정되었다. 우리나라 전역에서 성주굿을 올리거나 성주풀이를 할 때 한결같이 이곳 안동 제비원을 본향으로 노래하고 있다.

삼척 봉황산 미륵삼불 ┃ 악귀를 금방이라도 제압해버릴 듯 노려보는 기세가 자못 위압적이다.

서산 황락리 미륵 | 해미읍성 축조 당시 조성한 비보장승 중 하나로 읍성의 북쪽을 방어한다. 가슴에 '卍(만)' 자가 새겨져 있다.

서산 연화리 석불입상 | 원래는 매일산 쪽을 향해 있었는데, 일제강점기 때 누군가가 넘어뜨려서 엉뚱한 방향으로 일어섰다. 발길 드문 외딴 곳에 서 있는 미륵불이 한없이 외롭고 고즈넉해 보인다.

수덕사 미륵보살입상 | 수덕사 중창에 공이 큰 만공스님이 1924년에 조성한 7m 높이의 대형 불상이다. 깨달음을 중생에게 전파하려는 듯 활짝 웃고 있다.

천안 삼태리 마애여래입상 │ 거대한 바위 면에 과감하게 표현한 마애불이 복스러우면서도 박력 있다. 치켜 올라간 눈매, 툭 튀어나온 광대뼈, 커다란 코에 작은 입 등 생생한 묘사가 마치 살아 꿈틀대는 듯하다.

법주사 마애여래의상 │ 살아 숨 쉬는 듯 생동감 넘치는 얼굴 표현이 압권이다. 미륵부처님의 자비로움과 근엄함을 실감할 수 있다.

영인 신현리 미륵불 │ 부드럽고 푸근한 인상이 꼭 승상처럼 보이고, 민불로 조성한 것이다.

충주 미륵대원지 | 고려 때 사찰 미륵대원지에는 석불입상과 삼불좌상, 오층석탑, 삼층
석탑, 석등, 귀부, 당간지주 등이 남아 있어서 영화로웠던 한 시대를 증명하고 있다.

주 동화사 석조비로자나불좌상 | 임진왜란 때 왜장이 칼로 쳐서
기 떨어졌는데, 복원하는 과정에서 잘못하여 머리가 오른쪽으로
짝 기울어졌다.

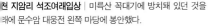

천 지암리 석조여래입상 | 미륵산 꼭대기에 방치돼 있던 것을
래에 문수암 대웅전 왼쪽 마당에 봉안했다.

선운사 도솔암 마애불 | 동학 접주 손화중이 배꼽에서 비기를 꺼내 동학농민전쟁의 불을 댕겼다고 알려져 있다.

남원 내척동 석불입상 | 밤에 보면 흡사 아이를 안고 있는 모습이고 해서 아이를 점지해주는 미륵불로 통한다.

익산 연동리 석조여래좌상 | 나라에 큰 어려움이 있을 때마다 땀을 흘리는 불상이다. 6·25전쟁 발발 3일 전에 처음 땀을 흘렸고 IMF 외환위기 때, 연평도 포격 사건 때, 노무현 전 대통령 서거 때에 땀을 흘렸다고 한다.

미륵 로드

유동후 지음

기적을 찾아가는 돌부처 기행

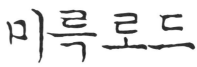
미륵로드

토파즈

내 안의 기적을 찾아가는 미륵로드

미륵부처님은 석가모니불이 열반하고 나서 56억 7,000만 년 후 인간 세상에 내려오셔서 세상을 교화하기로 예정되어 있는 부처님이다.

까마득한 미래에 이 땅에 내려와 중생을 구원한다는 미륵하생신앙은 불가능해 보이는 미완의 꿈, 그러나 끝내 완성되고 말리라는 희망과 믿음의 신앙이다. 가난하고 애달픈 삶을 살아가는 민초들 모두 도솔천에 올라가 이 지긋지긋한 고통으로부터 해방되기를 희망하고, 이 난세에 어서 빨리 미륵불이 나타나 구원해주기를 갈망해왔다. 그래서 도처에 돌미륵을 세우고 기적을 염원해왔던 것이다. 이 책은 그 미륵을 만나러 가는 길을 열어주는 일종의 가이드북인 셈이다.

미륵불은 전국 주요 사찰에서 봉안하고 있다. 보통 절집의 대웅전에는 본존불인 석가모니불을 모시고, 관음전에는 관세음보살을, 비로전에는 비로자나불을 모신다. 그리고 미륵전이나 용화전에는 미륵부처님을 모시게 되는데, 법상종의 맥을 잇는 사찰에서는 이 미륵불을 본존불로 모시게 되는 것이다. 미륵불이 출현하는 곳이 용화세계의 용화수 아래이므로 용화전이라고 하는 것이다. 따라서 전국의 크고 작은 사찰 중에서도 이름이 가장 많은 용화사, 미륵사, 미륵암 등이 모두 미륵불을 본존으로 모신 절임을 알 수 있다.

그리고 오래된 미륵석불은 경기 · 충청 · 호남, 즉 국토의 서쪽, 옛 백제 문화권에 집중되어 있다. 그중에서도 특히 경기도의 안성 · 용인 · 이천 · 여주, 충청도의 논산 · 서산 · 홍성 · 진천, 호남의 고창 · 남원 · 임실 · 화순 · 해남 등지에는 화려한 사찰에 모셔진 미륵뿐만 아니라 이름 없는 당집과 전각, 노천에 방치되어 있는 불상도 많다.

이 책은 백제 문화권인 국토 서쪽 지역의 오래된 돌부처들을 두루 살펴보고, 영남 · 강원권, 수도권에 남아 있는 미륵불과 중요한 석불들도 함께 소개하고 있다. 마을의 수호불인 미륵, 밭두렁과 야산에 방치돼 있어 무심코 지나치기 쉬운 미륵, 폐허로 변해버린 옛 절터를 지키는 돌미륵을 찾아 그 현황을 보여주고, 그 위치까지 곁들여 누구나 쉽게 찾아갈 수 있게 구성했다.

그간 종교·학술적 대상으로만 머물던 미륵불을 실제 답사하면서 누구는 지친 마음에 위안을 얻고, 누구는 우리 곁에 숨어 있는 불교 문화재의 풍요로움에 놀라게 될 것이다.

민초들과 가장 가까운 곳에서 눈물을 닦아주고 희망을 꿈꾸게 하던 미륵부처님. 천년 세월 비바람을 맞아온 불상들, 이름 없는 들녘에서 혹은 깊은 산속에서 누군가의 마음공양을 기다리고 계실 부처님을 찾아가는 길. 물질 만능의 도심에서 벗어나 '나를 찾아 떠나는 여행'이 되길 염원해본다.

⊙ 일러두기

• 이 책은 우리나라 미륵불을 두루 살펴보고자 기획했는데, 미륵불이 주로 분포된 옛 백제 문화권을 중심으로 다뤘고, 형식상 미륵불은 아니어도 오래된 석불로서 가치가 있는 불상도 함께 소개하고 있습니다.

• 답사 결과 마모가 심하거나, 애써 찾은 보람을 느끼기 힘든 불상은 제외했습니다. 선별하면서 미숙한 점, 누락된 부분 등은 전적으로 필자의 책임입니다.

• 영남권·강원권·수도권에도 미륵과 오래된 석불이 많이 남아 있지만 전체 분량상 이 책에서는 주요 미륵불만 소개하고 있습니다.

• 필자는 전작 『마애불을 찾아가는 여행』에서 총 152기의 마애불을 소개했는데, 그중 미륵불 순례 코스에서 빼놓기 아까운 마애여래불도 함께 소개하고 있습니다.

• 불상에 대한 기본 정보와 전문 지식은 문화재청 자료와 『한국민족문화대백과』 등을 참조했습니다.

차례

| 2 | 충남권

| 3 | 충북권

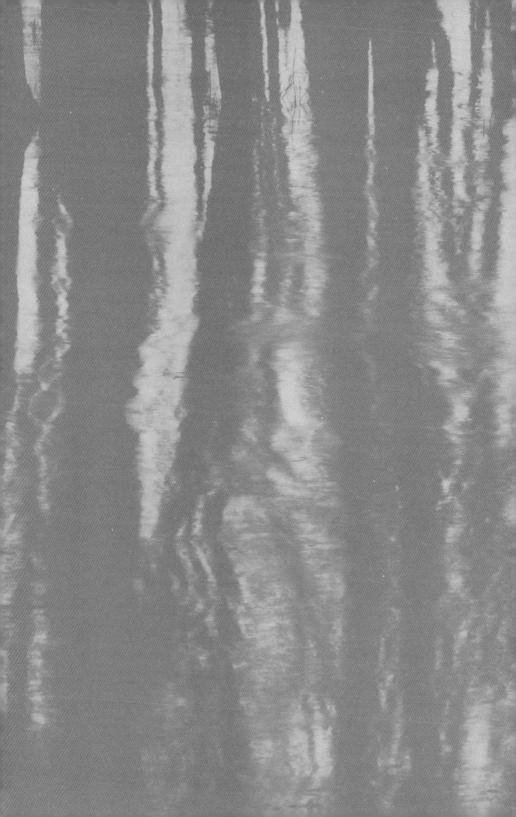

경기도 안성은 예로부터 사통팔달의 교통 요지였다. 그 덕분에 사람과 물자가 풍부하고 살기 좋은 고장이었지만, 병란이나 나라의 큰일

을 겪을 때마다 혼란과 충격이 컸기 때문에 곳곳에 많은 미륵불이 세워졌다. '칠현산 골짜기마다 절이 넘쳐났다' 는 말이 상징하듯 안성

이야말로 '미륵신앙의 메카' 였던 것이다. 그중 태평미륵과 쌍미륵사의 기솔리 석불입상, 궁예미륵은 지금도 많은 사람들이 자주 찾는

미륵이고, 아양동 보살입상과 대농리 마을미륵은 그 친근하고 순박한 모습에 더욱 정이 가는 석불이다. 이천의 태평흥국명 마애보살좌

상은 머리의 화려한 보관이 아름답고, 마애불로 조성된 용인의 문수산 마애보살과 양평의 상자포리 마애불은 가벼운 트래킹을 겸하여

박진감 넘치는 불상의 매력을 실감할 수 있다.

01 안성

매산리 석불입상

중부고속도로 일죽나들목을 빠져나가 안성 시내로 가는 길 오른쪽에 죽산면 매산리가 있는데, 뒷산 비봉산을 등지고 우뚝한 돌미륵이 서 있다. 정식 명칭보다 '태평미륵'으로 더 유명한 매산리 석불입상이다.

석불은 미륵당이라는 누각에 모셔졌고 앞마당에는 오층석탑이 놓여 있다. 나지막한 담 안에 모셔진 미륵불과 석탑이 주변 분위기를 온화하게 감싸주는데 '태평'이라는 말 그대로 친근하고 정감 어린 얼굴이 지금도 찾는 이들의 마음의 안식처가 되어준다.

불상은 높이 570cm의 거불로 보개(寶蓋)를 제외한 전신이 하나의 화강암으로 조성되었다. 넓적한 얼굴에 눈이 옆으로 길고 코가 나지막하며 입이 작다. 갸름한 얼굴에 이마까지 덮고 있는 꽃무늬가 부드럽다. 둥근 귀는 어깨까지 닿을 정도로 긴데, 아마도 소원을 빌러

찾아온 백성들의 목소리를 귀담아들으려는 미륵의 마음일 것이다. 목에는 삼도(三道)가 뚜렷하고, 원통형 몸집은 당당하고 굴곡이 없다. 우견편단(右肩偏袒)의 법의(法衣)에는 옷 주름이 도식적으로 처리되었다. 두 발은 땅속에 묻혀 있고 오른손은 시무외인(施無畏印), 왼손은 여원인(與願印)을 결했다. '두려워하지 마라(시무외인), 내가 너의 소원을 들어줄 것이다(여원인)'로 해석할 수 있다.

이 미륵불은 조선 영조 때 최태평이라는 사람이 빈민 구제와 호국안녕의 염원을 담아 조성했다는 설도 있고, 고려 말 몽골군 침략 때 죽주산성에서 승전한 송문주 장군과 처인성에서 싸운 김윤후의 우국충절을 기리기 위해 세웠다는 이야기도 있다. 그러나 이런저런 이야기들 모두 훗날에 만들어진 것이다. 고려 때 이곳 죽산에는 영남대로상의 중요한 역인 분행역(分行驛)이 있었고, 행인들을 위한 편의 시설과 함께 태평원이 있었다고 한다. 태평미륵도 그때 조성한 것으로 추정된다.

• 주소 : 경기도 안성시 죽산면 미륵당길 32-2(매산리 366)

안성 봉업사 석불입상

칠현산 기슭 칠장사 경내에 있는 안성 봉업사 석불입상은 보물 제983호로 지정된 고려 초기의 불상이다. 봉업사지였던 죽산면 죽산중학교에 있던 것을 이곳으로 옮겨왔는데, 돌 하나에 입상과 광배가 조성되었다. 소발 위에 큼직한 육계가 솟아 있고, 이목구비는 마모가 심한 편이지만 원만해 보인다. 양쪽 귀는 어깨에 닿을 듯하고, 목에는 삼도가 보인다.

통견의(通肩衣) 옷자락은 자연스럽게 흘러내렸고 지그재그 모양의 군의(裙衣)도 보인다. 오른손은 가슴까지 들어 올려 손바닥을 가슴에 붙였고 왼손은 내려서 옷자락을 잡았다. 두광과 신광의 거신광(擧身光) 주위에는 불꽃무늬를 둘렀는데 두광 안의 화불(化佛) 3구가 각기 다른 수인을 취하고 있다.

손이 너무 커 보이기는 하지만 불두와 어깨 넓이 등의 전체적인 비례감이 좋다. 당당한 어깨와 발달된 신체 표현, 유려한 옷 주름 등의 조각 수법 등에서 고려 초기에 유행하던 불상으로 보인다.

절 입구에 서 있는 철당간이 압권인 칠장사는 손때가 덜해 아름답고 소박한 절로, 신라 선덕여왕 5년에 자장율사가 창건했다고 전해온다. 칠장사와 칠현산이라는 명칭은 혜소국사가 이곳에 머물면서 일곱 명의 악인을 현인으로 교화한 데서 유래되었다. 고려 말 왜구의 침략이 극심할 때 충주 개천사에 보관하던 고려조의 역대 실록을 이곳으로 옮겨왔을 만큼 당시에는 매우 중요한 사찰이었다. 현종 5년(1014년)에 혜소국사가 중창했으며, 조선 중종 1년(1506년) 홍정이 중건했다. 이후 인종 1년(1623년)에 인목대비가 아버지 김제남과 아들 영창대군의 원찰로 삼으면서 크게 중창했다.

경내에는 대웅전과 국보 제296호인 오불회괘불탱을 비롯해 혜소국사비, 철당간 등의 지정 문화재가 있다.

또한 칠장사에는 여러 설화가 전해진다. 궁예가 활쏘기를 하며 유년기를 보냈다는 활터가 남아 있고, 임꺽정이 갖바치 스님 병해대사에게 바친 꺽정불 이야기, 암행어사 박문수가 과거시험을 보기 전에 나한전에서 기도하고 잠이 들었는데 꿈에 나타난 나한님이 과거시험 구절을 일러주어 장원급제했다는 설화도 전해진다.

• 주소 : 경기도 안성시 죽산면 칠장로 399-18(칠장리 764)

기솔리 석불입상

안성의 미륵은 주로 칠현산을 중심으로 산재해 있는데, 그중 가장 대표적인 것이 국사봉 아래 쌍미륵과 궁예미륵이다. 해발 438m의 국사봉은 고려 때 도선국사가 미륵 절을 세우고 수도한 데서 국사봉이라는 이름을 얻었다.

쌍미륵인 기솔리 석불입상은 쌍미륵사 경내에 있는 2기의 불상으로 '기솔리 석불입상', '기솔리 쌍미륵', '남녀미륵' 으로도 불린다. 쌍미륵사는 미륵불을 주존불로 모시는 법상종의 총본산이다. 석불 2기가 나란히 서 있는데, 크기가 조금 큰 오른쪽 불상이 남미륵이고 날씬한 왼쪽 불상이 여미륵이다. 모두 머리의 천개(天蓋)를 제외하곤 하나의 돌로 조성했다. 네모반듯한 둔중한 얼굴에 이목구비가 큼직하고, 두툼한 입술에 입은 꽉 다물었다. 귀는 목 근처까지 늘어져 있고 굵은 목에 도식적인 삼도가 표현되었다. 오른손은 가슴까지 들어 손바닥을 밖으로 향했고 왼손도 배 부분까지 들어 손바닥을 밖으로 향하고 손가락을 구부렸다. 원통형 신체에 굴곡은 없는 편이고 어깨에는 통견의 법의가 걸쳐져 있다. U자형 옷 주름이 목에서 발목까지 흘러내린다. 높이가 5m나 되는 이 불상들은 1장 6척(약 480cm)의 장륙불상으로 조성한 것으로 보이는데, 고려 초기 대형 미륵불이 유행하던 시기의 작품으로 보인다. 조금 비대해 보이는 얼굴에 세밀한 표현, 장방형의 짧은 상체, 각진 어깨와 양감 없는 체구 등에서 고려시대의 지방화된 석불 양식을 잘 보여주고 있다.

• 주소 : 경기도 안성시 삼죽면 텃골길 105(기솔리 33-1) / 38번 국도변에 있는 삼죽면 마천초등학교 뒤편 마을길로 5km 남짓 지나면 산 중턱에 쌍미륵사가 있다.

국사암 석조여래입상

기솔리에서 국사봉 정상으로 향하다 보면 국사암이라는 작은 절이 나오고 법당 오른쪽에 아담한 미륵 3기가 서 있다. 국사암 석조여래입상, 속칭 '궁예미륵'으로 알려져 있다.

안성 죽산의 옛 지명은 죽주(竹州)로, 신라 말기 이 지역에서 세력을 일으켰던 기훤의 본거지다. 궁예 역시 기훤의 부하로 죽산에 머문 적이 있는데, 훗날 기훤을 배신하고 미륵으로 자처하게 된다. 이곳에 궁예미륵이 조성한 것도 그와 무관치 않아 보인다. 궁예는 열세 살

때까지 안성 칠장사에서 지낸 것으로 알려져 있다.

불상이라기보다 석인상처럼 보일 만큼 신체에 비해 모자가 커 보이고, 손 모양도 수인이 아니라 선비가 합장하고 있는 듯하다. 본존과 양 협시보살을 배치한 삼존불로, 궁예미륵으로 보자면 궁예가 좌우로 문무관을 거느린 형상이다. 발목 아래는 땅속에 묻혀 있고 지상에 노출된 본존의 높이는 320cm다.

타원형 얼굴에 두 귀가 어깨까지 늘어져 있다. 오른손을 가슴 부분에서 안으로 모았고 왼손은 배에 대고 손가락을 쫙 폈다. 하반신에 U자형 옷 주름이 보이고 허벅지 위에 커다란 연화문이 새겨져 있다. 삼존불 모두 둥근 보개를 썼고 우협시는 석장을, 좌협시는 약병을 들었다. 조각 수법이나 형태로 미뤄볼 때 고려 후기부터 조선 초기에 미륵신앙이 유행할 때 조성한 작품으로 추정된다.

• 주소 : 경기도 안성시 삼죽면 텃골길 80-100(기솔리 산 2-2) / 쌍미륵사 아래 삼거리에서 이정표를 확인하고 길이 끝날 때까지 따라 올라가면 국사암 주차장이 나온다.

구장리 미륵불

마을 입구의 오래된 팽나무 옆에 서 있는 양성 석조여래입상은 예로부터 마을 사람들이 미륵불로 신봉해오고 있는 것으로, 별칭은 '구장리 석조여래입상'이다.

높은 돋을새김으로 조각된 불상은 주형 광배(柱形光背)를 갖추었다. 소발의 머리에 육계가 보이고, 갸름한 얼굴에 큰 눈과 납작한 코, 튀어나온 일자형 입술, 짧은 턱이 묘사되었다. 귀는 길고 목에는 삼도가 뚜렷하다. 팔과 손이 가늘고 작아 다소 왜소한 느낌이 든다. 오른손은 시무외인을 결했고 왼손은 가슴 앞에 들었다. 불신에 걸친 통견의 법의는 양팔에서 계단식 주름을 형성했고 U자형 옷 주름이 흘러내린다. 광배 윗부분은 약간 깨져 나갔다. 불상 앞에 놓인 배례석 위쪽에는 연꽃무늬가 새겨져 있는데 전면에는 3구의 인상이, 측면에는 1구의 인상이 보인다.

이 불상은 고려시대에 마을이 형성될 때 남녀 한 쌍의 미륵불로 조성되었는데, 홍수 때 떠내려가 현재 여미륵은 덕봉1리 마을 입구에 묻혀 있고 남미륵만 이곳에 서 있다고 한다.

• 주소 : 경기도 안성시 양성면 구장리 230-1

안성 운수암 석조비로자나불좌상

안성 운수암 석조비로자나불좌상은 양성면 운수암 비로전에 봉안된 석불이다. 화강암에 높이 107cm의 불상을 조각했는데, 원래 있던 곳은 알 수 없으나 약 60년 전에 이곳으로 옮겨왔다고 한다.

나발의 머리에 육계가 보이고 얼굴은 통통한 편이다. 이목구비가 뚜렷하고 닳아서 없어진 코는 보수했다. 두꺼운 귀는 목둘레까지 내려왔다. 통견의 법의에 옷 주름이 세밀하다. 두 손은 지권인(智拳印)을 결했으며 다리는 오른발을 올려 결가부좌를 지었다. 정강이에 꽃무늬가 음각되었고 연화대좌에도 구름무늬가 보인다.

양성면사무소에서 서남쪽으로 4km쯤 떨어진 무양산성 안의 운수암은 '운적암(雲寂庵)'이라고도 불린다. 1750년(영조 26년) 장씨 부인이 창건했

다고 전해온다. 청상과부가 부처를 모시려고 무양산성 밖에 터를 닦았는데, 꿈에 노승이 나타나 절을 성안에 지으라고 말했다. 그래서 이튿날 현몽한 그 자리에 가서 쓰러진 잡목 무더기를 치우고 보니 과연 절터로 적합하여 이 암자를 지었다고 한다. '운수암'이라는 현판은 흥선대원군의 친필인데, 1870년(고종 7년) 대원군이 시주할 때 현판도 함께 하사했다.

• 주소 : 경기도 안성시 양성면 방신리 산 42-1

대농리 석불입상

산 아래 작은 마을 대농리의 농경지가 펼쳐져 있고, 농로 한쪽에 쉼터 같은 솔숲이 우거져 있다. 그리고 그 앞 느티나무 아래에 오랜 세월 주민들의 애환을 달래온 미륵불이 서 있다. 대농리 석불입상은 높이 220cm에 하반신이 땅속에 묻혀 있다. 중절모 모양의 보개를 쓴 머리는 소발이며 타원형 얼굴은 신사처럼 이목구비가 반듯해 보인다. 귀는 어깨까지 늘어져 있고 법의는 통견이다. 오른손은 가슴에서 보병(寶瓶)을 잡고 있으며 왼손은 그 밑을 떠받든 모습이다. 친근하고 후덕한 얼굴로 마을의 문전옥답을 지키고 서 있는 전형적인 마을 미륵의 모습이다.

• 주소 : 경기도 안성시 대덕면 대농리 91 / 고삼면사무소에서 2km쯤 가면 대농리인데, 마을회관 앞에서 솔숲을 찾으면 된다.

굴암사 마애여래좌상 및 굴암사 마애선각좌불상

진현리 굴암마을에 고려 때 창건한 굴암사가 있는데, 마애불 2기를 거느리고 있다. 미륵전에 모신 굴암사 마애여래좌상과 그 후면의 굴암사 마애선각좌불상이다.

절 마당의 연못 위 계단에 올라서면서 미륵전의 불상이 먼저 공양객을 맞는다. 두광을 갖추었고 머리는 소발이며 육계가 있다. 미소를 부드럽게 머금은 얼굴은 복스럽고 인자해 보이며 길게 늘어진 양쪽 귀는 어깨 위까지 닿았다. 목에는 삼도가 있고 통견의 법의도 뚜렷하다. 오른손은 전법륜인을 지었고, 왼손은 원형지물을 들어 아랫배 부분에 댔다. 비교적 후대인 조선시대 작품이다.

마애선각좌불상은 자연 암벽에 선각되었다. 바위에 금이 가고 부분적으로 마멸되었지만 원형은 충분히 짐작할 수 있다. 머리에 육계가 있고 신광과 두광도 표현되었다. 상호는 원만하고 이목구비가 뚜렷하며 양쪽 귀는 어깨까지 늘어져 있다. 목의 삼도가 뚜렷하고 흘러내린 법의 자락은 결가부좌한 아랫부분까지 이어졌다. 미륵전의 불상보다는 빠른 고려시대 작품으로 추정된다.

• 주소 : 경기도 안성시 대덕면 진현리 산 26

안성 죽리 석조여래입상

대덕면 죽리 외평마을 입구에 당산나무와 함께 서 있는 석불상으로, 정식 명칭은 '안성 죽리 석조여래입상'이다. 장마나 전염병 등으로부터 마을 사람들을 보호하기 위해 조성했다고 전해온다.

불상은 화강암 판석에 여래불로 조성했다. 얼굴은 둥글면서도 각져 보이고 높은 육계와 계주(繫

柱)를 지녔다. 눈은 크게, 코와 입은 상대적으로 작게 묘사했다. 귀는 외곽의 선을 안쪽으로 파냈다. 짧은 목에 도식적인 삼도가 보이고, 통견의 법의가 양어깨를 덮었으며 반원처럼 보이는 옷 주름이 오른쪽 어깨에 접혀 있다. 수인은 선정인(禪定印)이다. 불상이 중국 원·명나라 때의 형식을 따르고 있어서 조선 초기에 조성한 것으로 보인다.

• 주소 : 경기도 안성시 대덕면 죽촌길 173-8(죽리 32-4)

석남사 마애여래입상

안성 서운산 석남사가 바라보이는 계곡에 높이 7m, 너비 6.5m의 대형 암벽이 꽉 찰 정도로 마애불을 새겨 넣었다. 얕은 돋을새김으로 조각한 석남사 마애여래입상으로 삼중의 원형 두광과 신광, 앙련의 연화좌를 모두 갖추었다.

소발의 머리 위에 큼직한 육계가 있고, 귀는 늘어져 어깨에 닿을 듯하다. 넓적한 얼굴에 눈은 옆으로 길게 뻗어 있고, 입술은 두툼하며, 턱에는 깊은 주름이 파여 있다. 목에는 삼도가 굵직하다. 왼손은 가슴에 댄 채 엄지와 중지를 맞댔고, 오른손은 손바닥을 밖으로 향하고 검지를 뺀 나머지 손가락을 접었다. 통견의 법의는 길게 바닥까지 흘러내리는데, U자형 옷 주름은 가슴에서 배를 지나 양다리로 갈라졌다. 법의 안에는 내의와 묶은 띠 매듭이 선명하다.

바위에 생긴 균열 때문에 얼굴에 세로로 금이 갔고, 눈과 코 부분이 조금 손상되었지만 불신·광배·대좌가 거의 완벽하다. 투박한 얼굴과 원통형 불신, 도식화된 옷 주름 등에서 고려 전기의 작

품으로 추정된다.

서운산 석남사는 대한불교 조계종 제2교구 본사인 용주사의 말사로, 680년(신라 문무왕 20년)에 담화 또는 석선이 창건했다고 전해온다. 876년(신라 문성왕 18년) 염거가 중수하고, 고려 때 광종의 왕사였던 혜거국사가 중창하여 수백 명의 승려가 수도했다고 한다. 조선 초기에 억불정책으로 전국의 사찰들을 통폐합할 때는 안성군을 대표하는 자복사찰로 선정될 만큼 전국적인 명찰이었다.

• 주소 : 경기도 안성시 금광면 상중리 산 22 / 석남사 주차장 앞에 '마애불' 이정표가 보인다. 계곡 길을 따라 1km쯤 올라가면 높다란 위치에 있는 불상 바위가 보인다.

아양동 보살입상 및 석불입상

옛날부터 마을 사람들이 미륵불로 모셔온 불상으로 속칭 '할머니 미륵', '할아버지 미륵'으로 불린다. 아파트 단지 앞에 나란히 서 있는 이 불상들의 정식 문화재 명칭은 '아양동 보살입상 및 석불입상'이다.

보살상인 할머니 미륵은 머리에 화관(花冠)과 화판(花瓣)이 새겨져 있다. 가슴에 구슬 장신구 문양이, 어깨와 팔 부분에도 꽃무늬가 보인다. 후덕해 보이는 얼굴에 귀가 가늘고 긴 편이다. 통견에 오른손을 가슴에 얹고 왼팔은 내려뜨렸는데, 허리와 왼팔의 일부분은 땅속에 묻혀 있다. 일제강점기에 수해를 입어 목 부분이 파손되었는데 마을 사람들이 두레로 쌀을 걷어 복구했다고 한다. 관모를 쓴 할아버지 미륵은 귀가 짧고 목의 삼도도 보이지 않는다. 보살입상보다 조금 작고 인상도 자못 엄숙해 보인다.

할머니 미륵은 영험하다고 소문나 있다. 한 총각이 기도를

올려 소원을 성취했다는 말도 있고, 머
슴살이하던 총각이 장사를 해서 모은
엽전을 불상 아래에 묻고 나서 소원대
로 혼인을 해서 잘 살았다는 이야기도
전해진다.

• 주소 : 경기도 안성시 아양동 364 / 아양동 주공아
  파트 107동 뒤편이다.

안성공원 석불좌상

안성시 명륜여자중학교 정문 앞에 옛 안성공원인 '낙원역사공원'이 조성되어 있는데, 규모는 작
아도 둘러볼 문화재가 많고 휴게 시설을 잘 갖춰놓아서 주민들이 자주 찾는 곳이다. 안성 지역에
흩어져 있던 석물들을 이 공원에 한데 모아놓았는데, 고려시대 것으로 보이는 석불좌상 1기가 아
름답다.

좌대와 불상·광배가 모두 원래의 짝은 아닌 것으로 보인다. 소발의 머리에 중절모자 같은 보개가
얹혀 있고 원만한 상호는 마모되어 부분적으로 보수한 흔적이 엿보인다. 법의는 통견이고 비로자
나불의 수인을 짓고 있다. 광배의 불꽃무늬가 굵고 선명하다.

공원 안에는 46기의 선정비, 공덕비, 송덕비 등이 늘어서 있어서 장관을 이룬다. 고려시대 것으로
보이는 삼층석탑 2기도 있고 목 없는 불상을 모신 광배와 좌대, 용도를 알 수 없는 석편들이 흩어
져 있다. 안성 지역 문화답사의 필수 코스 같은 곳이다.

• 주소 : 경기도 안성시 낙원동 장기로91번길 22(낙원동 609-5)

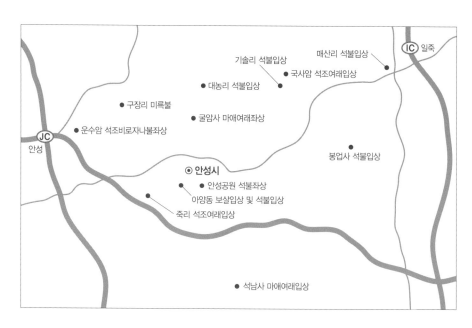

기솔리 석불입상
매산리 석불입상
IC 일죽
국사암 석조여래입상
대농리 석불입상
구장리 미륵불
굴암사 마애여래좌상
운수암 석조비로자나불좌상
JC
안성
봉업사 석불입상
⊙ 안성시
안성공원 석불좌상
이양동 보살입상 및 석불입상
죽리 석조여래입상
석남사 마애여래입상

02 이천

태평흥국명 마애보살좌상

마을의 길가에 우뚝하니 바위가 솟아 있고, 그 한쪽 면을 다듬어 아름다운 보살상을 새겼다. 불상 높이는 3.2m, 보물 제982호로 지정되었다. 속칭 '미륵바우'로 불리는 화강암에 돌을새김한 태평흥국명 마애보살좌상으로, '이천 장암리 마애보살반가상'이라고도 불린다.

한 손에 연꽃을 들고 있는 이 불상의 머리에 쓴 화려한 보관에는 화불이 세밀하게 조각되었다. 반가상으로 오른발은 활짝 핀 연꽃대좌 위에 내렸고 왼발은 오른쪽 무릎 위에 얹었다. 얼굴과 몸이 커서 전체적으로 둔중한 느낌이고 조각 수법이 조금 떨어지는 아쉬움은 있지만 양어깨를 감싼 천의와 화려한 보관, 연꽃을 든 모습 등이 화려한 아름다움을 뽐낸다. 바위 뒷면에 '太平興國六年辛巳二月十三日(태평흥국륙년신사이월십삼일)'이라는 명문이 남아 있어 981년(고려 경종 6년)에 조성한 작품임을 알 수 있다.

• 주소 : 경기도 이천시 마장면 서이천로 577-5(장암리 183-1)

이평리 석불입상

영동고속도로 덕평나들목에서 325번 도로(청강문화대학 방면)를 따라가다 보면 표지판과 함께 길가에 위치한 이평리 석불입상이 보인다.

높이 162cm의 여래불로, 파손된 하반신은 땅속에 묻혀 있고 시멘트로 단을 만들어 봉안했다. 전체적으로 마멸되어 상태가 좋지 않다. 육계가 낮고 나발이 표현되었으며, 상호의 세부적인 표현은 살펴보기 어렵다. 목이 굵고 어깨는 왼쪽으로 조금 기울어져 있다. 오른손은 아래로 내렸고 왼손은 살짝 구부린 형태다.

• 주소 : 경기도 이천시 마장면 이평리 267-22

이천 두미리 미륵당석불

중부고속도로와 나란한 70번 국도변에 모가면 두미리가 있고, 진입로를 따라 마을 안쪽으로 들어가면 오래된 느티나무 군락과 함께 마을의 수호신인 돌미륵이 자리잡고 있다.
약 90cm의 미륵불은 직사각형 판석으로 벽과 지붕을 이룬 소박한 감실 안에 모셔져 있다. 불두는 백발이고 신체에 비해 커 보이는 얼굴에 귀가 어깨까지 내려왔다. 얼굴 전체가 일

부러 갈아낸 듯 마모되어 그 윤곽만 보인다. 깨진 목 부분은 시멘트로 보수했다. 왼팔을 들어 손을 가슴에 댔고 오른팔은 아래로 내렸다.

모습이 왜소하고 보존 상태가 좋지 않아 문화재적 가치는 떨어질지 몰라도 오랜 세월 마을 사람들이 치성을 들여온 미륵불임에 틀림없다. '미륵댕이'라는 부락 명칭도 이 미륵불 때문에 생긴 것이다.

- 주소 : 경기도 이천시 모가면 두미리 / 70번 국도에서 '두미리', '미륵댕이' 이정표를 보고 마을로 들어가 느티나무 숲을 찾는다.

소고리 마애여래좌상 및 마애삼존석불

소고리 마애여래좌상과 소고리 마애삼존석불은 이천시 모가면 소고리에서 1km쯤 떨어진 산자락에 위치해 있다. 예로부터 '부처박골'이라 불리던 곳으로, 지금도 '부처바윗골'로 통한다.

단독상인 마애불은 7m나 되는 커다란 바위 한쪽 면에 꽉 차게 새겼다. 불상의 높이는 3.7m이고 얕게 돋을새김하고 선각으로 처리했는데, 수법이 정교하고 전체적인 균형미가 탁월하다. 소발의 머리에 큼직한 육계가 솟아 있고, 푸근해 보이는 둥근 얼굴에는 눈초리

가 긴 눈과 코, 굳게 다문 입 등이 세밀하게 묘사되었다. 양쪽 귀는 길게 늘어졌고 목에는 삼도가 흘러 내린다. 법의와 가슴의 U자형 옷주름, 초전법륜의 수인 등이 법주사 마애여래의상을 떠올리게 한다. 마애여래좌상 바로 아래쪽에 있는 소고리 마애삼존석불은 남서쪽의 자연석 위에 돋을새김으로 조성했다. 삼존불 모두 결가부좌한 좌상으로, 신라시대의 토우(土偶)를 연상시킬 정도로 회화적이고 과장된 느낌이 강하다. 본존의 머리 위에 굵은 선으로 두광을 표현했고, 기다란 얼굴의 이목구비는 도식화되

었다. 목에는 삼도가 있고 양손은 손가락을 벌려 가슴에 댄 형태다. 좌협시 역시 두광을 갖추었고 민머리에 양손은 가슴에 마주 모았다. 높다란 관모를 쓴 우협시는 양손을 합장하고 있다. 전체적인 균형미가 떨어지고 불상의 일반적인 범주에서 벗어나 매우 도식화된 모습이지만, 소박하고 장난기 넘치는 표정들이 오히려 친근감을 불러일으킨다.

• 주소 : 경기도 이천시 모가면 소고리 91-9 / 모가면 소고3리 마을회관에서 휘닉스스프링스 골프장 쪽으로 접근하여 주차장을 200m쯤 지나치면 도랑을 건너는 작은 쪽다리가 나온다. 다리를 건너 산 쪽으로 500m쯤 올라간다.

이천 선읍리 입상석불

장호원 설성산 신흥사로 오르는 입구 한쪽에 서 있는 불상으로, 정식 명칭은 '이천 선읍리 입상석불'이다.

불상은 하나의 돌에 조성한 것이 아니라 대좌, 불신, 불두, 보개 등을 저마다 따로 조성한 다음 합체하여 안치한 것이다. 원래 이들 각 부분은 마을 앞 시냇가와 논바닥에 묻혀 있었다. 1978년 여름에 홍수가 나면서 불신이 드러나자 신흥사 주지 월선스님이 지금의 위치로 옮겨와 봉안했다고 한다. 이때 아무리 찾아도 불두가 보이지 않았으므로 1983년에 새로 조성하여 함께 안치했는데, 무척 세련되고 아름다워 보이는 얼굴이다.

대좌는 자연석 윗부분을 다듬어 복련의 연꽃을 새기고, 위쪽 중앙에 홈을 파서 촉을 넣은 다음 불신과 연결했다. 둥글게 광배를 조각하고 그 안쪽에 신광을 새겼으며, 다시 그 안에다 돋을새김으로 불신을 형상화했다. 불두 위에는 타원형 판석을 얹어 완성했다.

불신에 특정 장신구가 보이지 않고 법의 형태 등으로 볼 때 여래불로 조성한 것으로 보인다. 대좌의 주소, 옷 주름, 균형 잡힌 불신, 세련된 조각 수법 등에서 통일신라 말기에서 고려 초기, 즉 나말여초(羅末麗初) 때의 작품으로 추정된다.

• 주소 : 경기도 이천시 장호원읍 선읍리 산 110

이천 어석리 석불입상

3번 국도와 38번 국도가 교차하는 장호원 백족산 기슭 아래에 어석리가 있고, 어석2리 한 가운데에 주민들로부터 미륵으로 숭배되어온 어석리 석불입상이 서 있다. 이 불상 때문에 자연부락 명칭도 '미륵당' 이다.

야산을 등진 채 남쪽으로 서 있는 불상은 위아래 큰 돌 두 개를 합쳐서 조성했다. 불상 높이 420cm, 하부 폭 100cm나 되는 대형 석불이다. 소발의 머리에 판석을 얹어 보개를 쓴 모양으로, 눈이 가늘고 길며 귀는 어깨까지 늘어졌다. 이마에는 백호공(白毫孔)이 뚜렷하고, 코는 짧고 도톰하며, 작고 도톰한 입술에 온화한 미소를 머금고 있다. 통견의 법의에 어깨에서 늘어져 발밑까지 이어진 옷자락의 U자형 주름이 선명하다. 사각형 몸통 위에 각진 머리를 올려놓아 전체적으로 사각 돌기둥처럼 보이기도 한다. 고려시대에 경기도와 충청도 일대에서 유행하던 불상의 특징을 잘 보여준다.

• 주소 : 경기도 이천시 장호원읍 어석로72번길 25(어석리 564-4)

이천 자석리 석불입상

이천 자석리 석불입상이 위치한 곳은 '미륵당' 이라고 전해지는데, 높다랗게 석축을 쌓고 그 위에 석불을 봉안했다. 마을이 굽어보이는 산기슭에 조성한 이 불상은 고려 현종 9년(1018년)에 관아의 출입문을 설치할 때 시장(市場)의 번영을

위해 건립했다고 한다. 오랫동안 폐사로 남아 있다가 1967년에 대웅전을 짓고 '연화정사' 라 이름 지었다. 불신은 두 개의 돌에 각기 조성하여 가슴 부분에서 합체한 형태로, 옷 주름과 사지의 표현이 생략된 원통형이다. 소발의 머리에 보개로 원형 판석을 얹은 모습이 어석리 석불입상과 비슷해 보인다.

이 미륵불에 얽힌 이야기가 있다. 옛날 음죽현(陰竹縣)에 현감이 새로 부임해왔는데, 얼마 후 현감과 고을 백성들이 이상한 병에 걸려 고생이 이만저만이 아니었다. 하루는 현감이 꿈을 꾸었는데, 돌부처가 나타나 땅속에 묻혀 있는 자기를 파내어 똑바로 세워달라는 것이었다. 그래서 현감이 부처가 점지한 땅을 파보니 과연 커다란 미륵이 누워 있었다. 부처를 일으켜 세우고 절을 지어 공양하자 곧 현감과 백성들의 병이 씻은 듯이 나았다.

• 주소 : 경기도 이천시 설성면 자석로14번길 157(자석리 산 51) / 3번 국도에서 자석리로 진입하여 이정표를 확인하고 군부대 뒤편의 산길을 따라 2km쯤 가면 연화정사가 나온다.

해룡사 석불좌상

해룡사 석불좌상의 개성 넘치는 상호와 형상이 단번에 시선을 잡아끈다. 나발과 육계가 없는 민머리에 얼굴과 입은 선각으로 단순하게 표현했다. 코는 파손되었고 귀는 어깨까지 늘어졌으며 목에는 삼도의 흔적만 남아 있다. 넓은 어깨에 등 부분이 두껍게 조각되었다. 법의는 우견편단으로 세 줄의 옷 주름이 왼쪽 어깨에서 오른쪽 허리로 흐르고, 하체는 옷 주름에 덮여 있다. 오른손은 결가부좌한 오른쪽 무릎 위에서 항마촉지인을 지었고 왼손은 손바닥을 펴

서 가슴 아래에 댔다.

이 미륵불은 원래 인근의 소도니고개 옛 절터에 있었는데, 해룡사와 함께 옮겨 다니는 운명을 겪는다. 1942년 해룡사가 창건될 때 대흥리 산 99-2번지로 옮겨졌다가 석산 개발로 절과 함께 인근 지번으로 옮겨진다. 그러다가 2004년 해룡사가 또다시 이전하면서 현재의 344-1번지에 자리잡았다.

• 주소 : 경기도 이천시 대월면 대산로 141-20(대흥리 344-1)

이천 관고리 석불입상

이천소방서 옆 야산에서 높이 4m의 미륵불이 시내를 굽어보고 있다. 이천 관고리 석불입상은 법왕정사 대웅전 뒤쪽 야산을 깎아 조성한 대지 위에 봉안되었는데, 원래는 '미륵골'이라 불리던 산골짜기의 밭 한가운데에 있었지만 1997년에 지금의 자리로 모셔온 것이다.

백발의 머리에 눈썹이 둥글고 눈은 길다. 작은 입에는 미소를 살짝 머금고 있다. 귀는 어깨까지 늘어져 있고 목에는 삼도가 뚜렷하다. 왼손은 펴서 왼쪽 다리에 붙여 아래로 향했고, 오른손은 손바닥을 밖으로 향하고 손목을 구부려 손등을 아랫배에 붙였는데, 이 손을 유독 크게 표현한 것이 눈에 띈다. 법의는 통견이고, 굵은 선으로 표현한 U자형 옷 주름이 몸 전체를 덮고 있다.

• 주소 : 경기도 이천시 관고동 산 39-3 / 이천소방서 옆 주유소 뒤 법왕정사 뒷마당으로 올라간다.

영월암 마애여래입상

이천 설봉저수지의 한쪽 길을 따라 올라가면 전망 좋은 영월암이 나온다. 수령 600년이 넘은 은행나무가 입구에서 방문객을 맞는 이 절은 신라시대에 의상이 창건했다. 절간의 당우들이 자연지세를 고스란히 살려 마치 산자락에 안긴 듯 마음이 편안해진다.

영월암 마애여래입상은 대웅전 뒤편의 대형 화강암을 다듬어 바위 면이 꽉 차도록 새긴 것

으로 불상 높이가 9.6m에 이르고, 보물 제822호로 지정되었다. 육계 없는 소발에 목에는 삼도가 뚜렷하고, 원만하고 복스러운 얼굴에 이목구비가 시원스럽다. 육중한 몸 전체에 부드러운 가사가 사선을 그리며 흘러내린다. 두 손은 가슴에 모아 엄지와 약지를 맞댔는데 손바닥을 밖으로 향한 설법상이다. 불두와 양손은 부조로, 가사의 옷주름은 선각으로 처리했다. 후덕한 인상과 가사 형태로 볼 때 불상이라기보다 암자 창건에 관련되어 있는 조사(祖師)나 고승을 기리기 위한 작품으로 추정된다.

의상이 '북악사'로 개창한 절을 1774년 (영조 50년) 영월대사 낭규가 중창하고 자신의 법호를 따 영월암으로 개칭했다. 절 입구에 서 있는 은행나무 두 그루는 나옹선사가 꽂아둔 지팡이가 자란 것이라고 한다.

• 주소 : 경기도 이천시 관고동 산 64-1

양평 송현리 석조여래좌상

양평의 갈지산 자락, 송곡마을 위쪽에 모셔진 미륵불이다. 하나의 돌에 광배와 불신을 조성했는데 광배 높이 63cm, 너비 52cm의 아담한 불상이다.

불신에 두텁게 회를 입히고 채색하여 원형을 알아보기 힘들다. 두광과 신광은 이중의 굵은 선으로 표현했다. 나발에 큰 육계가 있고 귀는 어깨까지 늘어졌다. 왼손은 손바닥을 위로 하여 무릎에 두었고, 오른손은 손등을 앞으로 해서 무릎 위에 늘어뜨린 항마촉지인이다.

미륵불을 모신 대성사는 미륵전과 대웅전, 산신각을 갖춘 조촐한 사찰인데 마을 입구의 이정표에는 '미륵정사'로 쓰여 있다. 약 150년 전 정씨 성을 가진 사람이 보살이 현몽한 대로 미륵부처를 옮겨와 창건했다고 한다.

• 주소 : 경기도 양평군 지평면 송현리 산 93 / 송곡마을회관을 거쳐 마을길을 통과하면 펜션단지가 나온다. 단지 끝에서 마지막 100m는 가파른 비포장길이므로 조심해서 운전해야 한다.

양평 석곡리 석조약사여래좌상

양평 석곡리 섬실마을의 논 한쪽 끝에 자리한 벽돌 건물 안에 모셔진 불상이다. 원래는 마을 입구에 있었는데 1995년에 이곳으로 옮겼고, 마을 노인회에서 설 전후에 날을 잡아 제사를 지낸다.

보존 상태가 좋지 않아 세부 사항을 파악하기 힘들다. 부러진 목은 시멘트로 붙여놓았고, 왼쪽 어깨와 무릎도 보수했다. 법의는 우견편단으로 추정되며, 왼손은 둥근 지물을 들고 있으며, 오른손은 가슴 높이로 들어 시무외인을 결했다.

* 주소 : 경기도 양평군 양동면 양동로 1605(석곡리 423-4) / 장로교회 능선 하단의 콘크리트길로 150m쯤 들어가면 파란색 지붕의 벽돌 건물이 보인다.

양평 옥천리 석조여래좌상

40~50년 된 옥천냉면으로 유명한 옥천 읍내의 옥천수공원 약수터 옆에 삼층석탑과 함께 모셔져 있다. 마을 인근에서 발견되어 옥천초등학교 교정으로 옮겨졌다가 지금의 자리에

봉안했다.

발견 당시에 머리 부분이 없어서 두상을 새로 조성했는데, 육계나 머리카락을 표현하지 않은 나한상(羅漢像)의 모습으로 웃음을 머금은 귀여운 인상이다. 통견에 옷 주름을 두텁게 표현했고 다리는 결가부좌를 하고 있다. 그 옆의 삼층석탑은 고려시대 작품으로, 옥천의 서남쪽 탑산리에 있었는데 해방 후에 옮겨온 것이다.

• 주소 : 경기도 양평군 옥천면 고읍로 136(옥천리 760)

양평 공세리 석조여래좌상과 석조여래입상

양평군 개군면 공세리에 위치한 대덕사 경내에 석조여래입상과 나란히 모셔져 있다. 육각형 좌대 위에 앉아 있으며 광배는 없다. 불상 높이는 220cm이고, 긴 상체에 비해 무릎이 낮아 보인다. 소발의 머리에 육계가 솟아 있고 백호와 세 겹의 삼도가 보인다. 법의는 우견편단이고 옷 주름은 매우 도식적이다. 수인은 항마촉지인이고 길상좌(吉祥坐)로 앉아 있다.

함께 모셔진 석조여래입상은 머리가 유독 커 보인다. 돌 하나에 아래위로 앙련과 복련을 새긴 좌대 위에 똑바로 선 모습이다. 나발의 머리에 육계가 있고 얼굴은 장방형에 가까운 민불의 모습이다. 통견의 법의에 표현한 옷 주름도 도식적이다. 두 손은 시무외인과 여원인을 결했으며 왼손은 보주를 잡고 있다.

• 주소 : 경기도 양평군 개군면 공세리 135

양평 불곡리 미륵불

양평군 개군면 불곡리에 위치한 미륵사 경내의 양평 불곡리 미륵불은 약 200년 전 땅속에서 발굴하여 노천에 세웠다가 이곳 절간에 모셨다. 높이 220cm에 두툼한 보개를 쓰고 있다.

커다란 장반형 판석을 다듬어 머리와 몸통을 양감 없이 표현했다. 얼굴의 이목구비는 갖추었으나 어깨부터 두 발까지는 직각으로 잘라낸 듯 반듯하다. 목이 짧고 법의는 양어깨를 통견으로 덮었는데 앞가슴이 열려 있다. 오른손은 가슴 근처까지 들어 올렸고 왼손은 배 앞에서 손바닥을 앞으로 향했다.

• 주소 : 경기도 양평군 개군면 불곡리 11

양평 상자포리 마애여래입상

여주 천서리에서 산을 오르면 여주 · 이천 · 양평 일대가 한눈에 내려다보이는 파사산성(婆娑山城)이 나온다. 그 산성 서북쪽에 병풍처럼 웅장한 암벽이 둘러쳐져 있고 중앙에 높이 5.5m의 대형 불상이 조각되어 있다. 마애불은 소발에 큼직한 육계가 있고 백호공은 보이지 않는다. 원만한 상호에는 이목구비가 정밀하게 조각되었고, 법의는 좌견편단형(左肩偏袒形)으로 옷 주름이 원을 그리며 늘어져 있다. 끝부분은 직선으로 잘렸고 그 아래에 단엽의 복련좌가 새겨졌다. 오른손은 배꼽 앞에 두고, 왼손은 가슴 앞에 들었다. 광배는 이중선으

로 두광만 둘렀고, 머리 주위에는 별다른 장식이 없다. 하단은 마멸되어 윤곽을 알아보기 힘들다. 주변에서 기왓장 등이 발견된 점으로 미뤄보아 파사성과 관련된 옛 절터로 추정된다.

둘레가 2km쯤 되는 파사성은 한 면이 강 쪽으로 돌출된 원추형으로, 강의 상·하류를 한눈에 조망할 수 있는 중요 요충지에 해당한다. 파사성이라는 지명은 옛날에 이곳이 파사국(婆娑國)이었기 때문이라는 설과, 신라 파사왕이 축성했기 때문이라는 설이 있다. 성은 여러 차례에 걸쳐 축조된 것으로 보이는데, 임진왜란 당시 승려 의암이 승군을 모아 개축함으로써 현재의 모습을 갖추게 되었다고 한다.

• 주소 : 경기도 양평군 개군면 상자포리 산 36-1 / 37번 국도변의 이포대교 사거리 200m 못 미처 '파사성' 안내 표지판이 보인다. 산성으로 향하는 서너 개의 등산로가 있는데, 모두 30분 정도면 성곽에 오를 수 있다. 작은 주차장이 딸린 대신석재 쪽에서 올라가는 편이 수월하고 수호사 쪽은 조금 가파르다.

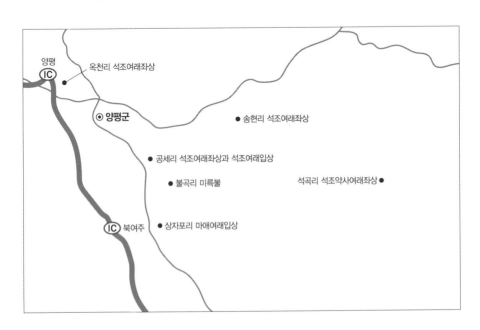

04 여주

여주 포초골 미륵불좌상

사각형의 천개를 쓴 미륵불이 연화대좌 위에 앉아 있다. 소발의 머리, 양감이 풍부한 얼굴에 살포시 내리뜬 눈, 작은 입이 단정해 보인다. 얼굴과 신체 각 부분이 비교적 정제된 모습에서 안정감이 느껴진다. 양손은 결가부좌한 다리 위에 놓았는데 왼손은 오른발 위에서 손바닥을 위로 향했고, 오른손은 무릎 위에 두었다. 통견의 법의 안에는 띠 매듭이 선명하고 어깨에서 팔로 돌아 흐르는 옷 주름이 표현되었다.

대좌는 상·중·하대(上·中·下臺)를 모두 갖춘 팔각대좌다. 상대에는 이중의 연화문이 돌려져 있고, 중대석에는 보살상이 새겨져 있다. 복련의 연화문이 새겨진 하대는 마루 밑으로 들어가 있다. 사각형의 천개, 당당한 어깨, 둔탁한 옷 주름 등에서 고려시대 작품으로 추정된다.

• 주소 : 경기도 여주시 금사면 외평리 454-1

여주 도곡리 석불좌상

여주 원적산 자락의 팔각대좌 위에서 북동쪽을 향해 결가부좌로 앉아 있다. 나발의 작은 육계는 마모되었고 이마에는 백호공이 보인다. 오뚝하고 두툼한 코, 팽팽한 두 뺨, 어깨까지 늘어진 귀는 자연스런 여래불의 모습이다. 양감이 풍부한 얼굴에 목에는 삼도가 뚜렷하고, 왼손은 결가부좌한 다리 위에 얹고 오른손은 가슴 부근에서 손가락 두 개를 폈다. 당당한 어깨에 통견의 법의를 걸쳤

고, 양팔에서 시작된 계단형 옷 주름이 양 무릎으로 흘러내린다. 불상에 비해 작아 보이는 대좌의 상대석은 4단 받침을 갖춘 복엽 연판문인데, 각 연잎마다 두광과 신광을 갖추고 선정인을 한 불상이 조각되었다. 불상 높이 1.8m에 대좌 높이 1m로, 고려시대 작품으로 추정된다.

• 주소 : 경기도 여주시 금사면 도곡리 산 7

여주 대법사 미륵

여주 대법사의 대웅전 불단 우측면에 모셔진 돌미륵이다. 명성황후의 부친인 민치록의 꿈에 나타나 꺼내달라고 하여 땅에서 파냈다고 전해온다. 이 돌미륵을 모시고 나서 명성황후가 태어났고, 이 절집은 훗날 민씨 집안의 원당사찰이 된다. 사찰의 불상이라기보다 민불에 가깝고, 마모가 심해 세부적인 표현은 파악하기 힘들다.

대법사는 통일신라 진성여왕 때 창건되었다고 하는데 정확한 연혁은 전해지지 않는다. 조선 숙종이 사찰과 가까운 야산에 민진후(인현왕

후의 오빠)의 묘를 쓰게 하고
일대를 여흥 민씨에게 맡겨 관
리토록 했다거나, 명성황후의
모친인 한산 이씨가 남편 민치
록의 명복을 빌었고 딸이 중전
으로 책봉되자 대웅전을 건립
했다는 이야기 등이 전해진다.
대웅전과 지장전, 종각 등을

세워 가람을 형성한 것은 1971년 이후의 일이다.

• 주소 : 경기도 여주시 가남읍 안금3길 3-43(안금리 98)

여주 상구리 석불입상

여주 대신면 상구리에 있는 불상으로 전체 높이 230cm에 대좌 높이는 30cm이다. 지금은
골프장으로 변한 옛 절터에서 옮겨온 것이라고 한다.

머리에 두건 모양의 갓을 썼고 목에는 삼도가 있다. 통견의 법의는 어깨에서 사선으로 흘
러내렸고 가슴과 허리 아래로 U자형 옷 주름이 선명하다. 신체에 비해 손이 유독 커 보이

는데 오른손은 가슴까지 들어 올려 손바닥을 밖으로 향하고 엄지, 중지, 소지를 펼쳤다. 왼손은 땅을 가리키고 오른손과 마찬가지로 엄지, 중지, 소지를 폈다.

• 주소 : 경기도 여주시 대신면 상구2길 55-21(상구리 산 11-23)

여주 계신리 마애여래입상

여주 계신리 '부처울'의 강가 직벽을 다듬어 불상을 조성했다. 높이 4.5m, 너비 2m의 바위에 석가여래불을 양각했다. 이곳은 이천 쪽에서 흘러온 복하천이 남한강과 합류하는 지점으로, 한강 상류에서 뗏목을 타고 내려오던 사람들이 이곳에 들러 불공을 드리면서 '부처울', '불암동'이라 불렸다. 남한강의 수운을 낀 신앙의 대상으로 오랜 세월 절벽에 서서 오가는 뱃사공들의 무사한 행로를 염원해온 부처님이다.

원형의 두광과 대좌를 갖춘 불상의 머리는 소발에 육계가 큼직하다. 얼굴은 네모반듯하고 뺨은 통통하다. 눈, 코, 입이 정제되어 상호가 원만하고 두 귀는 어깨까지 닿았다. 조금 짧은 목에는 삼도가 뚜렷하다. 통견의 법의는 넓은 어깨를 덮었고 옷 주름은 양팔을 휘감고 흘러내린다. U자형 주름과 띠 매듭, 고리 등의 표현이 세밀하다. 오른손은 어깨까지 들

어 올려 손바닥을 안으로 향했고, 왼손은 손바닥을 옆으로 보인다. 광배는 삼중의 두광만 표현했는데, 가장자리에 생동감 넘치는 불꽃무늬를 새겨 넣었다. 선각한 연화좌 위에는 떡 벌린 발을 얕게 부조했다.

건장한 신체, 유려한 옷 주름, 세련된 연꽃무늬 대좌 등은 통일신라의 전통을 잘 계승하고 있다. 그러나 얼굴과 하체 등에서 보이는 도식화된 표현은 고려 전기의 작품으로 추정케 한다.

• 주소 : 경기도 여주시 흥천면 계신리 559

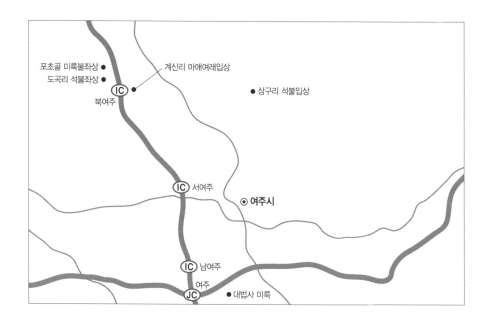

05 용인

용인 가창리 석불입상

용인시 처인구 백암면 가창리의 용화사 뒤편 보호각 안에 모셔져 있다.

하나의 화강암에 높이 298cm의 대형 불상을 조성했는데, 몸에 비해 머리가 커 보인다. 이마에는 기하학적인 무늬가 가득하고, 갸름한 얼굴에는 온화한 미소가 번진다. 눈은 튀어나오듯 크게 조각했고, 큰 귀는 어깨까지 닿았다. 신체에는 옷 주름을 표현하지 않고 어린아이 같은 손만 간략하게 묘사했다.

목이 생략되고 이마의 문양, 양감이 전혀 없는 신체, 옷 주름이 없는 점 등에서 불상이라기보다 문관상(文官像)에 가깝다.

• 주소 : 경기도 용인시 처인구 백암면 근곡로 239-13(가창리 528-10) / 가창리 신창마을의 용화사 뒤편 숲길로 5분쯤 올라가면 보호각이 나온다.

용인 동도사 석불좌상

이 불상은 원래 금당골 어비울절이라는 곳에 있었는데, 임진왜란 때 폐사되자 마을 사람들이 어비리 막골마을로 옮겼다고 한다. 그리고 1963년에 이동저수지가 만들어질 때 어비리 삼층석탑과 함께 이곳 동도사로 옮겨졌다. 중대석이 도난당하고 화재로 불신과 대좌 일부가 파손되는 아픔을 겪기도 했다.

불신은 보수 과정을 거쳤지만 비례가 훌륭하고 근엄한 자비로움이 넘쳐흐른다. 수인은 항마촉지인을 짓고 있다. 대좌는 원형의 상대석과 하대석, 팔각의 중대석을 모두 갖추었는데 사자상과 연화문에서 생동감이 넘쳐난다. 통일신라시대의 양식을 충실하게 계승한 고려 초기의 작품으로 보인다.

• 주소 : 경기도 용인시 처인구 이동면 어진로 842(어비리 807-9)

용인 미평리 약사여래입상

화강암으로 만든 높이 4m의 여래상이며 동남쪽을 향해 서 있다. 머리에 자연석 보개가 올려져 있고 소발의 머리에 육계가 있다. 네모나고 둥근 얼굴에는 백호가 표현되었다. 눈은 초승달 모양으로 길고, 코는 오뚝하며, 귀는 짧은 편이다. 목에는 삼도가 있고, 통견의 법의는 U자형의 넓은 옷 주름을 흘리

고 있다. 오른손은 가슴 앞에 두고 왼손은 호리병 모양의 정병을 들었다. 발밑은 땅속에 묻혀 있고 불상 앞에는 자연석 제단이 놓여 있다. 불상 주변에 높이 80~100cm의 석주(石柱) 여섯 개가 있다는 점으로 미뤄볼 때 본래는 불당이 있었던 것으로 보인다. 미륵불이 섰다고 하여 마을을 '미륵뜰'이라 부르기도 하고, 병을 치유해주는 '의왕불(醫王佛)'이라고도 한다. 불상 앞이 막히면 마을에 화재가 나고 흉사가 든다고 해서 불상 앞에는 건물을 짓지 못한다고 한다.

• 주소 : 경기도 용인시 처인구 미평로81번길 58-16(미평리 66-4)

문수산 마애보살상

문수산 마애보살상은 용인 문수산의 옛 절터 인근에 있다. 바위 면을 다듬어 대칭되게 불입상 2기를 새겼는데, 돋을새김과 선각 기법을 활용했다.

정면을 향하고 있는 왼쪽 보살상은 고개를 오른쪽으로 약간 틀었다. 머리에 보관을 썼고 풍만한 얼굴에 눈, 코, 입이 선명하다. 목은 짧아 어깨와 거의 붙었지만 굵은 삼도가 보이고, 직각에 가까운 어깨에는 가사도 보이지 않고 허리에 군의의 매듭만 표현했다. 오른손은 아래로 내리고 왼손은 가슴 근처에서 구부려 엄지와 검지를 맞댔는데 팔목에 팔찌를 감고 있다.

오른쪽 보살상은 왼쪽 보살상과 서로 대칭된다. 얼굴 부분이 조금 돋보이고 소발로 표현된 점을 제외하면 거의 똑같다. 눈이 귀에 닿을 듯 길고, 눈썹부터 코까지 활 모양의 선이 이

어져 있다. 적당한 크기의 입술에는 미소를 머금고 있으며, 양손은 왼쪽 보살상과 반대되는 자세를 취하고 있다.

두 보살상 모두 신체에 비해 얼굴이 크고 어깨를 움츠리고 있어서 조금 경직된 모습이지만 대담하게 단순화한 형상과 상호, 손, 발 등의 표현에서 고려 초기의 작품으로 보인다. 주존불 없이 보살상만 별도로 구성한 희귀한 사례에 해당한다.

• 주소 : 경기도 용인시 처인구 원삼면 문촌리 산 25 / 곱든고개 정상에 있는 터널을 지나자마자 주차장과 함께 '마애불' 이정표가 보인다. 등산로를 따라 문수산 정상까지 올라간 다음 반대편으로 200m쯤 계단을 내려가면 커다란 마애불이 보인다. 편도 2km 거리다.

용인 마북리 석불입상

불상은 용화전 전각 안에 봉안되어 있다. 전각 앞에는 부재를 모아 건립한 석탑이 있고 그 앞에는 2열로 선정비가 죽 늘어서 있다. 이곳은 현의 치소가 있던 마을의 어귀로, 터가 드센 곳이어서 그 기를 누르기 위해 축귀장신의 일종으로 조성했다가 후대에 미륵으로 떠받들며 당집을 지었다고 한다.

직육면체의 몸통에 높은 관을 썼고 장방형의 얼굴에 턱 부분을 둥글게 표현했다. 눈은 치켜떴고, 코는 크고 오뚝하게 부각시켰고, 입은 꼭 다물었다. 얼굴에는 볼륨감이 전혀 없고 석인상의 근엄함이 엿보인다. 수인은 배 부근에서 두 손을 모아 보주를 잡고 있으며 가슴에는 '卍(만)' 자가 양각되어 있다. 불의가 아닌 관복을 착용하고 있으며 옷의 선은 손과 배 아랫부분만 몇 가닥으로 표현했다.

임진왜란과 병자호란 이후 널리 유행하던 마을미륵신앙의 일종으로 민간에서 조성하여 치병, 마을의 수호, 기복 등을 빌던 불상으로 보인다.

• 주소 : 경기도 용인시 기흥구 마북동 330-1

용인 목신리 석조여래입상

용인 쌍룡산을 등지고 동남쪽을 향해 있는 높이 175cm의 불상이다. 용인시 원삼면 목신리와 안성시 고삼면 가현리의 경계에 있어 예로부터 계미륵(界彌勒)이라고도 불렸다.

신체 하부는 땅속에 묻혀 있고 얼굴을 비롯한 다른 부분도 세월에 풍화되어 원형을 알아보기 힘들다. 나발에 크고 넓은 육계가 솟아 있다. 이목구비는 닳아서 분명치 않고 삼도도 구분하기 힘들지만, 두꺼운 통견의 양어깨에 U자형 옷 주름이 보이고, 앞가슴은 반원으로 노출되었다. 오른손은 시무외인이고, 왼손은 분명치 않다. 석불 앞에는 제단으로 쓰이는 석판이 놓여 있고 불신 뒤에도 작은 판석이 따로 놓여 있다.

• 주소 : 경기도 용인시 처인구 원삼면 목신리 7

용인 용덕사 석조여래입상

이 불상은 원래 용덕사 아래 묵리저수지 부근 신라시대 거밀현 관아에서 모시던 불상이다. 1960년대 저수지 축조공사 때 한쪽 당우에 안치했다가 훗날 이곳 용덕사로 옮겨온 것이다. 전체를 백분으로 칠해 이전의 모습을 파악하기 힘들다. 머리는 소발로 보이고 육계는 알아보기 힘들며 귀는 사라졌다. 통견의 법의에 군의의 옷 주름이 선명하다. 수인은 시무외인과 여원인이지만 손목 부위가 손상되었다. 옷 주름이 일부 패턴화된 경향을 보이고 신체는 볼륨감 없이 다소 경직된 모습이다. 나말여초 때의 과도기적인 작품으로 보인다.

용덕사는 신라 때 영거선사가 창건했고 신라 말기에 도선국

사가 중창했다. 대웅전에 석가여래삼존불과 고려시대 작품으로 보이는 57위의 나한상을 봉안하고 있다. 대웅전 위로 나 있는 암굴 입구에는 반가사유상의 정교한 보살좌상이 있는데 도선국사가 조성했다고 한다.

옛날 용덕사의 암굴에 살던 용은 1,000년을 기다린 끝에 여의주를 얻게 되었다. 마침내 하늘로 승천하려고 하는데, 때마침 아버지의 병을 고치고자 암굴에서 기도 중인 처녀를 발견했다. 용은 지극정성을 다하는 처녀의 효심에 감동하여 여의주를 그녀에게 주어 부친의 병을 고치게 했다고 전해온다.

• 주소 : 경기도 용인시 처인구 이동면 묵리 산 57

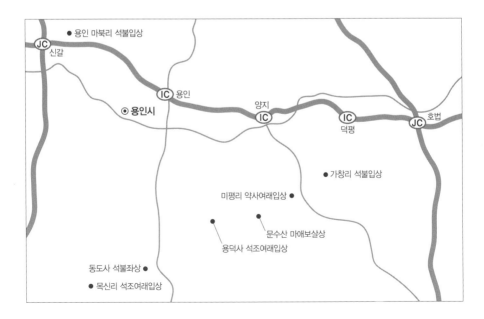

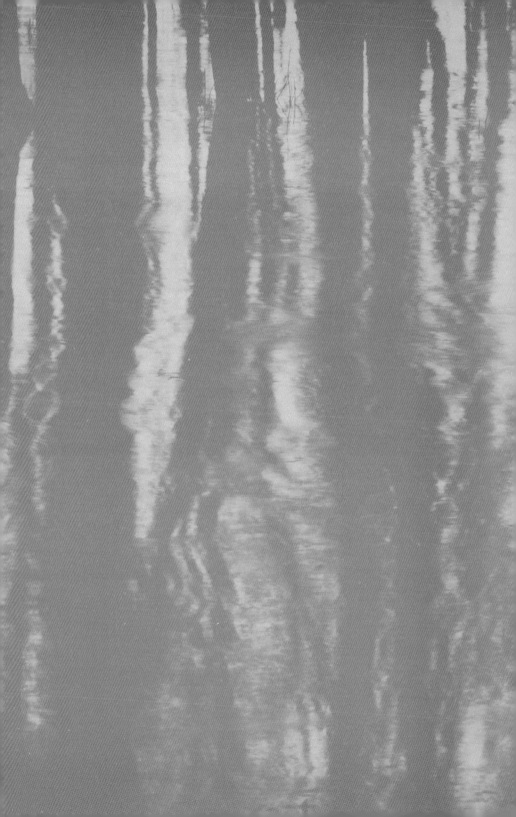

은진미륵으로 유명한 관촉사 석조미륵보살입상은 우리나라 대표 미륵으로 그 높이가 18m나 되고, '은진미륵의 작은어머니'로 불리는

덕평리 석조여래입상과 관촉리 비로자나석불입상도 함께 둘러봐야 한다. 고려 태조가 창건한 개태사지에는 석조여래삼존입상이 남아

있고, 오래된 노송의 절을 받고 서 있는 송불암 미륵불도 빼놓을 수 없다.

서산에서는 국보로 지정된 서산 마애삼존불상의 '백제의 미소'를 만나봐야 하고, 해미읍성을 지키는 사랑 비보불을 찾아보는 것은 미

륵 순례의 필수 코스라 할 수 있다.

높이가 10m나 되는 부여 대조사 석조미륵보살입상을 보고 나서는 성흥산성에 올라보자. 사방이 탁 트이는 조망과 함께 '사랑나무'가

반기는데, 낙조가 아름다워 드라마의 단골 촬영지로 손꼽힌다.

01 논산·부여

관촉사 석조미륵보살입상

높이 18m에 이르는 국내 최대의 석조보살상으로, '은진미륵'으로 더 유명하다. 『신증동국여지승람』 「은진현 불우조」에 '돌미륵이 있는데 높이가 54척이나 된다. 전해오는 말에, 고려 광종대에 반야산 기슭에 큰 돌이 솟아오른 것을 승려 혜명이 쪼아서 불상을 이루었다'는 기록이 있다. 또 '관촉사 사적비'에는 '승려 혜명과 100여 명의 공인(工人)을 은진으로 보내 광종 21년(970년)부터 목종 9년(1006년)까지 제작했다'는 기록이 있다. 10세기 후반 충청 지방에서 유행하던 조각 양식을 유감없이 보여주는 걸작으로, 보물 제218호로 지정되었다.

불상은 거대한 불두에 어깨가 좁고 왜소한 신체를 지녔다. 머리에는 높은 보관을 썼는데, 원래는 금속판을 덧씌워 장식했던 흔적이 남아 있다. 관 위에는 두 층의 사각형 보개가 올려져 있고 네 귀퉁이마다 청동 방울이 매달려 있다. 이마가 좁고 턱이 넓은 삼각형 얼굴에 유독 큰 눈은 옆으로 길게 찢어졌다. 넓은 코, 꾹 다문 두툼한 입술 등은 토속적이면서도 괴이한 느낌을 준다. 굵은 목에는 삼도가 있고 귀는 어깨까지 내려와 있다.

불신은 거대한 돌을 원통형으로 깎아 조성
했는데 불신 같은 느낌이 전혀 없고, 왼손은
아래로 내려 엄지와 중지를 맞댔다. 어깨에
걸친 가사는 길게 양쪽으로 흘러내렸다. 가
로무늬가 보이고 몸 중앙에 몇 개의 U자형
옷 주름이 돌려졌을 뿐 단조로운 편이다. 뭉
툭하고 큼지막한 손에는 연꽃가지를 들었고

발밑에는 연화대좌가 마련되어 있다. 후삼국시대 이후 이 일대에서 성행하던 미륵신앙의 일면을
살펴볼 수 있는 매우 중요한 작품이다.

• 주소 : 충청남도 논산시 관촉로1번길 25(관촉동 254)

은진 관촉리 비로자나석불입상

관촉사 입구 마을의 민가에 모셔진 불상으로 높이가 340cm다. '은진미륵의 어머니'라는 이야기
도 전해온다. 원래는 고려시대에 큰 절 대정운사에 있었는데, 사찰이 불타면서 절터는 밭으로 변
했고 오랫동안 방치되었다가 근래에 이곳으로 옮겨졌다.

신체에 비해 머리 부분이 유난히 강조되었는데, 관을 쓴 것처럼 위쪽이 높이 솟았고 낮은 육계가
표현되었다. 눈썹이 선명하고 코는 음각하여 윤곽을 강조했으며 입은 작게 묘사했다. 귀는 어깨까
지 닿아 있고 가사는 통견이다. 수인은 손을 가슴 앞까지 들어 올려 지권인을 결했고, 옷 주름이
구불구불하다. 대좌에는 모두 다섯 개의 안상(眼象)이 조각되었다.

• 주소 : 충청남도 논산시 관촉로31번길 18-1(관촉동 215)

논산 덕평리 석조여래입상

무릎 아래가 땅속에 묻혀 있어서 전체 높이는 알 수 없지만 드러난 불신만 195cm나 되는 거불이다. 불두는 마멸되었지만 육계가 큼직하고, 풍만한 얼굴에 이목구비가 오밀조밀하면서도 복스러워 보인다. 가사의 옷 주름은 가슴 아래로 넓게 U자형으로 흐르다가 다리 윗부분에서 두 가닥으로 나뉜다. 오른손은 가슴 앞에 들어 여원인을 지었고 왼손은 떨어져 나갔다.

불상은 옛 운제사 절터에서 관촉사의 은진미륵을 향해 서 있는데, 사람들은 석조여래불의 인자하고 후덕한 모습을 보고 '은진미륵의 작은어머니'라고 부른다. 두 불상의 거리가 가깝고 모두 비슷한 시기에 조성한 불상이라 그렇게 부르는 것 같다. 고려 때 무신 정공권의 시에 등장할 정도로 유명한 불상으로 얼굴과 머리, 신체와 옷 주름 등의 특징에서 고려시대의 불상으로 평가된다.

• 주소 : 충청남도 논산시 부적면 덕평리 산 4

개태사지 석불입상

논산시 연산면 천호리의 개태사에 있는 불상으로, '개태사지 석조여래삼존입상'이라고도 불린다. 본존불의 높이 4.2m, 좌우 협시 4m 규모이고 보물 제219호로 지정되었다. 투박하면서도 거대한 몸집, 과감한 신체 표현, 두꺼워진 복장 등에서 고려 초기 불상의 파격미를 유감없이 뽐낸다.

개태사는 936년(고려 태조 19년) 고려 태조가 후삼국 통일을 기념하여 창건한 사찰인데, 삼존불도 그때 함께 조성한 것으로 추정된다. 광배는 결실되었지만 대좌와 불신을 합친 높이가 4.2m이므로 장륙불상으로 조성한 것으로 보인다. 원래는 두세 부분으로 절단되어 넘어져 있었는데, 이후 붙여서 복원함으로써 현재와 같은 완전체를 갖추었다. 연화대좌 위

에 서 있는 거구의 본존상은 육계가 낮고 거의 마멸된 나발로 인해 머리와 얼굴의 구분이 모호하다. 머리 모양은 타원형인데 얼굴은 역삼각형이다. 좁은 이마에는 백호가 크고 도 드라져 보인다. 큰 눈에 코와 입은 매우 작게 묘사되었다. 목에는 삼도가 표현되었고 신체 는 원통형에 가깝다. 우견편단의 상체만 둥글게 처리되었을 뿐 신체의 굴곡은 거의 없는 편이다. 손발이 유난히 큼직하게 묘사되었고, 왼손을 배에 대고 오른손은 어깨까지 들어 시무외인을 결했다. 어깨에 걸친 법의는 묵직하고 다리의 군의는 간단한 세로줄무늬로 처 리했다. 대좌에는 연꽃무늬를 새겨 넣었다.

좌협시보살도 기본적으로 본존불과 비슷하지만 얼굴, 어깨, 가슴 등은 보다 부드럽게 처 리했다. 형식적이지만 유연한 옷자락이 표현되었고, 가슴 부분에서 시무외인과 여원인을 짓고 있는 손은 본존불보다 사실적이다. 우협시도 좌협시보살과 거의 비슷한 모양이다. 두건 같은 머리, 귀의 중간을 타고 흐르는 한 가닥의 보발(寶髮) 등이 특징적이다.

개태사에는 석불입상 외에도 오층석탑과 석조, 철확 등이 남아 있다. 철확은 승려들의 국 을 끓이던 커다란 가마솥으로 그 크기가 지름 3m, 높이 1m, 둘레 9.4m나 된다.

• 주소 : 충청남도 논산시 연산면 계백로 2614-11(천호리 108)

논산 연산 천호리 비로자나석불

개태사 뒤쪽으로 500m쯤 떨어진 용화사라는 작은
암자에 봉안되어 있다. 화강암에 높이 110cm로 불
상을 조성했는데, 발견 당시 없었던 불두를 최근
새로이 만들어 복원했다.

왼쪽 무릎을 세우고 오른쪽 무릎을 구부려 꿇어앉은 모습인데, 목에는 길게 늘어뜨린 목걸
이가 장식되어 있다. 법의는 양어깨에 걸쳤지만 나신에 가깝고, 띠 매듭에서 이어진 2조의
장식이 두 다리 사이로 늘어졌다. 양 팔뚝에는 팔찌처럼 보이는 장신구가 표현되었다. 수
인은 양손을 몸 앞에서 모아 지권인을 결했다. 수인상 비로자나불로 분류되지만 무릎을 꿇
고 있는 모습에서 '공양보살상'으로 추정되기도 한다. 개태사 창건 당시에 함께 제작된 것
으로 추정되는데, 선이 굵고 묵직한 안정감을 주는 불상으로 원래의 불두를 볼 수 없어서
아쉬움이 크다.

• 주소 : 충청남도 논산시 연산면 천호3길 64(천호리 21-5)

연산 송정리 마애삼존불

논산시 연산면 하송마을 뒷산에 조성한 삼존불로 천년고찰 개태사를 바라보고 있다. 조성

연대나 유래에 관한 기록은 없지만 개태사와 관련된 불상이 아닐까 추측된다. 4m쯤 되는 수직 암벽에 삼존불을 선각했는데 본존불은 3.2m, 좌우 협시는 1m 높이다.

본존은 양손을 가슴에 들어 합장했고 머리에는 굵은 육계와 두광, 신광이 보인다. 얼굴에 비해 눈을 크게 묘사했고, 목에는 삼도가 있으며, 늘어진 법의는 흡사 누비장삼 같다. 좌우 협시는 본존불 크기의 절반 정도로 거의 비슷한 모양이다. 불상을 새긴 바위 면이 가로로 갈라져 있어서 본존의 가슴과 우협시의 머리 부분이 갈라져 있다. 주변에 칡덩굴 등 잡목이 뒤엉켜 있어 마멸이 가속화될 것으로 보인다.

• 주소 : 충청남도 논산시 연산면 송정리 산 41-2 / 개태사에서 약 800m 지점에 철길 건널목과 송정교가 있다. 다리를 건너면 우측 논 끝에 외딴집이 보이고, 그 뒤로 산 8부 능선에 불상 바위가 흐릿하게 보인다. 길이 따로 없고 방향을 어림잡아야 하지만 찾기 힘들지는 않다. 잡목을 헤치고 올라가야 하므로 가능한 한 여름철은 피하는 게 좋다.

논산 송불암 미륵불

송불암 미륵불은 옛 석불사에서 모셨던 불상인데, 송불사 동쪽에 있던 석불사는 임진왜란 때 불타 없어졌다. 미륵불 바로 옆의 노송이 불상과 조화를 이루고 퍼져 있어서 송불암이라는 이름을 얻었다. 그런데 처음에는 미륵불을 보호하는 듯하던 소나무가 시간이 지날수록 점점 아래로 처지면서 마치 미륵불이 소나무를 이고 있는 형국이 되자 근래에 불상의 위치를 조금 옮겨놓았다. 그래서 지금은 소나무가 미륵불에게 절을 하고 있는 듯한 모습이 되었다.

불상은 머리에 사각형 보관을 썼고 그 위에는 연

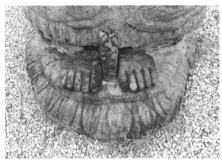

꽃 봉우리가 있다. 통견의 법의는 가슴 부분에서 U자형을 이루었고, 얕게 선각한 옷 주름은 발목까지 흘러내렸다. 왼손은 가슴에 댔고 오른손은 몸 옆에 붙였다. 풍만한 얼굴은 근엄해 보이며 이마에는 백호가 있다. 고려 말이나 조선 초기의 작품으로 추정된다.

• 주소 : 충청남도 논산시 연산면 연산리 75

논산 상도리 마애불

논산 상도리 마애불은 계룡산의 남서쪽 줄기, 속칭 '미륵당골'로 통하는 곳에 위치해 있다. 거대한 자연 암벽에 불신을 선각하고 그 위에 별도의 불두를 조성하여 올렸다.

머리는 나발에 육계가 크다. 눈은 지그시 감았고, 길고 갸름한 얼굴에 입이 작아 보인다. 목에는 삼도가 표현되었고, 양어깨에 걸친 통견의 법의는 선각으로 처리했다. 왼손은 가슴 앞에 두고 오른손은 아래로 내렸다.

높이가 6m나 되는 불상으로 전형적인 고려시대의 거불 양식을 따르고 있다. 마애불 앞에는 넓은 평지가 남아 있는데, 고려 때 사찰 용화사지로 알려져 있다.

상도리 마애불의 들머리에 위치한 신원사도 큰 절이다. 651년(백제 의자왕 11년) 열반종(涅槃宗)의 개산조 보덕이 창건한 이래 신라 말 도선국사가 중창

했고, 1298년(고려 충렬왕 24년)에는 무기가, 조선 후기에는 무학대사가 중창했다. 계룡산의 동서남북 4대 사찰 중 남사(南寺)에 해당하는 절로 대웅전, 향각, 영원전, 대방, 요사채 등의 당우를 거느리고 있다. 대웅전에는 아미타불을 주존불로 모셨고, 향각의 불상은 명성황후가 봉안한 것이라고 한다. 부속 암자 중 고왕암은 나당연합군이 백제를 침공할 때 왕자 융이 피난했다가 항복했다고 하여 붙여진 이름이다.

- 주소 : 충청남도 논산시 상월면 상도리 산 60 / 계룡산 신원사 앞에서 '씨튼 영성의 집' 진입로와 '용화사' 팻말 중간 내리막 길로 접근한다. 내비게이션의 안내를 받아 다가가면 두 개의 굿당 간판이 보이는데, 연화당 쪽으로 들어가야 한다. 굿당 앞 오른편의 주차장 아래쪽을 살펴보면 가느다란 오솔길이 보인다. 그 길을 따라 샛길을 올라가면 두어 기의 산소가 보이고, 커다란 바위가 많아질 즈음 등산로 왼쪽에 커다란 불상 바위가 보인다. 굿당에서 700m이고, 10분쯤 소요된다.

논산 신풍리 마애불

야트막한 산기슭의 높이 10m 남짓한 자연 암반에 선각되었다. 이곳은 원래 영은사라는 암자가 있던 자리로, 최근까지도 불상 앞에 사당이 있었다고 전해온다.

불상은 친근감이 느껴지는 소박한 얼굴이다. 네모난 얼굴, 소발의 머리 위에는 높다란 육계가 있고 미간에는 백호의 흔적이 보인다. 눈을 반쯤 떴고 코가 넓적하고 입은 매우 작게 묘사되었다. 갸름한 귀는 어깨까지 늘어져 있고 짧은 목에 가느다란 삼도가 보인다. 두 손은 가슴 앞에서 모아 마주 잡았고,

통견으로 보이는 법의는 바위 조각이 떨어져 나가 불분명하다. 다소 딱딱해 보이는 옷 주름이 목덜미에서 V자형으로 흘러내렸다. 두광은 꼭대기 3구의 화불로 대신했고, 신광에는 불꽃무늬를 새겨 넣었다. 전체적인 세련미가 떨어져 보이고 간략화한 의복 형태, 토속

적인 얼굴 등에서 고려 중기의 작품으로 추정된다.

인근의 탑정호는 탐방객들을 위한 휴식 공원과 걷기 코스가 잘 조성되어 있다. 휴정서원과 계백장군 묘역도 함께 둘러보면 좋다.

- 주소 : 충청남도 논산시 부적면 신풍리 산 13 / 내비게이션에 주소나 '마애불'을 입력하면 헷갈리기 십상이다. '영사암'이나 '휴정서원'을 입력한다. 탑정호와 계백장군 묘역을 지나쳐 신풍리 쪽으로 좀 더 가면 휴정서원이 나온다. 휴정서원 바로 직전에 나오는 작은 삼거리에서 좌측 영사암으로 올라가는 비포장도로가 보인다. 길 끝에 주차하고 5분쯤 올라가면 조선 때 김국광 형제가 시묘살이를 했다는 영사암이 나오고 건물 뒤편 바위에 마애불이 있다.

부여 대조사 석조미륵보살입상

고려시대에 유행하던 거불 중 하나로 논산 은진미륵과 쌍벽을 이루는 걸작으로 꼽힌다. 미래 세계에 중생을 구제할 미륵보살을 형상화한 작품으로 높이가 10m에 이르는 대불이다. 보물 제217호로 지정되었다. 전설에 의하면 한 노승이 이 바위 밑에서 수도하다가 큰 새한 마리가 바위 위에 앉는 것을 보고 깜박 잠이 들었는데, 깨어나보니 바위가 미륵보살로 변해 있었다고 해서 대조사(大鳥寺)가 되었다고 한다.

머리에 보관을 썼고 보관의 네 모서리마다 작은 청동 방울이 달려 있다. 관 밑으로 짧게 머리카락이 보이는데 은진미륵과 비슷한 모양이다. 넓고 각진 얼굴에 귀와 눈은 크지만 코와 입은 작은 편이다. 어깨를 감싼 법의도 두껍고 무거워 보인다. 팔은 몸통에 붙여 겨우 표현되었고, 오른손은 가슴에 대고 왼손은 배 부분에서 연꽃가지를 잡고 있다. 거대한 돌기둥처럼 보이는 체구, 4등신에 가까운 신체 비율, 원통형 보관과 사각형 보개 등은 고려 때 충청 지방에서 유행하던 양식이다.

대조사는 인도에서 범본 『율장』을 가지고 돌아온 겸익이 개창했다고도 하고, 527년 담혜가 창건했다는 기록도 있다. 창건자에 대한 설은 달라도 모두 6세기 초에 창건되었음을 알

수 있다. 고려 원종 때 진전장로가 중
창했으며 1989년 이후 명부전과 종각,
미륵전 등을 신축하여 오늘날의 가람
을 이루었다.

• 주소 : 충청남도 부여군 임천면 성흥로197번길
  112(구교리 760)

금성산 석불좌상

금성산 남쪽 기슭의 폐사지에 매몰되
어 있던 것을 수습하여 모셨다. 아픈
몸을 낫게 해주고 아들을 얻게 해준다
고 해서 백성들에게 꾸준히 예불되다
가 1919년 지금의 조왕사가 세워지면
서 주존불로 봉안되었다.

네모반듯한 얼굴에 풍만한 상호를 지
녔다. 머리의 검게 칠을 입힌 육계와
나발은 근래에 보수한 것이다. 가늘게
뽑아 올린 양 눈썹에도 색을 입혔다.
반쯤 뜬 두 눈은 눈두덩의 경계가 분명
한데 그려 넣은 눈자위는 조금 위로 몰
린 듯한 모습이다. 코는 길고 인중은

우묵하게 표현했다. 입술은 가늘고 얇으며 묵직한 귀는 어깨까지 늘어졌다. 삼도는 보이
지 않는다.

얼굴에 비해 불신이 조금 작고, 결가부좌한 다리의 너비와 어깨 폭이 거의 같아서 전체적
으로 경직된 느낌을 준다. 대좌는 상 · 중 · 하대석 모두 방형으로 각기 연꽃잎과 안상을 새
겨 장식했다. 양손을 몸 앞에서 모아 지권인을 결한 비로자나불이다.

• 주소 : 충청남도 부여군 부여읍 계백로 334-47(동남리 20-3)

부여 석목리 석조비로자나불좌상

부여 석목리의 조촐한 법당에 봉안된 비로자나불로 노은사지에 방치되어 있다가 1987년

에 이곳으로 모셨다. 주민들 사이에서 안질에 효험이 있다는 속설 때문에 불상의 안면부가
크게 훼손된 상태다. 머리에는 나발의 형체가 보이고 작은 육계가 볼록 솟아 있다. 그러나
상호 대부분이 마모되어 움푹 꺼진 안구와 희미한 윤곽만 확인될 뿐이다. 왼쪽 어깨 부분
도 꽤 손상되었다. 수인은 왼손을 아래로 하고 오른손을 위로 하여 가슴 앞에서 모은 지권
인을 결했다.

비록 심하게 마멸되었지만 당시의 엄숙한 풍모를 느끼게 해주는 불상이다. 함께 전해오던
석탑은 국립부여박물관으로 옮겨졌다.

• 주소 : 충청남도 부여군 부여읍 논절로 25-6(석목리 276)

부여 홍산 상천리 마애불입상

홍산 상천리 태봉산 자락 바위에 새겨진
여래불로 높이는 5.2m다. 앞쪽으로 조
금 기울어진 바위에 얕게 부조했는데,
신체에 비해 얼굴이 유독 커 보인다. 소
발의 머리에 육계가 솟아 있고, 넓고 둥
근 얼굴에 눈이 가늘고 입술이 두터워서
토속적인 인상을 풍긴다. 법의는 우견편
단으로 옷자락이 왼쪽 어깨를 덮었는데,
나비 모양으로 묶은 띠 매듭이 특이해
보인다. 옷 주름은 배 부분에서 아래로
둥글게 늘어져 있다. 왼손은 배 앞에 대
고 손바닥을 벌렸으며, 오른손은 늘어뜨
려서 엄지와 검지를 맞댔다. 발 아랫부

분은 땅속에 묻혀 있는 상태다.

주변에 별다른 절터의 흔적이 없는 것으로 보아 민불로 조성한 듯하다. 부여 지역에서는 보기 드문 대형 마애불로, 보존 상태도 비교적 양호한 편이다.

• 주소 : 충청남도 부여군 홍산면 상천리 산 104-1 / 마애불은 산의 8부 능선에 있는데, 산비탈에 밤나무 숲이 조성되어 있어서 승용차로 바로 밑에까지 접근할 수 있고 주차장도 있다.

02 서산·태안

서산 황락리 미륵

서산시 해미면 황락리 '미륵골'에 있는 불상으로, 해미읍성 축조 당시 북쪽을 지키기 위해 만들어 세운 비보장승이다. 마을 사람들은 미륵이라고 하지만 솟대나 문인석이라고도 하고, 선돌이라고도 한다. 높이 250cm, 너비 70cm, 두께 40cm의 화강암 한쪽 면에 얼굴만 돋을새김으로 조각했다. 손과 옷 주름은 음각 선으로 처리했는데, 법의는 우견편단으로 오른쪽 어깨를 내놓고 왼쪽 어깨에만 옷 주름을 표현했다. 양손은 들어서 가슴과 배 사이에 두었고 가슴에 '卍(만)' 자가 새겨져 있다.

서산 해미읍성은 조선시대의 성곽으로 그 둘레는 2km다. 현재 남문인 진남문과 동문, 서문이 있고 성내에는 동헌, 어사, 교련청, 작청, 사령청 등이 복원되어 있다. 해미는 1414년(태종 14년) 충청병마절도사영이 덕산에서 이곳으로 이설된 뒤 1651년(효종 2년) 청주로 옮겨질 때까지 군사의 중심지였다. 그래서 1491년(성종 22년) 읍성을 쌓고 서해안 방어를 담당했다. 성을 축성할 때 동서남북으로 각각 50여 리 떨어진 곳에 비보장승을 조성했는데, 황락리 미륵도 그중 하나다.

• 주소 : 충청남도 서산시 해미면 일락골길 95(황락리 188-1) / 해미읍성에서 정문인 진남루를 바라보면서 우측으로 성벽을 끼고 400m쯤 돌아가면 해미초등학교가 나오고, 이곳에서 일락사 쪽으로 600m 더 들어가면 황락리 마을회관이 나온다. 마을회관 바로 뒤편에 미륵이 있다.

서산 반양리 미륵불

해미에서 가장 큰 미륵으로 그 높이가 213cm다. 해미읍성 서쪽을 지키던 비보장승으로, 반양리 반계마을의 미륵사 용화전에 모셔져 있다. 처음에는 들녘에 세워졌던 마을미륵이 시간이 흘러 초가집에서 슬레이트집으로, 2011년 이후에는 화려한 절간으로 봉안되어 들어갔다.

가는 눈에 코가 두툼하고 조각한 선이 섬세하다. 온화한 인상에 이마에는 백호공이 나 있다. 머리에 꽃무늬 보관을 썼고 목에는 삼도가 있다. 넓고 당당해 보이는 가슴에는 가슴걸이를 장식했고, 법의는 우견편단이다. 양손은 들어서 가슴과 배 사이에 두었다.

• 주소 : 충청남도 서산시 해미면 반양리 315

서산 조산리 미륵불

벙거지를 뒤집어쓴 것 같은 조산리 미륵은 해미읍성의 남쪽 미륵이다. 얕은 돋을새김으로 눈, 코, 입과 늘어진 장삼 같은 옷자락을 표현했다. 두 손은 가슴에 모았는데 간략하게 선각으로 처리했다. 도로가 생기면서 지금의 자리로 옮겨졌고, 규모가 작아 손이 탈 것을 우려해 2009년 콘크리트로 바닥을 다져 고정시켰다. 작고 볼품없어 보이는 민불이지만, 지금도 마을의 수호신으로 모셔지며 1년에 한 번씩 제를 올린다. 마을 사람들은 남성미가 넘치는 반양리 미륵불을 '할아

버지 미륵'이라 부르고 여성스러운 이 미륵을 '할머니 미륵'이라 부른다.

한편 동쪽을 비보하던 산수리 미륵은 1984년 도난당하는 비운을 겪게 된다. 현재 그 자리에는 옛 모양을 본뜬 대리품을 세워놓았는데, 최근 한 미술관 정원에 있는 불상이 산수리 미륵임이 밝혀지면서 미륵불을 반환하라는 청원운동이 한창이다.

해미읍성도 영화로운 시절만 있지는 않았다. 고종 때인 1790~1886년의 신유박해, 기해박해, 병오박해, 병인박해 등 대원군의 천주교 박해 당시 수천 명의 천주교 신자를 처형한 장소로 악명이 높다. 성내에는 당시에 신도들을 가두었던 감옥 터와 목을 매달았던 회화나무가 남아 있는데, 사람들은 일명 '교수목'이라고 부른다. 서문 밖에는 신도들을 밀어 죽였던 수구와 신도들을 메쳐 처형하던 자리개돌이 도로변에 그대로 남아 있다.

• 주소 : 충청남도 서산시 해미면 조산1길 8(조산리 279) / 해미읍을 감싸 도는 외곽도로(29번 중앙로)를 타고 시내로 향하다가 GS주유소와 나란한 애니카랜드 주차장으로 들어간 다음 왼편의 밭 쪽을 살펴보면 키 작은 미륵이 보인다.

서산 송덕암 미륵불

상왕산의 서남쪽, 대곡리 솔뜸마을 도로변에 위치한 송덕암 약사전에 봉안된 미륵불이다. 영험이 있다고 알려지면서 소원을 비는 발길이 끊이지 않는다.

높이 170cm의 미륵불은 네모난 화강암의 한쪽 면에 불두와 손 부분만 돋을새김으로 조

066

각했다. 채색된 얼굴은 길고 풍만한 편이다. 한 손은 위로 들어 손바닥을 밖으로 향했고 다른 손은 아래로 내려서 손가락을 약간 구부린 형태다. 법의는 양어깨를 덮은 통견으로 U자형 옷 주름이 음각되었다. 전반적으로 퇴화된 양식으로 보아 조선시대에 조성한 것으로 추정된다.

조선 영조 때 해미면 언암리의 임사하라는 사람이 과거를 보기 위해 말을 타고 이곳을 지나가는데, 암자 앞에 이르렀을 때 말이 움직이지 않았다. 하인들이 고삐를 당기고 뒤에서 밀어도 꼼짝하지 않았다. 할 수 없이 말에서 내린 임사하가 주위를 살펴보니 가까운 산 덤불 속에 미륵불이 있었다. 그는 즉시 미륵불 앞에 큰절을 올리고, "제가 이곳에 큰 절을 지어 모시겠습니다. 그러니 이번 과거 길에 저의 소원을 들어주십시오" 하고 기도하자 그제야 말의 발굽이 땅에서 떨어졌다. 그 후 임사하는 과거에 장원급제했고 승지 자리까지 올랐으며 미륵불과의 약속을 잊지 않고 고향에 돌아와 암자를 지었다고 한다.

조선 정조 9년(1785년)에 창건했다고 전해지는 송덕암은 현재 1970년대에 중건한 약사전과 요사채, 산신각, 범종각 등을 갖추고 있다.

• 주소 : 충청남도 서산시 해미면 대곡리 602 / 서산에서 29번 도로를 타고 덕산 쪽으로 가다 보면 원터 교차로 근처에 송덕암이 있다. 유턴하여 이정표를 확인하고 곁길로 빠지면 된다.

서산 신장리 불당골 석불좌상

800년 전부터 마을 사람들이 지극정성을 다하면 아들을 얻는다고 믿어온 수호불이다. 음암면 신장리의 '불당골'에 있는 돌부처로, 마을 북동쪽 야산 능선의 경사면 끝부분에 있다. 원래는 일락사에 있던 불상인데, 지금의 자리에서 약 1.5m 앞쪽에 있었으나 도로 공사 때 옮겨 모시고 주변을 시멘트로 단장했다. 전체적으로 마모가 심해 세부 기법을 파악하기 힘들지만 결가부좌한 아미타여래불로 추정된다. 하나의 화강암에 보주형 광배와 불좌상을 조각했다. 통견의 옷 주름이 겨우 표현되었고, 수인은 중

품중생인(中品中生印)을 결했다. 불상 앞에는 아담한 배례석이 놓여 있고, 그 좌우에도 2기의 석재가 놓여 있다. 이 불상 역시 절도를 피할 수 없었는데, 2000년에 언론과 방송국 등의 노력 끝에 겨우 되찾아 모셨다는 입석이 세워져 있다.

• 주소 : 충청남도 서산시 음암면 신장리 / '동암보건진료소'를 입력하고 진행 방향으로 1km쯤 직진하면 야트막한 고갯마루
  가 나오는데 새로 포장된 도로 위쪽에 봉안되어 있다.

서산 여미리 석불입상

서산 '아라메길'의 시작점인 운산면 여미리에 있는 미륵불로 높이 310cm, 너비 80cm, 두께 50cm의 화강암 한쪽 면을 깎아 조성했다. 토속적인 인상에 단순하고 거대하게 표현한 방식에서 당시 유행하던 거불을 실감할 수 있다. 이 미륵불은 1970년대에 인근 용장천에서 발굴하여 지금의 자리로 옮긴 것이다. 전하는 말에 의하면 냇가에서 5km쯤 올라간 상류에 불상 2구가 있었는데, 그중 하나가 떠내려온 것이라는 설도 있지만 확인할 길은 없다.

방형의 두툼한 얼굴이 근엄한 인상을 풍기고 머리에는 화불이 새겨진 보관을 썼다. 미간에 마멸이 심한 백호의 흔적이 보이고, 눈은 거의 감고 있다. 원추형 코는 곧게 뻗었고 앞으로 도드라진 입은 두툼하다. 목의 삼도

는 투박하고 거친 동심원으로 목덜미까지 이어졌다. 우견편단의 법의에 U자형 옷 주름이 좌우대칭으로 흘러내렸는데 도식화된 모습이다. 왼손을 가슴 위로 들어 올렸고 오른손은 아래로 내렸다.

한편 서산 아라메길은 바다의 고유어인 '아라'와 산의 우리말인 '메'를 합친 말로, 바다와 산이 만나는 지역의 특색을 갖춘 친환경 트레킹 코스로 인기가 높다. 특히 아라메길 1코스는 '유기방가옥~선정묘~여미리 석불입상~유상묵가옥~전라산~역천~서산 마애삼존불~보원사지~용현자연휴양림~일락사~해미읍성'으로 이어지는데, 전통 가옥과 불교문화의 정수를 체험할 수 있는 코스다.

• 주소 : 충청남도 서산시 운산면 여미리 산 17

서산 강댕이 미륵불

서산 마애삼존불상을 알현하려고 불심 가득한 용현계곡을 따라가다 보면 길가 한쪽에 사람 높이의 돌무더기를 쌓고 그 위에 모신 작은 석불이 눈에 띈다. 이름부터가 왠지 친근감이 드는 강댕이 미륵불이다. 원래 고풍리에 있었는데 1973년 저수지를 축조할 때 지금의 자리로 옮긴 것이다. 불상은 머리에 보관을 썼고 얼굴 가득 미소를 머금었다. 오른손은 위로 올리고 왼손은 배 위에 걸치고 있는, 전형적인 미륵불이다.

강댕이란 지명은 신라 때 최치원이 이곳에 강당을 세우고 제자들을 가르쳤는데, 강당이 후에 강댕이라 불린 데서 유래했다. 미륵불을 세운 것도 서해를 통해 중국에 드나들던 뱃사람들의 무사안녕을 빌기 위해 세웠다는 설과, 보원사의 비보석불이라는 설이 교차한다. 지금은 폐사된 보원사지를 중심으로 99개의 암자가 흩어져 있었는데, 가야산 정상에 백암사

를 지어 암자 100개가 채워졌을 때 모든 사찰이 한꺼번에 불타 망해버리고 말았다는 이야기도 전해진다.

• 주소 : 충청남도 서산시 운산면 용현리

서산 마애삼존불상

우리나라 석불 중에서 백미로 꼽히는 서산 마애삼존불상, 흔히 '백제의 미소'로 불리는 불상이다. 암벽을 파고 들어가 마애불을 조성하고 그 앞에 나무로 처마 같은 집을 달아낸 마애석굴(磨崖石窟) 형식을 취했다. 중앙에 석가여래불을 모시고 오른쪽에 보살입상을, 왼쪽에 반가사유상을 배치한 삼존불 형태다. 『법화경』의 석가모니불과 미륵불, 반가사유상을 형상화했다. 조성 시기는 6세기 말~7세기 초인데, 백제 때 이곳이 중국으로 통하는 태안반도와 부여의 길목에 해당했으므로 당시의 활발했던 문화 교류 분위기를 엿볼 수 있는 걸작으로 평가된다. 국보 제84호로 지정되었다.

삼존불 모두 보주형 두광과 복련 연화좌를 갖추고 있다. 본존불은 육중하고 중후한 체구로 시무외인과 여원인 수인을 결했다. 머리는 소발이고, 도톰하고 복스러운 얼굴에 둥근 눈썹, 살구씨 모양의 눈, 얇고 넓은 코, 입술에는 부드러운 염화미소를 머금었다. 불신은 두툼한 법의에 가려져 있고, 여러 겹의 U자형 옷 주름이 흘러내린다. 둥근 두광 중심에는 연꽃을, 그 둘레로 불꽃무늬를 새겨 넣었다.

보관을 쓴 우협시 미륵보살 역시 본존처럼 얼굴에 살이 올라 있고, 눈과 입에 만면의 미소를 짓는다. 나신의 상체에 목걸이를 장식했고, 오른손은 위로 하고 왼손은 아래로 늘어뜨려 보주를 잡았다. 좌협시 반가상도 보관을 썼고 만면에 미소를 띤 복스러운 인상이다. 상체는 나신이고 두 팔은 크게 마멸된 모습이다. 오른쪽 다리를 왼쪽 다리 위로 올려 왼손으

로 잡고 있는 모습, 오른손 손가락으로 턱을 받치고 있는 모습이 우아하고 세련되어 보인다.

용현계곡에서는 마애삼존불뿐 아니라 3km쯤 떨어져 있는 보현사지도 함께 둘러봐야 한다. 이 폐사지는 고려시대의 대규모 사찰로 발굴

조사가 한창이라 다소 어수선하긴 하지만 온전하게 남아 있는 당간지주와 오층석탑, 그리고 고려 광종의 스승이었던 법인국사 부도비 등을 살펴볼 수 있다.

• 주소 : 충청남도 서산시 운산면 마애삼존불길 65-13(용현리 산 2-10)

서산 연화리 석불입상

서산시 지곡면 연화리에 있는 석불이다. 마을에서 산으로 이어지는 길을 따라가다 보면 마을 끄트머리쯤 길 옆 작은 둔덕에 주민들이 미륵불로 모시는 돌부처가 서 있다. 이정표나 작은 표식 하나 없지만, 골짜기 능선 아래에서 마을을 등지고 서쪽 고갯마루를 향해 서 있다. 원래는 대산의 매일산 쪽을 보고 서 있었는데, 일제강점기에 누군가가 넘어뜨려서 엉뚱한 방향으로 일어섰다는 이야기가 있다. 이 불상에 관한 기록은 1927년의 『서산군지』에서 찾아볼 수 있는데, '연화리 연화산 아래 고려조의 미륵석불이 있다'고 기록되어 있다. 지금도 마을에서는 해마다 음력 1월 15일에 미륵제를 올리고 있다.

하반신이 땅속에 묻혀 있는 불상은 노출된 높이만 195cm다. 상당한 거불로 짐작되지만 알아보기 힘들 만큼 파손되어 세부 기법은 파악하기 힘들다. 얼굴은 약간 뭉툭하면서도 길쭉한 편이고, 눈과 코는 그나마 선명해 보인다. 머리 위에는 꽃잎을 장식한 흔적이 엿보인다. 목에는 삼도가 있고 법의는 우견편단이다. 손은 양각으로 표현했는데 오른손은 배 부

위에 댔고 왼손은 가슴에 올렸다. 고려 후기에 조성한 것으로 추정된다.

발길 드문 외딴 곳에 세워져 넘어졌다가 다시 일어난 미륵불이 한없이 외롭고 고즈넉해 보인다.

• 주소 : 충청남도 서산시 지곡면 연화리 산 45

태안 마애삼존불입상

태안 백화산 중턱에 자리잡고 있는 삼존불로 국보 제307호로 지정되었다. 대형 바위 동쪽 면에 감실을 만들고 삼존불을 조성했는데, 중앙의 작은 보살상 좌우로 큰 불상 2구를 배치한 파격적인 구도가 특징이다. 일반적인 삼존불 형태가 아닌 '1보살 2여래' 구도는 불이사상(不二思想)과 맥이 닿아 있다. 즉 둘이면서도 하나로 귀일하는 사상을 보살이 연결해주는 것으로, 대승불교의 이념을 상징하는 것이다.

불상은 하체가 땅속에 묻혀 있었던 것을 1995년에 발굴하여 현재의 모습을 갖추었다. 3구 모두 분명한 복련의 대좌를 갖추고 있다. 좌우의 불상은 기본적인 형태가 같은데 오른쪽 여래불이 좀 더 사실적이고, 시무외인과 여원인을 결합한 수인이 조금 다를 뿐이다. 조각은 환조에 가까운 고부조이고, 당당한 체구에 팽이 모양의 육계를 지녔다. 통견의 법의는 묵중하고 가슴에 띠 매듭이 보인다. 양감이 풍부한 얼굴에 입은 꽉 다물었는데 미소를 잃지 않으면서도 강건한 느낌을 준다. 중앙의 보살은 산 모양의 보관을 썼고 귀 양쪽으로 장식이 늘어져 어깨에 닿았다. 기본적으로는 양 협시불의 특징을 그대로 이어받았는데, 좀 더 여성적이며 부드러운 느낌이 든다.

태안 마애삼존불입상은 당시 중국과의 교역이 활발했던 이 지역의 지리적 특성상 중국 산둥 지역에서 유행하던 마애석굴의 영향을 받은 것으로 여겨진다. 오른쪽 여래는 양손을,

왼쪽 여래는 오른손의 소지와 약지를 접고 있는데, 이런 양식은 중국 북위 효문제 태화 원년(477년)을 전후해 만들어진 윈강 석굴 포복불 양식에서 비롯된 것이라고 한다. 태안 마애삼존불은 여러모로 서산 마애삼존불상과 비교된다. 둘 다 백제 때 조성한 작품이지만 조각 수법이나 모양새, 보존 상태 등에서 태안 마애불이 조금 앞선 것으로 추정된다.

현재 마애불을 모시고 있는 태을암은 수덕사의 말사다. 정확한 창건 연대는 알 수 없지만 사찰의 명칭이 단군 영정을 모셨던 태일전(太一殿)에서 유래했다고 하며, 현재의 건물들은 근래에 중창한 것이다. 대웅전 앞마당에 서면 태안읍의 전경과 시원스레 펼쳐진 서해를 한눈에 조망할 수 있다.

• 주소 : 충청남도 태안군 태안읍 동문리 산 42

몽산리 석가여래좌상

태안군 남면 몽산리에 있는 불상으로, 전체 높이는 190cm이고 불상 높이는 103cm다. 결가부좌한 불상은 항마촉지인을 결했다. 보주형 광배에는 불꽃무늬와 비천상이 새겨져 있

다. 불상의 얼굴과 대좌의 일부는 파손되었다. 광배와 연화좌의 섬세한 조각 기법 등에서
통일신라시대 작품으로 보인다.

• 주소 : 충청남도 태안군 남면 우운길 180(몽산리 742-2)

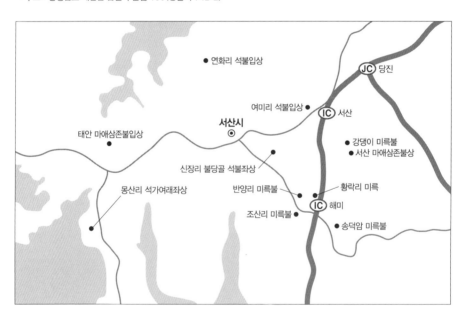

수덕사 미륵보살입상

덕숭산 수덕사의 부속 암자인 정혜사로 오르는 중
간쯤에 서 있는 불상으로, 수덕사 중창에 공이 큰
만공이 1924년에 세운 높이 7m의 대형 불상이다.
거구에 몸체를 기둥처럼 조성한 것, 머리에 보관을
쓰고 갓을 얹은 것 등이 관촉사의 은진미륵 이래로
유행한 충청 지방의 고려시대 석불의 계보를 밟고
있다. 불상의 환하게 웃고 있는 모습이 만공스님의
깨달음을 중생들에게 그대로 전파하고 있는 듯하
다. 가까이 있는 만공탑은 만공스님의 부도다.

덕숭총림 수덕사의 창건 연혁은 정확하지 않다. 백
제 후기 숭제법사가 창건하고 공민왕 때 나옹선사
가 중창했다는 설도 있고, 599년 지명법사가 창건
하고 원효가 중창했다는 말도 있다. 확실한 것은 현
존하는 대웅전이 1308년(고려 충렬왕 34년)에 건립되
었다는 기록이다. 고려 무왕 때 혜연이 묘법연화경
을 강설하면서 위상을 드높였으며, 현재의 수덕사
는 1865년(고종 2년) 만공의 중창으로 선종 유일의
근본도량이 되어 오늘에 이른다. 대웅전 양옆에는
승려들의 수도장인 백련당과 청련당이 있고, 앞에
는 조인정사와 삼층석탑이 배치되어 있다. 그리고
덕숭산 정상을 향하다 보면 근래에 조성한 사면석

불이 보이고 1,020계단을 따라 미륵불입상, 만공탑, 금선대, 진영각 등이 차례로 나온다. 그 위에 만공이 참선도량으로 세운 정혜사가 있으며, 덕숭산 정상에 서면 넉넉한 예산 들 녘을 한눈에 조망할 수 있다.

• 주소 : 충청남도 예산군 덕산면 수덕사안길 79(사천리 19)

예산 상가리 미륵불

흥선대원군의 생부 남연군의 묘에서 동북쪽으로 2km쯤 떨어진 골짜기에 북향을 하고 서 있다. 원래는 가야사를 바라보고 있었지만 대원군이 가야사를 없애고 남연군의 묘로 쓰자 돌아서버렸다는 이야기가 있고, 북방에서 쳐들어오는 병마를 감시하기 위해 북향했다는 설도 있다.

머리에 보관을 썼고, 보관 중앙에 화불이 장식된 것으로 보아 관세음보살로 조성되었음을

알 수 있다. 이마에는 백호가 있
고 눈은 반쯤 떴다. 길쭉한 얼굴
의 양 볼에는 살이 올라 있고,
코는 보수한 흔적이 보인다. 법
의는 우견편단으로 옷 주름이
자연스럽게 오른쪽으로 흘러내
리고, 왼손은 배에 붙이고 오른
손은 가슴께로 들어 올렸다. 투

박하고 거칠게 조성한 듯하지만 볼륨이 있고 생동감이 넘쳐 보인다.

• 주소 : 충청남도 예산군 덕산면 상가리 25

예산 삽교 석조보살입상

예산에서 홍성 내포로 넘어가는 길목에 세심천온천호텔이 있고, 그 뒤로 난 수암산 등산로
한쪽에 높이 5.3m의 거불이 마을 들녘을 굽어보고 있다. 보물 제508호로 지정된 예산 삽
교 석조보살입상이다.

불상은 두 개의 돌을 연결하여 조성했다. 머리에 두건 모양의 보관을 썼고 그 위에 육각형
돌을 올렸다. 코와 입은 작게 묘사했는데 전체적으로 인상이 부드럽다. 어깨의 윤곽은 아
래로 내려가면서 조금씩 넓어지지만 양감이 전혀 없어 돌기둥처럼 보인다. 옷 주름도 생략

되어 서너 자락만 배 부분에 늘
어졌다. 왼손은 아래로 내렸고
오른손은 가슴까지 들어 올려
지팡이 같은 것을 잡았다. 거불
이면서 볼륨감이 없는 돌기둥
형태, 간략한 신체 표현 등에서
논산 은진미륵이나 부여 대조사
미륵 등 고려시대 충청 지방 특
유의 불상 형태이다.

• 주소 : 충청남도 예산군 삽교읍 신리 산 16 / 세심천온천호텔 주차장 왼쪽 등산로를 따라 20분쯤 올라가면 이정표가 보인다.

예산 신평리 미륵

예산에는 삽교 석조보살입상 말고도 2기의 미륵이 더 있는데, 덕산 주민들은 이들 3기의
미륵이 세 방향에서 덕산을 보호하고 있다고 믿어왔다. 하지만 한곳에 위치를 잡고 정착한
삽교 석조보살입상과 달리 규모가 작은 2기의 미륵은 읍내에서 이리저리 쫓겨 다니는 수
모를 피할 수 없었다.

가야관광호텔 맞은편 도로변에 위치한 신평리 미륵은 동향을 하고 있다. 하단은 도로를 낼
때 매립하여 콘크리트 속에 묻혀 있는데, 노출된 높이는 270cm다.

전체적인 균형미가 떨어지고 상단에는 큼지막한 사각형 보개가 올려져 있다. 몸체에 비해
얼굴이 큰 편인데, 비바람에 씻겨 많이 닳기는 했지만 눈, 코, 입이 뚜렷하고 시원하게 웃
는 인상이다. 별다른 장식은 없지만 예로부터 마을 주민들이 미륵으로 모셔온 불상이다.

생김새야 어찌 됐든 세상을 밝히고 일으켜주는 미륵불로서의 몫을 다해주기를 갈구하는 소박한 마음이 잘 드러나 있다.

• 주소 : 충청남도 예산군 덕산면 신평리 / 관광호텔 길 건너 덕천식당 앞을 잘 살펴보면 찾을 수 있다.

예산 읍내리 미륵불

덕산의 또 다른 수호불이다. 주형거신광을 하고 있 는데 불상과 광배가 한 돌이다.

상호는 갸름하면서도 통통하고, 백호가 있으며, 반 달형 눈썹과 눈은 웃고 있다. 코는 크게 양각되었고, 상호에 비해 작게 묘사한 입은 미소를 머금고 있다. 귀가 기다랗고 삼도가 있다. 법의는 우견편단이고, 왼손은 가슴까지 들었는데 수인은 파악하기 힘들고 오른손은 아래로 내렸다. 하반신은 땅에 매몰되어 있다.

• 주소 : 충청남도 예산군 덕산면 읍내리 169-10 / 동양창호 울타리 사 이를 잘 살펴봐야 찾을 수 있다.

예산 상항리 석불

연화대좌 위에 결가부좌한 미륵불로 반타원형이다. 원래는 저수지 안쪽에 있었는데, 수몰 되기 직전 지금의 자리로 옮기고 주위에 석축을 쌓았다. 그 높이는 168cm다.

상체는 양각하고 하체는 음각으로 처리했다. 머리는 소발에 육계가 크고 얼굴은 둥글며 귀가 큰 편이다. 눈은 감았고 낮은 코에 입은 다물었다. 목에는 삼도가 있고 법의는 통견

이며 계단식 옷 주름이 투박하게 표현되었다. 가슴과 배에는 도식적인 띠 매듭이 보인다. 두광에 4구의 화불이 새겨졌고 신광에는 꽃과 잎이 큼직한 연꽃가지가 보인다.

• 주소 : 충청남도 예산군 대술면 상항리 332-2 / 항일운동가 이남규의 고택 우측에 있다.

석곡리 미륵불

석곡리 절터에 있던 석탑과 함께 마을회관 앞에 모셔져 있다. 약 300년 전 마을회관 동쪽 언덕에 절이 있었는데 난리 중에 화마를 입고 불타 없어졌으며, 약 40년 전 지금의 자리로 옮겨 왔다.

불상의 아랫부분은 땅속에 묻혀 있다. 정수리 부분이 평평하고 귀는 긴 편이다. 목의 삼도는 뚜렷하지 않다. 눈매는 가늘고 코는 짧고 두툼한 마늘 모양이며, 입술은 굳게 다물었는데 윗입술에 비해 아랫입술이 두꺼워 보인다. 왼손은 가슴 앞에 들어 손가락을 폈고, 양어깨를 감싼 옷은 발까지 흘러내렸다.

• 주소 : 충청남도 예산군 고덕면 내석곡길 40(석곡리 477-15) / 석곡1리 마을회관을 찾으면 된다.

예산 화전리 사면석불

화전리 뒷산에 쓰러져 묻혀 있던 것을 발굴하여 원래 자리인 암반 위에 복원했다. 돌출된 돌기둥의 사면으로 깎아 다듬고 사방불을 조성했는데, 가장 넓은 남면에 좌상의 본존불을 새기고 동·북·서면에 각기 입상불을 조각했다.

남향의 본존불은 불두와 팔이 없어졌고 무릎과 광배의 일부가 파손되었지만 전체적인 윤곽이 듬직하고 박력 넘치는 불력이 느껴진다. 두꺼운 법의에 가려져 가슴이나 배 등의 양감 표현은 느낄 수 없지만 매우 세련된 걸작임을 알 수 있다. 동면의 입상은 본존에 비해 소박해 보이면서도 당당한 모습이다. 넓은 가슴, 균형 잡힌 어깨와 힘 있는 팔, 곧은 하체 등이 우아하고 세련된 형태미를 자랑한다. 북면의 입불상도 동면의 불상과 비슷하지만 원형의 일부를 상실했고, 전면 노출되었던 서면불은 특히 마멸이 심해 보인다.

이런 사방불의 특징은 중국 공현석굴(鞏縣石窟) 1·3·4굴(517~528년)과 깊이 연관되어 있는 듯하고 용문 양식(494~525년)과도 상통한다고 볼 수 있다. 따라서 백제시대 작품 중 가장 초기의 것으로 보이고, 세련미 면에서도 서산 마애삼존불상에 버금갈 만큼 중요한 작품이다. 우리나라 최초의 사면석불로, 고대 조각사와 백제 미술사를 연구하는 데 귀중한 자료로 평가된다. 보물 제794호로 지정되었다.

• 주소 : 충청남도 예산군 봉산면 화전리 61

예산 장신리 미륵불

광시면 장신리 하동해마을에 있는 미륵불이다. 세로 257cm, 가로 170cm의 독립된 판석에 불상을 음각했는데, 높이는 180cm다. 나발과 육계, 백호공이 묘사되었다. 비바람에 마모되어 조각은 흐릿하지만 전반적으로 원만한 인상을 풍긴다.

• 주소 : 충청남도 예산군 광시면 장신리 516 / 하동해마을 경로당 다음 마을 국도에 설치된 작은 다리가 장신교다. 다리를 건너자마자 우회전하여 200m쯤 가면 된다. 마을 들판이 훤히 바라보이는 참나무 군락 아래에 불상 바위가 서 있다.

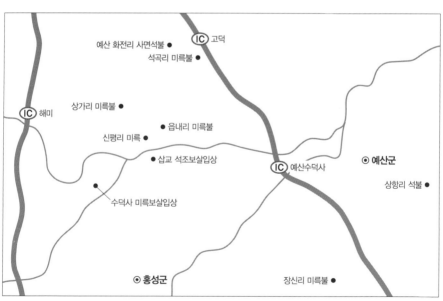

용화사 석불입상

대전 계족산 용화사 경내에 봉안된 불상으로 하나
의 돌에 불상과 광배를 조성했다. 발목 아랫부분은
땅속에 묻혀 있는데 전체 높이는 2.5m, 드러난 높
이는 149cm다. 어깨는 떨어져 나간 부분을 다시
붙였다. 얼굴은 온화한 편이고, 양어깨에 걸친 옷
에는 형식적으로 두꺼운 옷 주름을 표현했다. 왼손
은 내리고 오른손은 들어 올린 아미타인(阿彌陀印)
을 취했다. 불상에 비해 지나치게 커 보이는 광배
에는 둥글게 두광을 표현했다.

전체적으로 세련된 작품이고, 불상의 입체감이 적
고 옷 주름이 다소 딱딱해 보이지만 9세기의 양식
을 계승한 10세기 초의 특징을 살펴볼 수 있다.

계족산 용화사는 대전에서 드물게 창건 설화를 간
직한 절집이다.

옛날에 한 임금이 후손이 없어 근심하던 중 왕비의
꿈에 한 노승이 나타나 깊은 영산에 절을 짓고 백
일기도를 올리면 후사를 얻게 될 것이라고 암시했
다. 왕은 현몽대로 명산 기도처를 물색하다가 이곳
계족산에 기도처를 발견하고 불사를 일으켜 기도
에 매진했다. 그리고 100일째 되던 날 왕과 왕비는
기이한 현상을 겪는다. 난데없이 하늘에 오색구름

이 감돌더니 이내 절 안까지 퍼졌고, 그 구름이 갑자기 청룡으로 변했다. 청룡은 몸을 꿈틀대며 왕과 왕비에게 오색영롱한 빛을 내뿜고 주위를 맴돌다가 사라졌다. 그 후로 왕비는 태기가 있어 왕자를 낳았고, 절 이름을 용화사(龍華寺)라 했다.

• 주소 : 대전광역시 대덕구 계족로740번길 185(읍내동 5-1)

진잠 성북리 석조보살입상

계룡산 봉소사 경내의 뜰에 남쪽으로 서 있는 보살상으로 높이는 263cm다. 땅속에 묻혀 있다가 1935년에 발굴한 석불인데, 화강암의 납작한 면을 이용해 보살상을 새겼다.

머리에 높은 원통형 보관을 썼는데 장식이나 문양은 없다. 타원형의 긴 얼굴에서는 부드럽고 따뜻한 양감이 느껴진다. 눈썹이 날렵하고 가느다란 눈은 반쯤 떴다. 콧날이 우뚝하고 작은 입은 꼭 다물었다. 이마에는 백호가 뚜렷하고 늘어진 귀는 어깨에 닿을 듯하다. 둥근 어깨에 우견편단의 천의를 걸쳤는데 상체가 평면적이면서도 탄력이 있어 보인다. 완만한 곡선을 그리는 상체의 옷 주름은 배 부분에서 U자형으로 흘러내리고, 무릎 부근에도 수직선으로 군의 자락을 표현했다. 양팔에는 상박과 고리 모양의 팔찌를 감고 있다. 오른손은 손바닥을 밖으로 해서 내린 여원인을 결했고, 왼손은 가슴 위로 올려 손가락을 둥글게 모아 쥐었다. 고려 말에서 조선 전기로 이행해가는 시기의 작품으로 보인다.

• 주소 : 대전광역시 유성구 성북로154번길 436-72(성북동 산 12-1)

보문산 마애여래좌상

대전광역시 중구 석교동에 위치한 복전암에서 보문산 등산로를 따라 1km쯤 올라가면 보

문산 마애여래좌상이 있다. 가로세로 6m쯤 되는 자연 암벽 하단의 평평한 면을 골라 높이 3.2m의 여래불을 조성했다. 바위의 윗부분이 튀어나와 비바람을 가려주고 있어서 보존 상태가 좋은 편이다.

불상의 머리에 육계가 있으며 목에는 삼도가 뚜렷하다. 눈은 가늘게 내리떴고 입술은 두터워 보인다. 코도 뭉툭하여 전체적으로 풍만한 모습이다. 법의는 통견으로 선각 처리했다. 오른손은 가슴 앞에 들고 왼손은 배 위에 얹었는데 마멸되어 수인은 알아보기 힘들다. 광배는 둥글게 두광과 신광을 새겼는데 바깥을 선각하고 내부는 정으로 쪼아 윤곽이 분명히 드러나게 했다. 조각 기법이 우수한 불상으로 고려 후기의 작품으로 추정된다.

전하는 이야기에 의하면 오래전 마애불 바로 아래쪽에 신묘사라는 절이 있었는데, 어느 날 마애불 정상에 있던 큰 바위가 굴러떨어져 절간이 크게 파손되었다. 이에 당시 풍수지리에 능한 학조대사가 좀 더 아래쪽에 터를 골라 새 암자를 짓고 부서진 절에 있던 불상을 옮겨다 모시니, 그것이 지금의 복전암이다. 이때 옮겨온 불상과 함께 산에 있던 마애불도 함께 모시게 했는데, 그 후 마애불은 복전암의 주불인 관음불과 함께 섬겨지면서 많은 이들의 예불을 받게 되었다고 한다.

• 주소 : 대전광역시 중구 석교동 17 / 복전암 주차장에서 등산로를 따라 20분쯤 오르면 된다.

나성리 미륵

근래에 세종특별자치시로 편입된 연기군 나성리 부안임씨가묘 뒤 야산에 있는 미륵불이다. 화강암 전면에만 불상을 조각했는데 머리 일부와 좌측 몸통이 떨어져 나갔다. 얼굴은 평면에 가깝고 굵은 눈썹과 강하게 표현한 코가 인상적이다. 턱의 곡선은 완만해 보인다. 왼손은 가슴 부분까지 들었고, 석불 하단에 약간의 옷 주름이 보인다. 높이는 246cm다.

임씨가묘(林氏家廟)는 전서공 임난수의 절의를 기리는 부조묘다. 임난수는 고려 말 최영 장군과 함께 탐라를 정벌하는 데 큰 공을 세운 인물인데, 이때 적의 칼에 잘린 오른팔을 화살통에 넣고 계속 싸워 승리했다는 일화가 전해온다. 이성계가 고려를 멸망시키고 조선을 건국하자 '충신은 불사이군'이라 하여 벼슬을 버리고 현재의 남면 양화리에 은거하여 일생을 마쳤다.

• 주소 : 세종특별자치시 나성동 59-1 / 임씨가묘 좌측으로 난 길을 따라 가묘 뒤로 가면 미륵불이 서 있다.

송용리 마애불

철로 옆 야트막한 언덕에 서 있는 아미타여래불이다. 영원한 수명과 무한한 광영을 보장해주는 아미타여래, 누구나 선을 베풀고 지극정성으로 모시면 서방극락으로 인도하시는 부처님이다.

불상 높이 2.3m, 광배 2.6m로 주형 광배 중앙에 돋을새김으로 불상을 조성했는데 오른쪽 눈 윗부분이 깨져 나갔고 무릎 아래는 땅속에 묻혀 있다. 머리의 육계도 일부만 남아 있고, 얼굴의 이목구비는 그나마 선명한 편이다. 두 손은 가슴까지 들어 올려 손바닥을 안쪽으로 향했다. 조각 기법은 세련되지 못하지만 전체적으로 육중한 안정감을 주는 고려 중기의 작품으로 추정된다.

불상이 깨진 것에 관련해서는 그럴싸한 이야기가 전해진다. 옛날에 커다란 뱀이 겁 없이 불상 위로 올라가 앉자, 맑은 하늘에 느닷없이 벼락이 쳐서 뱀을 죽게 했는데 그때 불상의 일부가 깨져 나갔다는 것이다. 호미로 막을 것을 가래로 막으려다 화를 자초했다는 교훈으로 들린다.

마애불과 나란히 있는 전각은 열녀 함양 김씨를 기리는 정려(旌閭)이다. 지형의 형세로 보아 불상의 원래 자리도 이곳이 아닌 것 같고, 인근의 도심 개발 때 별 뜻 없이 옮겨진 듯하다.

• 주소 : 세종특별자치시 연동면 청연로 622-8(송용리 99-3) / 내판역에서 조치원 쪽으로 200m 떨어져 있고, 연기경찰서 동면파출소 뒤편 야산에 있다.

신광사 미륵불과 약사여래불

신광사 미륵불은 대웅전 한쪽에 토굴 모양의 보호막을 만들고 그 안에 시멘트로 고정시켜 봉안했다. 불상 높이 117cm, 자연석에 얼굴 부분만 조각했을 뿐 그 외 부분은 생략되었다. 상호 표현도 지극히 세속적인데 민불로 조성한 듯하다. 약사불 역시 미륵불과 나란히 노천에 봉안되어 있다. 파손된 불두를 근래에 새로 조성하여 합체했다. 좌견편단형의 옷자락이 신체를 따라 부드럽게 표현되었다. 오른손은 왼발 위에 두었고 왼손에는 약합을 들고 있다. 제작 수법상 나말여초 때의 작품으로 추정된다.

조치원읍 신안2리에 위치한 신광사의 창건 연

대는 160여 년 전으로 추정되며 창건 당시에는 '토골절', '수양사' 등으로 불리다가 1980년에 '신광사'가 되었다.

• 주소 : 세종특별자치시 조치원읍 토골고개길 24(신안리 139)

금산 미륵사 석조불두

금산 미륵사 뒤편 암벽에 선각으로 옷 주름을 새기고 그 위에 높이 103cm의 불두를 얹은 마애불이 있고 그 앞에는 깨져 일부만 남아 있는 석조삼존불입상이 있다. 삼존불은 본존불의 몸체 일부와 좌협시의 일부가 큰 암벽에 얕게 선각되어 남아 있으며, 그 주위에는 선각된 보살상들이 여러 조각으로 나뉘어 흩어져 있다.

석조불두는 코가 깨져 일부만 붙어 있지만, 전체적으로 양감이 있는 모습이며 측면을 향한 보살상은 손에 여의를 들고 있어 문수보살로 보인다. 좌우 보살상 모두 본존을 향해 서 있

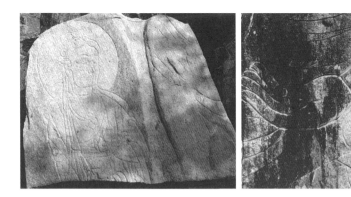

는데, 자세가 자연스럽고 아름다우며 깨진 부분에 남아 있는 옷 주름도 유려해 보인다. 삼존불의 얼굴이나 선각이 유려하고 예술적으로 뛰어난 작품이다. 특히 여의를 든 문수보살을 포함한 석가삼존불은 불화에는 나오지만 조각상으로는 거의 없는 것으로, 문화재적 가치가 매우 높다.

• 주소 : 충청남도 금산군 복수면 지량리 산 122

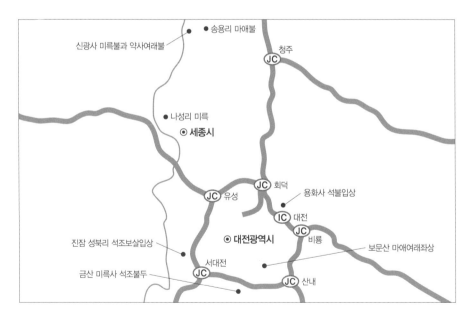

천안 삼태리 마애여래입상

태학산은 천안시의 풍세면과 광덕면, 그리고 아산시 배방면의 경계에 있다. 이 산 동쪽에 해선암이 있고 신라 흥덕왕 때 진산법사가 광덕사를 세우면서 조성했다는 '해선암 마애불'에 대한 기록이 남아 있다. 이 마애불이 바로 천안 삼태리 마애여래입상이다. 높이가 7m나 되는 거불이고 보물 제407호로 지정되었다.

거대한 바위 면에 새겨진 마애불은 복스러우면서도 박력 있는 얼굴에 치켜 올라간 눈매, 광대뼈가 툭 튀어나온 뺨, 큰 코에 작은 입 등의 이목구비가 매우 강인해 보인다. 얼굴은 돋을새김하고 신체는 과감하게 선각으로 처리했는데 고려시대 마애불의 일반적인 양식을 따르고 있다. 소발의 머리카락과 둥글고 큰 육계도 인상적이다. 가슴까지 들어 올린 왼손은 손바닥을 위로 향했고 오른손은 왼손 위에서 손등을 보이는데, 고려 때 유행하던 미륵불의 수인

이다. 목은 짧아서 거의 없는 듯하고 삼도는 가슴까지 내려와 있다. 법의는 힘 있어 보이는 넓은 어깨를 통견의로 감싸며 U자형 옷 주름을 형성하고 있다.

마애불은 태학산 자연휴양림 끝에 위치해 있다. 휴양림의 산책로를 따라 1km쯤 걸으면 태학사와 법왕사가 나오고, 마애불은 그 뒤편 등산로의 초입에 서 있다. 마애불 뒤로 1km 쯤 더 올라가면 천안과 아산신도시 일대가 한눈에 조망되는 태학산 정상이다.

• 주소 : 충청남도 천안시 동남구 풍세면 휴양림길 70(삼태리 산 28-1)

용화사 석조여래입상

천안시 목천읍 운봉산 자락, 목천에서 병천으로 넘어가는 왼쪽 산기슭에 위치한다. 원통형 돌기둥을 다듬어 높이 4m의 입상을 조각했다. 근래에 새로이 용화사가 건조되어 보호하고 있다. 주변에 일곱 점의 주춧돌이 남아 있고 많은 기와 조각과 파손된 석탑재 등이 있는 것으로 보아 원래의 절터를 지키고 있는 불상으로 추정된다. 용화사지의 연혁은 자세히 알 수 없지만 신라 말기나 고려 초기에 창건되었을 것으로 추정된다.

불상은 둥글고 풍만한 얼굴에 눈을 동그랗게 묘사했다. 콧날은 오뚝하고 입이 작아서 전체적으로 단아하고 자비로운 느낌이 든다. 머리카락은 소라 모양의 나발이고 육계가 둥글고 큼직하다. 통견의 법의가 양어깨를 덮고 있는데 불신의 굴곡은 드러나지 않는다. 옷 주름은 가슴 부분에서 U자를 그리며 무릎 아래로 흘러내렸다. 오른손은 시무외인을, 왼손은 여원인을 결했다. 여래불 후면에 또 다른 석조불이 서 있는데, 오래된 불신에 근래 들어 불두를 따로 제작하여 복원한 것이다.

• 주소 : 충청남도 천안시 동남구 목천읍 동리 178-1

천안 성불사 석조보살좌상

천안 성불사 관음전에 있는 고려시대의 석불로 높이 67cm다. 연기군 조치원에 있는 대성천의 준설 작업 중 발견되어 이곳에 봉안했다고 한다.

거신광배를 갖추고 결가부좌로 앉아 있는 석불로, 머리에 보관을 쓰고 연꽃가지를 들고 있는 미륵불이다. 광배의 윗부분과 오른쪽 무릎의 일부분은 떨어져 나갔다. 얼굴은 둥글고 원만하며, 코와 눈은 크고 입은 작다. 귀는 어깨에 닿을 정도로 길다. 법의는 통견이고 옷주름은 굵고 도식적이다. 오른손으로 연꽃가지를 들었고 왼손은 배 부근에 수평으로 두었다. 불신에 비해 두 팔이 가늘고 길며 손도 매우 작아 보인다.

태조산 성불사는 여래불을 본존으로, 관세음보살과 지장보살을 좌우 협시로 모셨다. 그런데 대웅전 안에 부처님이 없다. 바로 절 바깥, 대웅전 뒤 암벽의 마애불을 본존으로 모셨기 때문이다. 문화재청의 정식 명칭은 '천안 성불사 마애석가삼존 16나한상 및 불입상'인데 이 마애불에 얽힌 이야기가 전해진다.

까마득한 옛날, 암벽에 백학 한 쌍이 내려앉아 부리로 쪼아 불상을 만들려다가 인기척에 놀라 그만 날아가고 말았다. 그래서 불상을 다 이루지 못한 절이라는 뜻으로 '성불사(成不寺)'라 불리다가 훗날 도선국사가 절을 짓고 '성불사(成佛寺)'로 개칭했다고 한다.

네모난 바위 양 측면에 마애불을 조각했는데 바위 앞면에는 입상을, 오른쪽 면에는 석가삼존불과 16나한상을 각각 부조로 새겨 넣었다. 입상은 돋을새김으로 조각했지만 바위가 떨어져 나가 간신히 윤곽만 살펴볼 수 있다. 어렴풋한 육계와 손의 형태, 의문 등이 고려시대의 불상 양식을 따르고 있다. 바위 오른쪽 아래 중심부에는 커다란 연꽃대좌가 있고 좌우에 공양상 2구가 보인다. 큰 연꽃대좌 위 작은 연꽃대좌에는 여래불로 보이는 또 다른 불상이 있는데 우견편단의 법의에 큰 머리, 둥글넓적한 얼굴에 눈과 입을 과장되게 표현했

다. 좌우의 협시보살과 나한상들은 제각각 자연스런 자세를 취했고, 불상 주변을 둥글게 파서 마치 감실 같은 분위기를 연출하고 있다. 하나의 바위 면에 석가삼존과 16나한을 부조한 작품으로 국내에서는 거의 독보적인 작품이다.

• 주소 : 충청남도 천안시 동남구 성불사길 144(안서동 178-8)

만일사 마애불과 석불좌상

성거산 만일사는 921년(고려 태조 4년) 도선국사가 전국 3,800개의 비보사찰(神補寺刹) 중 하나로 창건했다고 전하지만 신빙성은 거의 없어 보인다. 기록에 의하면 고려 혜종 때 만일(晚日)이 석굴 안에 석가모니불을 봉안하고 오층석탑을 건립한 뒤 만일사라 명명했다고 한다. 현존하는 당우로는 대웅전, 영산전, 관음전 등이 남아 있고 만일사의 법당 역시 오랜 역사를 자랑한다. 오층석탑과 석불좌상, 금동불 등의 문화재를 소유하고 있다.

만일사 마애불은 천안 성거읍 만일사 경내의 영산전과 관음전 사이에 있는 자연 암반에 돋을새김한 불상이다. 미완성된 불상인데다 마멸되어 흐릿한 윤곽만 남아 있다. 사각의 불두에 긴 귀, 얼굴의 윤곽도 희미하지만, 불신은 양어깨가 수평적이고 당당해 보인다. 전체

높이와 너비가 각각 6m인
네모반듯한 형태로, 고려시
대의 불상으로 추정된다.
고려 초에 도선이 천안 땅
에 이르렀을 때 백학 한 쌍
이 내려와 불상을 조성하던
중 인기척으로 중단한 것이
성불사의 마애불이었다. 학
이 다시 하늘로 날아올라

성거산을 굽어보니 만일사의 자리가 좋아 보여서 이곳에 다시 내려앉아 불상을 조성하기 시작했다. 그러다가 날이 어두워지자 백학들은 조각을 중단하고 날아가버렸고, 불상은 또 다시 미완성으로 남았다. 그래서 절 이름을 '만일사(晩日寺)'라고 지었다는 것이다.

만일사 석불좌상은 만일사 관음전 뒤편 축대 위의 작은 천연 동굴 속 암벽에 조각되어 있다. 높이 164cm의 석불로 머리에는 육계가 없고 이마에는 흰 유리구슬로 백호를 끼웠다. 목에는 삼도가 새겨져 있고 목 부분 위로는 손실되어 시멘트로 새로이 만들었다. 법의는 우견편단이다. 수인은 항마촉지인을 맺고 있으며 왼손은 발 위에 얹었다.

이 석불도 사연이 있다. 1002년(고려 목종 5년)에 조성하여 천성사에 봉안했지만 절이 폐사된 후 행방을 알 수 없다가, 일제강점기 말에 쇠붙이를 공출할 때 대전에 살고 있던 한 일본인이 입수한 것을 주선하여 모셔온 것이라고 한다.

• 주소 : 충청남도 천안시 서북구 성거읍 천흥리 50-2 / 경부고속도로 북천안요금소를 빠져나가 성거읍 천흥저수지 뒤쪽으로 올라간다.

천안 장산리 석불입상

네모난 받침대 위에 높이 191cm의 화강암 입상이 서 있다. 몸체에 비해 머리가 크고 어깨는 좁아 보인다. 장산리에 물이 넘치는 것을 예방하기 위해 조성했다고 전해온다. '長命理 香徒(장명리 향도)' 등의 글씨가 남아 있어 불상의 조성 시기와 장소를 알 수 있고, 비각의 대들보에도 지어진 날짜가 적혀 있다.

나발로 표현된 머리에는 육계가 오뚝하고, 상호는 볼륨감이 있어 자비로워 보인다. 목에는 삼도가 뚜렷하고 귀는 크고 길어서 목 부분까지 내려왔다. 두 눈과 입은 온전하지만 코와 눈 부위는 손상되어 시멘트로 보강했는데, 이 부분이 오히려 불상의 인상을 망치고 있

는 듯하다. 통견의 법
의에 배 앞에 속옷의
매듭이 보이고, 손은
배 앞에서 모았다. 발
과 발가락은 세밀하게
새겼지만 일직선으로
자른 듯 조금 부자연
스러워 보인다.

• 주소 : 충청남도 천안시 동남
  구 수신면 장산리 643-26

영인 신현리 미륵불

영인면 신현리 마을 산기슭에 봉안된 미륵불로, 넓고 판판한 화강암에 불상을 조각했다.
높이 2m에 머리에는 둥근 관을 썼는데 조선시대 양반들의 관 모양이다. 눈과 눈썹이 귀까
지 늘어져 있고 입을 작게 묘사하여 자못 엄숙한 인상을 풍긴다. 목에는 삼도가 뚜렷하고
법의는 양어깨를 모두 덮은 통견의다. 옷 주름은 어골문 형태로 나 있는데 왼쪽 다리 부분
에는 세로로 물결무늬도 보인다. 오른손은 가볍게 목에 걸린 염주를 잡았고 왼손은 가슴
앞까지 들어 올려 손바닥을 보이고 있다. 인상이 부드럽고 푸근해서 불상이라기보다 승상
의 모습에 가깝다. 민간신앙 측면에서 미륵불로 조성한 듯하다.

• 주소 : 충청남도 아산시 영인면 영인산로 511-21(신현리 산 42) / 마을회관이 있는 신현리 큰 동네를 지나쳐 냉정리 쪽으로
  향하다 보면 길가 버스정류장 표지판에 '신현리 미륵골' 이라는 작은 글씨가 보인다. 안으로 들어가 좌측의 빨간 지붕 집 뒤
  은행나무 쪽으로 들어간다.

아산 평촌리 석조약사여래입상

화강암을 다듬어 조성한 불상으로 평촌
리 산 중턱 옛 절터에 서 있다. 상체가
조금 짧지만 상호와 옷 주름 등을 조각
한 솜씨가 빼어나다. 불상 높이는 4m,
보물 제536호로 지정되었다.

머리에 작은 소라 모양의 머리카락을 붙
여놓았고 그 위에 상투 모양의 육계가
큼직하다. 귀는 어깨까지 늘어져 불상의
자비로움을 더하고, 입술은 작고 얇게
표현했다. 두 손을 가슴 부분에서 모아
약합을 들었는데, 모든 중생의 질병을
구원해주는 약사여래불이다. 양어깨에
걸쳐 입은 옷은 발목까지 덮었는데, 독

특하게도 옷 주름이 좌우대칭이다. 상반신의 옷 주름은 평행의 띠 주름이 좁은 간격으로
일정하게 배열되어 있다. 하반신은 신체 정면에서 세 가닥으로 구분되어 U자형으로 표현
했고, 양 무릎에는 동심원 모양의 옷 주름이 새겨져 있다. 통일신라시대에 유행하던 양식
을 형식화한 것으로 보인다.

• 주소 : 충청남도 아산시 송악면 평촌길50번길 147-20(평촌리 1-1)

아산 온천리 석불

조선 후기의 작품으로 보이는 이 석불은 원래 신창면에 깨져 흩어져 있던 것을 모아
1927년경 지금의 자리에 봉안했다. 높이 84cm의 아담한 좌불로 둥근 얼굴을 지녔고,

가사는 통견이다. 불두는 근래에 보완했다. 두 손은 무언가를 마주 쥔 채 가슴 위까지 올렸다.

함께 위치한 영괴대는 영조가 온양의 온궁에 행차할 때 함께 따라온 사도세자가 무술을 연마하던 곳이다. 세자는 기념으로 온양군수 윤엄에게 느티나무 세 그루를 심으라 했고, 이후 그의 아들 정조가 왕위에 오르자 1795년 온양군수 변위진과 충청도관찰사 이형원에게 명하여 이곳에 대를 만들도록 했다. 공사를 마친 후 그간의 과정을 기록한 비를 함께 세웠는데, 비 전면의 '영괴대비'라는 명칭은 정조의 친필이다.

• 주소 : 충청남도 아산시 온천대로 1459(아산시 온천동 242-10) / 온양관광호텔 안에 있다.

홍성 상하리 미륵불

용봉산의 서쪽 기슭에 우뚝한 거불로 높이가 8m나 된다. 절벽 아래 수직으로 솟은 큰 바위 면을 다듬어 위력 넘치는 미륵불을 조성했다.

불상의 얼굴은 아래로 내려갈수록 차츰 넓어지는 원통형으로, 소발의 머리에 육계가 없는 편평한 정상부가 특징적이다. 이마가 다소 좁아 보이지만 활처럼 파인 양 눈썹이 시원스럽고 도톰한 눈두덩 아래로 반타원형의 눈을 가늘게 내리떴다. 코는 우뚝하고 미소를 머금은 입술은 두툼하다. 원만한 상호에 각선이 매끄럽지만 균형미가 떨어져 보이는 얼굴이다. 불룩한 뺨에 두 귀는 어깨까지 드리워져 있다. 오른손은 손바닥을 배에 댔고 왼손은 아래로 내려뜨렸다. 목은 짧아 없다시피 하고 얼굴과 각진 어깨도 거의 맞닿아 있다. 법의는 통견으로 옷 주름은 간략하게 선각 처리했다.

대형 자연석을 이용한 불상 조성 수법은 안동 이천동 석불상이나 파주 용미리 석불입상을 연상케 한다. 또 토속적인 느낌은 관촉사 은진미륵이나 대조사 석조미륵보살입상, 충주 미륵대원지 석불입상 등 충청 지방의 거불 양식과 맥을 같이한다.

• 주소 : 충청남도 홍성군 홍북면 상하리 산 1-2 / 용봉초등학교에서 산 쪽으로 1.4km 지점이다.

홍성 신경리 마애여래입상

홍성 용봉사는 백제 말기에 창건된 것으로 알려져 있으며 괘불 영산회상도(보물 제1262호)와 부도, 석조 등의 유물이 남아 있다. 현재의 대웅전과 극락전, 산신각 등은 1980년대에 옛 절터에서 조금 위치를 바꿔 중창한 것이다.

용봉사 좌측 등산로를 따라 10분쯤 올라가면 옛 용봉사지의 널찍한 공터와 함께 높이 4m의 대형 불상이 나오는데, 보물 제355호로 지정된 홍성 신경리 마애여래입상이다. 툭 튀어나온 바위의 한쪽 면을 다듬어 감실을 만들고 그 안에 돋을새김으로 대형 마애불을 조성했다. 불상은 앞으로 조금 기울어진 형태인데 소발에 육계가 큼직하다. 몸에 비해 얼굴이 크고 풍만하며, 입가에 은은한 미소를 띠고 있어 온화한 인상을 풍긴다. 목이 짧아서

삼도는 가슴에 표현되었다. 법의는 통견이고 아래로 내려갈수록 도식적으로 선각 처리했다. 왼손은 시무외인을, 오른손은 여원인을 지었고 광배는 쪼아낸 바위 면에 윤곽선만 간략히 표현했다. 얼굴에는 입체감이 살아 있고 원만한 데 반해 아래로 내려갈수록 볼륨감이 약해지고 균형미가 떨어지는 것이 고려 초기의 마애불임을 잘 보여준다.

• 주소 : 충청남도 홍성군 홍북면 신경리 산 80-1 / 용봉산 공용주차장에 주차하고 상가단지를 지나면 용봉사 일주문이 나온다.

용봉사 마애불

용봉사 일주문 통과한 후 왼쪽으로 보이는 첫 번째 바위에 높이 2.3m의 용봉사 마애불이 새겨져 있다. 자연 암벽 면이 절벽처럼 떨어져 나간 곳에 감실을 만들고 돋을새김으로 불상을 조성했다.

불두 부분을 도드라지게 부조하고 하체는 얕게 표현했
는데, 입 주위를 움푹 파서 파격적인 미소를 연출하고
있다. 불상의 오른쪽 어깨 옆에는 불상조성기(3행 31자)
를 남겨 불상 연구에 중요한 자료를 제공해준다. 마멸이
심한 글귀에서 전문가들이 판독해낸 것은 모두 세 가지
인데, 소성왕 원년(799년)에 대조법사가 조성했다는 것
과 후원자는 장진대사라는 점이다. 이는 명문화된 마애
불 중 가장 오래된 작품에 해당하는 것이다.

불상은 소발에 상투 모양의 육계가 솟아 있다. 타원형의
얼굴은 풍만하고 눈과 입에는 흐뭇한 미소가 번져 있어
8세기 신라 불상의 흔적이 엿보인다. 두 귀는 길고 목에
는 삼도가 있다. 오른손은 내리고 왼손은 들었는데 신체

에 비해 매우 작게 묘사했다. 옷 주름은 U자형으로 둘러져 있고 불신은 원통형인데, 어깨
에 비해 가슴의 양감은 부족한 편이고 하반신의 표현도 불분명하다. 9세기 마애불의 시작
을 일러주는 불상으로서 그 가치가 매우 높다.

• 주소 : 충청남도 홍성군 홍북면 신경리 510-24

광경사지 석불좌상

홍성읍 내법리의 용주사에 있는 석불이다. 원래 대교리의 옛 광경사지에 있던 것을 민가
뒤뜰에 안치했다가 1975년 지금의 자리로 옮겨왔다.

화강암으로 조성한 높이 136cm의 불상은 소발이 분명하지 않고, 육계도 작아 보인다. 얼
굴은 둥글고 양쪽 귀는 긴 편이며, 직선으로 뻗어나간 두 눈에는 눈동자를 진주로 끼웠던
흔적이 보인다. 목에는 삼도가 있고 통견의 법의에 옷 주름은 평행의 단을 이루고 있다.

결가부좌에 항마촉지인을 결했으며 대좌에는 연꽃잎이 간략하게 묘사되었다.

• 주소 : 충청남도 홍성군 홍성읍 내법길 81-23(내법리 178-5)

대교리 석불입상

'광경사지 미륵불'이라고도 불린다. 길고 납작한 화강암 한 면을 다듬어 얕은 부조와 선각으로 불상을 새겼다. 높이 332cm, 어깨 폭 약 92cm다. 눈, 코, 입을 낮게 부조하고 윤곽은 선각했다. 백호는 보이지 않고 머리에는 돌기한 보주를 새겼다. 몸체에는 통견의 법의를 가슴부터 발까지 U자형으로 선각했고, 수인은 시무외인을 결했다. 주먹코와 두툼한 입술, 기다란 눈이 매우 익살스럽게 표현되었다. 조각 수법이 거칠고 비례 감각이 없는 점 등으로 미뤄볼 때 조선시대에 민불로 조성한 듯하다.

홍성 광경사 절터는 홍성고등학교 남쪽에서 홍성천과 월산천이 만나는 곳에 있는데, 현재 보물 제538호로 지정된 동문동 당간지주가 자리를 지키고 있다.

• 주소 : 충청남도 홍성군 홍성읍 대교리 408 / 홍성 당간지주와는 냇가를 사이에 둔 홍성전통시장 북쪽 주택가, 명진주택 옆 어린이 놀이터 안에 있다.

홍성 고산사 석조여래입상

결성면 무량리의 고산사에 있는 석불로 높이는 219cm다. 소발의 머리에 육계가 표현되었다. 얼굴은 둥근 편이고 목에는 삼도가 뚜렷하다. 법의는 양어깨를 모두 덮은 통견식이고 목에서 무릎까지 U자형 옷 주름이 정교하다. 오른손은 내려서 다리에 붙이고 왼손은 가슴 앞까지 들어 올려 시무외인을 취했다. 연화대좌는 근래에 조성한 것이다.

청룡산 자락의 고산사는 신라 말 도선이 창건했으며, 1627년(인조 5년)과 1671년(현종 12년)에 각각 중수되었고, 그 후 여러 차례 중건과 중수를 거쳤다고 전해온다. 현존하는 당우로는 보물 제399호로 지정된 대광보전을 비롯해 산신각, 요사채 등이 있다. 대광보전 안의 좌대석은 뛰어난 작품으로 평가되며, 아미타불좌상의 사실적인 표현도 돋보인다.

• 주소 : 충청남도 홍성군 결성면 무량리 산 1

홍성 구절암 마애불

보개산 구절암 경내에 새겨져 있는 불상이다. 지각변동으로 인해 약간 기울어진 상태로 연화좌대에 봉안되었는데 바위 넓이는 길이 3.3m, 너비 2.4m다. 머리에 구슬로 장식된 보관을 썼고, 신체에 비해 얼굴이 매우 크며 소발에 육계가 보인

다. 이마에는 백호가 뚜렷하고, 손과 발은 세밀하게 묘사했다. 전국의 많은 마애불이 입상인 데 반해 이 구절암 마애불은 연꽃대좌 위에 앉아 있다. 햇볕의 진행 방향에 따라 마애불이 숨었다 나타나기를 반복하며, 지극정성으로 염원하면 아들을 점지해준다는 이야기가 전해온다.

구절암의 창건 시기는 정확히 알 수 없지만 '康熙(강희)'라고 새겨진 조선시대의 기와 조각이 발견된 점으로 볼 때 청나라 강희제의 재위기(1661~1722년)에 창건되거나 중건된 것으로 추정할 수 있다. 법당과 산신각, 요사채로 구성된 조촐한 암자이고 절 마당에서 바라보는 들판 전경이 시원하다.

• 주소 : 충청남도 홍성군 구항면 지정리 570-1

청양 석조삼존불입상

청양의 주산인 우성산(해발 237m) 자락에 보물 제197호로 지정된 석조삼존불입상이 있다. 우성산에는 백제 때 축성한 옛 산성이 있고 팔각정도 있어서 청양 주민들이 산책 삼아 즐겨 찾는다. 산기슭에 전몰군경의 넋을 달래는 충녕사라는 사당이 있는데, 석조삼존불은 그 아래쪽 전각에 모셔져 있다.

삼존불은 광배와 대좌를 각기 따로 갖춘 독립상인데 본존불은 3.1m, 좌우 협시 2.2m 높이다. 당당한 본존불은 육계가 큼직하고, 얼굴은 직사각형으로 강직하게 묘사되었다.

바로 뜬 눈, 긴 코, 두툼한 입술에서 강직함과 위엄을 느낄 수 있다. 어깨는 넓고 당당한데 불신의 굴곡은 뚜렷하지 않다. 광배는 주형거신광인데 아무런 문양도 보이지 않는다. 좌우 협시불 모두 본존과 비슷한 모습인데, 마멸되어 세부적인 표현은 알아볼 수 없지만 둥글고 앳된 윤곽을 지녔다.

삼존불 아래쪽에 서 있는 삼층석탑은 읍내의 다른 절터에서 옮겨온 것이다. 단층 기단 위에 3층의 탑신부로 이루어졌고 1층 몸돌에는 문고리에 자물통까지 달린 문비가 새겨져 있다.

• 주소 : 충청남도 청양군 청양읍 칠갑산로9길 58(읍내리 15-37) / 내비게이션에서 '충령사'를 검색해 찾아가면 된다.

청양 미당리 미륵

미륵이 서 있는 곳은 미당리의 시장 골목으로, 미당슈퍼 옆의 작은 골목으로 들어서면 큼지막한 팽나무를 보호각 삼아 우뚝 서 있다. 불상은 하체가 유실되고 불두만 남아 있었는데 근래에 주민들이 십시일반으로 뜻을 모아 불신을 조성했다. 불조각상 빼어난 작품은 아

니지만 수더분하고 친근한 표정이 이웃처럼 정감 있어 보인다.

기록에 의하면 이 미륵이 등장한 것은 1331년으로 고려 충숙왕 때다. 당시 큰 홍수가 나서 농토가 유실되자 백성들은 큰 실의에 빠져 있었다. 이때 지나가던 백발 노승이 사정을 듣고 나더니, 마을 5방(方)에 장승을 세우고 정월 보름날 장승제를 지낼 것이며 마을 한가운데에 미륵을 세워 칠월 칠석날 칠석제를 지내면 동네가 평안하고 번영할 것이라고 얘기해주었다. 이에 마을 사람들이 노승의 말대로 장승을 세우고 미륵불을 세울 터를 닦았다. 1주

일 뒤 마을 촌장이 미륵불을 세우려고 터에 가보았더니 흰 천이 씌워진 30척가량의 물체가
우뚝 서 있었고, 열어보니 바로 이 미륵불이었다는 것이다. 그러다가 순조 8년(1808년) 또
다시 큰 물난리가 나 수많은 가옥과 전답이 떠내려가고 말았다. 그 와중에 미륵불도 유실
되어 행방을 모르다가 1941년 마을 배수공사 때 미륵불의 불두만 발견되어 다시 이곳에
모셨고 최근에 주민들의 뜻을 모아 불신을 조성하고 칠월 칠석날 칠석제를 지내오고 있다
고 한다.

• 주소 : 충청남도 청양군 장평면 개울길 11(미당리 87)

보령 성주사지 석불입상

성주산을 등진 넓은 평야 지대에 하늘 높이 치솟은 돌탑들이 늘어서 있다. 지정 면적 2만
9,084㎡에 달하는 보령 성주사지다. 1960년 처음 발견된 비석의 파편을 통해 백제 법왕에
의해 616년 '오합사'라는 국찰로 창건되었음이 밝혀졌고, 이 오합사가 바로 성주사이며,
신라 제46대 문성왕 때 낭혜화상이 크게 중창한 사실도 드러났다. 현재 절터에는 낭혜의
업적을 기리기 위해 세운 낭혜화상백월보광탑비(국보 제8호)를 비롯해 석탑 4기, 석등, 철

불대좌 등 유물과 건물의 초석이 남아 있다.

그중 성주사지 석불입상은 강당지 북동쪽에 서 있다. 갸름한 얼굴은 심하게 훼손되었지만 전체적으로 인자하고 푸근한 인상이다. 머리는 소발이며 육계는 뚜렷하지 않다. 목에는 삼도가 있고 오른손은 내리고 왼손을 배 부분에 댔다. 법의는 통견으로 양어깨에서 배까지 U자형 옷 주름을 표현했다. 얼굴과 목 부위, 가슴 일부가 훼손된 불상으로 조선 중·후기에 조성한 것으로 보인다.

• 주소 : 충청남도 보령시 성주면 성주리 72

대천 왕대사 마애불

보령시 내항동 왕대사 서쪽 암벽에 음각된 고려시대의 마애불이다.

'왕대사'라는 절 이름은 신라의 마지막 임금인 경순왕의 미륵세상 실현을 위한 이 지역 순례와 관련된 것으로 전해지며, 마애불도 그즈음 조성했을 것으로 추측된다. 용화세상을 꿈꾸는 중생들에게 희망의 상징으로 숭배되어온 불상으로, 오랜 세월의 풍화가 심해 세부적인 표현은 정확히 알아보기 힘들다.

불상의 머리는 소발에 주위로 보주형 광배가 보인다. 마멸되어 얼굴을 식별하기 힘

들고, 귀가 과장되게 커서 균형이 맞지 않고 일그러져 보인다. 목 부위가 짧아 턱과 가슴이 붙은 것처럼 보이고 턱 밑으로 삼도의 흔적이 희미하다. 법의도 마멸이 심하고 수인은 양손이 배와 가슴 부위에 모아져 있는 정도로만 확인되며 불신의 아랫부분도 불분명하다. 화강암에 선각한 작품인데, 세월에 의한 마멸 외에도 녹물에 의한 붉은 줄이 나 있는 등 전반적으로 보존 상태가 좋지 못하다.

• 주소 : 충청남도 보령시 내항동 산 97

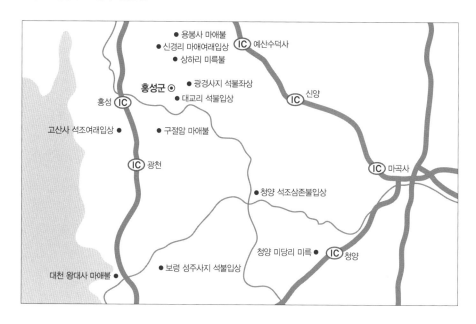

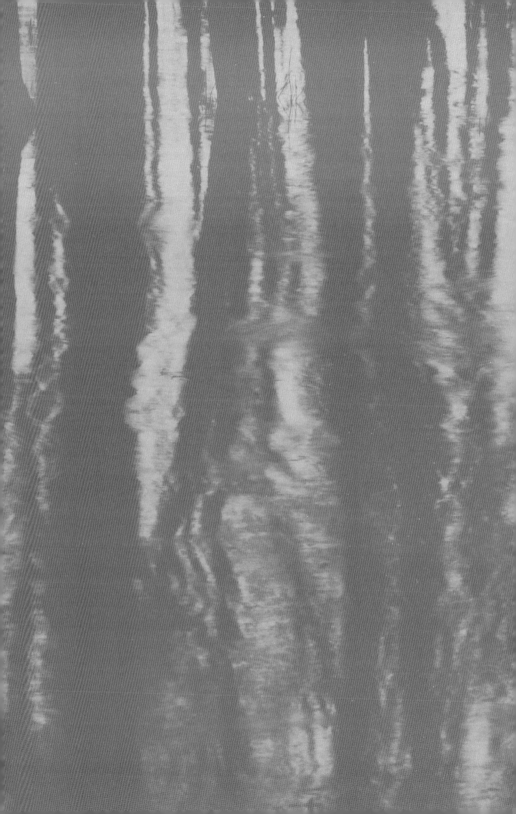

'호서제일가람' 법주사는 의신과 그의 제자들이 미륵신앙의 중심 도량으로 우뚝 세운 '미륵 절'이다. 국보로 지정된 팔상전과 쌍사자 석등을 비롯하여 수많은 보물급 문화재가 반긴다. 머리에 향로를 이고 서서 부처님께 공양하는 희견보살상은 불공에 매진하는 구도자 의 참된 모습을 상징한다.

마의태자의 사연을 품고 있는 용암사 마애불은 일출이 장관이고, 거대한 폐사지 충주 미륵대원지에는 석불입상과 삼불좌상, 오층석탑, 삼층석탑, 석등, 귀부, 당간지주 등이 남아 있어서 영화로웠던 한 시대를 증명하고 있다.

법주사 마애여래의상

법주사 경내 타래암에 부조된 높이 5m의 마애불로 보물 제216호로 지정되었다. 희귀하게 도 의자에 앉은 불상 형식을 취하고 있어 경주박물관의 삼화령 석조미륵여래의상과 비견 되는 작품이다.

불상의 머리는 소발에 육계가 작은데 한가운데에 장엄구가 있다. 커다란 두상에 비해 어깨 와 가슴, 다리가 조금 왜소해 보이지만 세부적인 묘사가 탁월하다. 연화좌의 연잎 하나하 나를 세밀하게 새겨 넣었다. 얼굴은 갸름하면서도 원만해 보인다. 치켜 올라간 눈초리, 길 고 빈약한 코, 작은 입, 정면을 향한 귀 등에서는 도식성이 엿보인다. 수인은 설법인을 짓 고 있으며, 커다란 연꽃 봉우리에 걸터앉아 두 다리를 대좌 위에 걸치고 있다. 다리를 떡 하니 벌린 모습이 조금 부자연스러운데 이런 직각에 가까운 모습은 어깨에서도 보이고, 그

래서 무릎에서 팔로 이어지는 선을 연장하면 직삼각형 꼴이다. 삼도와 수평적인 어깨, 각진 팔, 지나치게 잘록한 허리, 규칙적인 옷 주름 등은 매우 도식적이다. 그러나 마치 살아 숨 쉬는 듯 생동감 넘치는 얼굴 표현은 매우 숙련 된 조각 솜씨를 자랑한다. 마애불이 새겨진 암 벽 바로 앞 바위에 조각된 지장보살상과 미륵 불 옆의 설화도(說話圖)는 이 불상들이 법상종 의 신앙으로 조성되었음을 증명하고 있다.

'호서제일가람(湖西第一伽藍)' 법주사는 553년 (신라 진흥왕 14년) 의신이 개창하고, 776년(신라 혜공왕 12년) 진표와 그의 제자들이 중창하면서

미륵신앙의 중심 도량으로 우뚝 섰다. 왕실의 비호를 받아 여덟 차례의 중수를 거치면서 60여 동의 건물과 70여 개의 암자를 거느린 대사찰이 되었지만 임진왜란 때 전소되는 수모는 피할 수 없었다. 그 후 수차례 중건과 중수를 거쳐 오늘에 이르렀다. 높이 33m의 대형 청동미륵상은 1990년에 조성되었고, 그 좌대 아래 지하에 성보전시관인 용화전이 세워졌다. 경내에는 대웅보전, 팔상전, 명부전, 원통보전, 약사전, 능인전, 진영각, 사리각 등 당우가 즐비하다.

이 중 대웅보전은 1624년(인조 2년)에 벽암이 중창할 때 건립한 것이다. 총 120칸에 건축면적 약 560㎡, 높이 61척에 달하는 대규모 건물이다. 다포식 중층 건물로 무량사 극락전, 화엄사 각황전과 함께 우리나라 3대 불전 중 하나로 손꼽힌다. 국보 제55호인 팔상전은 오층목탑으로, 우리나라의 목탑 연구에 중요한 자료가 된다. 신라 진흥왕 때 의신이 세웠고, 776년에 병진이 중창했으며, 정유재란 때 소실되었다가 1605년(선조 38년)에 재건했다.

대표 문화재로 국보 제5호인 법주사 쌍사자 석등을 비롯해 보물 제916호인 원통보전, 석연지, 사천왕 석등, 신법 천문도 병풍 등이 있다.

미륵대불 앞의 희견보살 석상은 머리에 향로를 이고 선 채로 부처님께 공양하는 모습이다.

진표나 영심 등이 대성의 수기를 얻기 위해 개인의 일신을 아끼지 않았던 법상종 특유의 신앙 형태를 보여주는 의미심장한 걸작이다. 즉 부처님을 향한 믿음이 군건하므로 머리의 뜨거움, 손의 뜨거움을 잊고 일심으로 불공에 전념하는 진정한 구도자의 모습을 상징하는 것이다.

• 주소 : 충청북도 보은군 속리산면 법주사로 379(사내리 209)

보은 비마라사 석조보살입상

속리산 서쪽 '부처바윗골'의 옛 절터에 위치한 비마라사에 봉안된 석조보살입상이다. 절 인근에서 수습하여 봉안했다. 화강암에 불신과 대좌를 조각했는데 양식과 수법 등에서 통일신라시대 작품으로 보인다. 마모가 심한 얼굴은 알아보기 힘들지만 부드럽고 원만해 보인다. 머리에 낮은 보관을 썼는데, 중앙에 화불이 새겨진 관세음보살임을 알 수 있다. 가슴에는 넓게 목걸이가 늘어져 있고 팔뚝과 팔목에는 팔찌가 보인다. 왼손은 가슴에 댔고 오른손은 옆으로 내려 옷자락을 잡았다. 옷자락은 가슴을 가로지르며 길게 옆으로 늘어졌고, 배 아래로도 한 줄이 둥글게 늘어져 있다. 허리 부분에 끈 매듭이 보이고 양다리를 부드럽게 감싸며 밀착되어 있다. 전체적으로 균형감이 있고 불신의 굴곡도 부드럽게 표현되었다. 낮고 둥근 대좌 옆면에는 앙련이 부조되었는데 아랫부분은 결실되었다. 불상의 코와 귀 부

분의 마모가 심한 것은 미신을 따르는 백성들의 소행이고, 목과 허리 부분을 시멘트로 보수한 것은 마을 청년이 돈 푼깨나 만져보려고 훔쳐 운반할 때 훼손된 것이라고 한다.

• 주소 : 충청북도 보은군 속리산면 부수동길 130-45(북암리 38-8)

보은 보은사 석조여래입상

보은사는 삼년산성 북문 안쪽에 있는 절로 1902년 창건했는데, '성재절터'로 불리고 있던

점으로 보아 그 이전부터 절
터였을 것으로 추정된다. 이
절의 미륵전에 봉안된 석불
은 일제강점기에 보은읍 대
야리 미륵댕이산에서 옮겨온
것이라고 한다.

불상은 목과 허리 부분이 훼
손되어 시멘트로 접합한 상
태다. 어깨 아래의 불신은
원래의 것으로 보존 상태가
양호하다. 법의는 통견으로
옷 주름이 융기되어 양감을
보여주며 목에는 삼도가 남
아 있고 발은 파손되었다.
수인은 전륜법인으로 오른
손은 합장하여 중지와 약지

를 접었고 왼손은 가슴에 대고 똑같이 중지와 약지를 접었다.
조각 기법상 불신과 상호의 불일치로 전체적인 조화미는 떨어지지만 옷 주름의 유려함이
훌륭하다.

• 주소 : 충청북도 보은군 보은읍 성주1길 104(어암리 280-1)

용암사 마애불

옥천 용암사 뒤편의 자연 암벽을 감실 모양으로 파고, 그
안에 얕은 돋을새김으로 부조한 불상이다. 높이 3m의 마
애불로 '마의태자상' 이라 불리기도 한다. 신라 폐망의 분
루를 삼키던 마의태자가 금강산으로 가던 도중 잠시 이곳
에 들렀다가 서라벌을 향해 통곡했다는 이야기가 있고, 그
런 태자를 추모하던 신라 석공이 그 모습을 회상하며 미륵
불로 조성했다는 이야기가 전해지면서 마의태자상이라는
별칭을 얻었다. 불상을 새긴 바위의 색깔이 붉어 보여서 그

인상이 매우 강렬해 보인다. 특히 불상의 입술이 유독 붉은색을 띠는데, 나라에 큰일이 생길 때면 더욱 붉게 변한다고 한다. 이 불상에 영험이 있어 누구든 기도하면 못 이룰 소원이 없다고도 한다.

연꽃대좌 위에 서 있는 불상은 얼굴에 파격적인 미소를 머금고 있지만 가늘고 긴 눈, 작은 입, 가는 코 등은 다소 도식적으로 보인다. 넓은 어깨에 늘씬한 하체 같은 신체를 잘 표현했음에도 갖다 붙인 듯한 팔, 규칙적인 옷 주름과 옷자락 등 세부적인 표현에서 독창성이 떨어져 보인다.

옥천 용암사는 법주사의 말사로, 천축국에서 돌아온 의신이 552년(신라 진흥왕 13년)에 창건했다고 전해온다. 경내에 용처럼 생긴 바위가 있어서 용암사가 되었지만 용바위는 일제강

점기에 일본인에 의해 파괴되고 지금은 그 흔적만 남아 있다. 중건 기록은 남아 있지 않고 임진왜란 때 불타서 간신히 명맥만 유지해오다가 근래에 중창했다. 절 왼편의 쌍삼층석탑은 고려 중기의 작품이고, 대웅전 안에 봉안된 후불탱화와 신중탱화도 중요 문화재다.

용암사는 봄과 가을의 이른 새벽에 찾아가는 것이 좋다. 천년고찰의 전설이 서린 마애불 앞에서 바라보는 운해와 일출이 장관이라서 사진사들도 절경으로 손꼽는 곳이다.

• 주소 : 충청북도 옥천군 옥천읍 삼청리 산 51-1

영동 마니사지 석조여래입상

영동의 송호국민관광단지는 양산팔경 중 하나로 관광객이 많이 찾는 곳이다. 너른 면적에 송림이 빽빽하고 캠핑장과 수영장, 청소년수련원 등을 갖춰놓았다. 울창한 송림을 지나 강변 쪽으로 다가가면 전망 좋은 정자 앞에 아담한 석탑과 불상이 보인다. 죽산리 마니사

지에서 옮겨온 석불이다.

소발의 머리에 육계가 작고 볼은 도톰하니 양감이 있다. 귀는 길고 이목구비는 마모되었다. 떨어진 목을 시멘트로 복원했는데 목에는 삼도가 있다. 법의는 통견이며 어깨에서 평행을 이룬 옷 주름은 손목을 덮고 가슴 아래부터 발목까지 U자형 주름을 흘린다. 두 손은 손바닥을 배로 향했는데 오른손에 약합으로 보이는 지물을 든 약사여래불이다.

불상 앞의 작은 석탑 또한 마니사지에서 옮겨온 것이다. 여의정은 연안부원군 박응종이 관직을 내놓고 낙향하여 후학을 가르쳤던 만취당 자리에 1935년 그의 후손들이 새로 건립한 것이다.

• 주소 : 충청북도 영동군 양산면 송호리 7-9

영동 신항리 석조여래삼존입상

영동 용산면 석은사지에 있는 신라시대의 불상이고 보물 제984호로 지정되었다. 본존불 높이 2m, 보살상 높이 1.4m다. 사각형의 큰 바위를 광배로 삼아 삼존불을 부조했다.

본존불은 소발의 머리에 팽이 같은 육계가 있고 고졸한 미소를 띤 원만한 모습이다. 살구씨 모양의 커다란 눈, 큰직한 코, 박력 있는 입, 만면의 미소 등이 불상의 격조를 드높인다. 네모난 상체와 좀 더 넓어 보이는 하체가

긴 직사각형 형태를 띤다. 어깨를 제외하고는 입체감
이 거의 없고 불신에도 양감이나 세부적인 표현은 없는 편이다. 두 손은 가슴 부분에서 시
무외인과 여원인을 결했다. 통견의 법의는 가슴에서 U자형 주름을 이루고 있으며 띠 매듭
도 보인다. 하체의 옷 주름은 활 모양으로 휘어졌다. 두 겹의 원형 두광 안에는 연꽃무늬
를, 바깥에는 연주문을 새겨 넣었다. 양 협시불의 크기는 본존의 어깨 아래 정도여서 구도
가 안정적이다. 삼산보관과 보주를 감싸거나 합장한 수인, 날씬한 체구 등은 당시의 보살
상 양식을 잘 따르고 있다.

전반적인 특징이 7세기 중엽 이후에 조성한 고식 마애불상으로, 삼국시대 말이나 통일신
라 초기의 불상으로 여겨진다.

• 주소 : 충청북도 영동군 용산면 서신항길 135-8(신항리 135-1)

영동 추풍령 신안리 석조보살입상

충북 영동군과 경북 김천시 봉산면의 경계에 위치한
추풍령 고개 한쪽의 보호각 안에 안치된 불상이다.
반고개마을의 수호신으로 모셔지는 불상이고 그 높
이는 230cm다.

둥근 광배를 갖춘 불상은 신체에 비해 머리가 크다.
머리에 보관을 썼고 전반적으로 여성적인 느낌이 강
해 보살상으로 조성한 듯하다. 얼굴에 회분이 발라져
있는데 허옇게 흘러내린 모습이 마치 눈물을 흘리고
있는 듯하다. 잘린 목은 근래에 붙여서 복원했고, 오

른손은 항마촉지인을 결했으며, 무릎 아래는 땅속에 묻혀 있다. 음력 1월 14일이면 주민들이 마을을 수호하고 가정의 화복을 기원하는 제사를 올린다.

• 주소 : 충청북도 영동군 추풍령면 신안리 84-3

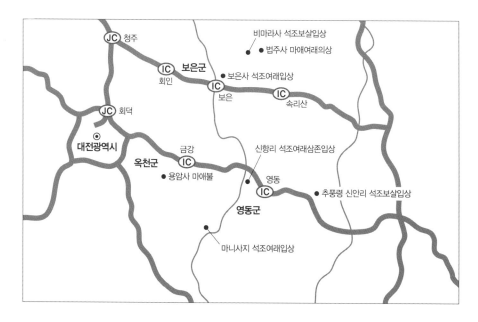

02 충주

충주 미륵대원지

하늘재와 계립재, 새재에 둘러싸인 험준한 골짜기의 북쪽 기슭에 총면적 8만 454㎡에 이르는 충주 미륵대원지(忠州 彌勒大院址)가 자리잡고 있다. 창건 연혁은 불분명하지만 고려 초기에 조성한 절터임은 밝혀졌다. 1977년부터 시작된 발굴 조사를 통해 고려의 사찰 대원사의 절터임이 확인되었고, 원지와 함께 출토된 많은 유물과 사료들을 통해 이곳이 『삼국유사』에 나오는 '미륵대원'임이 밝혀졌다.

길이 9.8m, 너비 10.8m, 높이 6m의 인공 법당을 조성하고 그 중앙에 석불입상을 봉안했다. 측면과 후면의 석벽 중앙은 감실처럼 만들어 작은 불상들을 부조했다. 상부에는 목조 건물을 세워 천장을 만들었던 것으로 보인다. 이런 형식은 경주 석굴암의 양식을 계승한 것으로, 고려시대의 유일한 석·목조 구조의 반축조(半築造) 석굴사원으로 평가된다. 석

굴 축조와 관련해서는 고려 태조 왕건의 경영설, 고려 초 충주 유씨(忠州劉氏)의 지원설 등이 떠돌지만 확인할 길이 없다. 다만 마의태자와 덕주공주의 이야기가 전해지고 있어서 지금도 사람들의 발길을 불러 모으고 있다. 신라의 마의태자가 망국의 한을 품고 금강산으로 들어가는 길에, 누이인 덕주공주는 월악산 덕주사를 창건하여 남향한 암벽에 마애불을 조성하고, 태자는 이곳에 석굴을 창건하고 불상을 북쪽으로 두어 덕주사를 바라보게 했다는 이야기다. 절터에는 본존불인 석불입상과 석굴 벽의 여래좌상 및 삼불좌상, 오층석탑, 삼층석탑,

석등, 귀부, 당간지주, 불상대좌 등 여러 유물이 영화로웠던 한 시대를 증명하고 있다.
그중에서 보물 제96호인 미륵리 석불입상은 모두 네 개의 화강암으로 조성한 높이 11m의
거불이다. 나발의 머리에 육계가 있고 얼굴은 둥글지만 평면적이다. 둥근 눈썹, 직선으로
감은 눈, 작고 두터운 입술을 지녔고 굵은 목에 삼도를 간략하게 표현했다. 팔은 그 형체
만 겨우 표현했고, 어깨부터 발끝까지 입체감이 거의 없는 편이다. 수인와 법의도 지극히
형식적으로 표현했다. 머리에 갓을 쓴 점, 양감 없는 원통형 신체, 생략된 옷 주름 등은 충
청 지방에서 유행하던 고려시대의 석불 양식 그대로다.

석불입상 좌측의 보살상도 놓치지 말아야 한다. 정식 명칭은 '중원 미륵리 사지 석조보살
의상(中原彌勒里寺址石造菩薩倚像)', 즉 의자에 앉은 모습이어서 의상이라 부른다. 판석 형
태의 석재 한쪽 면에 부조했는데 마모가 심해 형상은 뚜렷하지 않지만, 의자에 앉은 반가
좌상은 매우 희귀하다고 한다.

• 주소 : 충청북도 충주시 수안보면 미륵리 58

봉황리 마애불상군

충주시 가금면 봉황리는 삼국시대에
북쪽에서 한강을 따라 올라온 배가
충주로 들어가는 지름길에 위치했
다. 이 길은 봉황내를 따라 잣고개를
넘어 용전리 입석마을로 이어진다.
활발했던 당시의 루트를 입증이라도
하듯 봉황리에는 마애불상군이 있
고, 입석마을에는 중원고구려비(中原
高句麗碑, 국보 제205호)가 남아 있다.

봉황리 마애불상군은 햇골산 기슭 중턱의 바위 면에 자리잡고 있다. 커다란 암벽 두 곳에 시기를 달리하여 모두 9구의 불상·보살상이 부조로 새겨져 있다.

잘 놓여진 계단을 따라 올라가면 첫 번째 불상 군락이 나온다. 큰 바위 전면에 높이 2m의 본존불이 결가부좌로 앉아 있다. 머리는 나발이고 육계가 낮다. 사각형 얼굴에 눈과 코는 길고 가늘며, 큰 입은 미소를 띠고 있다. 짧은 상체 역시 사각형에 가깝고 파손된 흔적이 역력하다. 본존불 머리 주위로 연꽃대좌에 앉아 있는 0.3m의 화불 5구가 배치되었다.

두 번째 군락은 조금 더 위쪽에 있다. 높이 3.5m, 폭 8m의 바위 면에 좌불이 양각되었는데 육계와 얼굴 등이 아래쪽 본존과 비슷하다. 법의는 통견이고 옷 주름은 굵은 띠 주름을 이루었다. 수인은 시무외인과 여원인을 지었다. 그 옆에 한쪽 무릎을 세우고 꿇어앉은 공양상이 보이고 연이어 보살상 6구가 새겨져 있는데, 한결같이 가늘고 긴 체구에 입가에는 미소를 띤 모습이다.

오랜 세월 비바람을 맞아 윤곽이 뚜렷하지는 않지만 두 불상군 모두 비교적 초기의 마애불상에 해당한다. 한강 유역과 낙동강 유역을 연결하는 중간 지대라는 지정학적 배경과, 역사적·정치적 상황에 따라 조성했다고 여겨져 신라시대 불조각의 흐름은 물론 고구려 불상의 경향까지 엿볼 수 있어서 학술적 가치가 높다.

• 주소 : 충청북도 충주시 가금면 봉황리 산 27

중원 창동 마애불

중원 창동 마애불은 남한강이 시원스레 펼쳐진 강가 암벽에 조성되어 있다. 창동이라는 지명은 옛날 이곳에 나라에서 세금으로 거둬들인 곡물을 보관하던 조세창이 있어서 붙여진 이름이다. 충주는 남한강 수상 물류의 중심지였고 실제로 1930년대까지만 하더라도 목계

나루가 번창했다. 따라서 창동 마애불은 여주 계신리 마애불처럼 남한강을 오가는 뗏목꾼들의 안녕을 비는 수호불로 조성되었을 것이라 짐작된다.

자연 암반의 동남쪽을 다듬어 불입상을 양각했는데, 전체적인 마멸과 바위 부서짐 현상으로 존속 여부가 위태로울 지경이다. 불상의 머리와 손, 발, 옷 주름 등 세부적인 표현은 불분명해 보인다. 네모반듯한 불상의 얼굴은 복스럽고 천진난만하며, 소발의 머리에 희미한 육계가 보인다. 눈초리가 살짝 올라간 눈은 가늘게 내리떴고, 양 눈썹은 활 모양으로 휘어졌다. 코는 넓적하고 얇은 입술은 살포시 다물었다. 귀는 길어서 어깨에 닿았고 목에는 삼도가 뚜렷하다. 큼직

한 어깨에는 통견의 법의를 걸쳤는데 U자형 옷 주름이 앞으로 흘러내린다. 불상의 아랫부분은 떨어져 나가 구분하기 힘들다.

고려시대 작품으로 추정되며, 인근의 중원 창동 오층석탑 및 석불과 관련되어 있는 옛 절터의 유물로 여겨진다.

• 주소 : 충청북도 충주시 중앙탑면 창동리 240 / 충주시청 또는 충주버스터미널에서 가금면 방면 82번 도로변에 위치한다. 길가 주차장에서 쪽문을 통과하면 주택이 들어서 있는 사유지가 나오고, 마애불은 강가로 내려가는 계단 끝에 조성되어 있다.

충주 창동리 약사여래입상

창동 마애불 인근에 있는 석불로 높이 168cm의 화강암에 145cm의 부처님을 단아하게 조성했다. 얇은 판석의 한 면에 불상과 광배를 부조했는데 불상은 얇게 양각했고, 위가 뾰족

하고 좌우와 위쪽에 불꽃 모양의 장식을 단 구슬 형태의 두광에 신광이 연결되어 있다. 몸체에 비해 머리부분이 크고 빡빡 깎은 머리 위에는 반원형의 육계가 솟아 있다. 상호는 온화하고 자비로우며 눈썹은 반원형이다. 입술은 도톰하고, 두 귀는 어깨까지 내려졌다. 오른손은 가슴 앞에 들어 손바닥을 밖으로 향한 채 엄지와 중지를 맞댔고, 왼손에는 약합을 들었다. 법의는 양어깨를 덮은 통견으로 옷 주름이 팔을 거쳐 발목까지 흘러내린다. 대좌에는 연꽃무늬가 두 겹으로 양각되었다.

하나의 돌에 광배와 불상까지 갖춘 완벽한 모습으로, 조각 수법은 단순해 보이지만 독특하고 아름다운 불상이다. 이 약사불 역시 창동 마애불과 함께 뱃사람들에게 숭배되었던 불상으로 추정된다.

• 주소 : 충청북도 충주시 중앙탑면 청금로 112-6(창동리 243-7)

충주 문주리 석불좌상

충주시 대소원면 탑동마을에서 모시는 화강암 석불로 높이는 110cm다. 주민들이 석축을 쌓고 보호각을 만들어 봉안하고 있다. 머리는 꼬불꼬불한 모양이고 육계는 보이지 않는다. 둥근 얼굴에 코는 크고 입은 작다. 눈을 반쯤 떴고 양쪽 귀는 짧으며 이마에는 백호공이 파여 있다. 목에는 삼도의 흔적이 보인다. 법의는 오른쪽 어깨를 드러내고 왼쪽 어깨에만 걸쳤다. 오른손은 무릎 아래로 내렸고 왼손은 결가부좌한 다리 위에 두었다.

대좌와 광배를 갖추었지만 광배가 파손되어 뒤에 따로 떨어져 있다. 불상과 광배는 한 돌로 보이지만 대좌는 돌이 다르고, 조각 수법상으로도 불상과 광배는 나중에 만든 듯하다.

• 주소 : 충청북도 충주시 대소원면 팔봉로 359(문주리 148)

충주 용화사 석조여래입상

1925년 노천에 방치되어 있던 석불을 발굴하여 모시고 용화사를 세웠다. 얼굴은 심하게 마모되었지만 다른 부분은 보존 상태가 양호하고 조각 수법도 우수한 편이다. 하나의 돌에 주형 광배를 조성하고 그 전면에 불상을 양각했다. 광배에는 별다른 장식이나 조각이 없고, 두광과 신광의 가장자리와 불상의 머리 부분이 조금 파손되었다. 불상의 이목구비는 마모되어 정확히 알 수 없지만 상호가 원만해 보이고 입가에는 부드러운 미소를 머금고 있다. 귀는 어깨까지 내려왔고 목은 짧아 삼도가 보이지 않는다. 어깨가 넓고 당당한 모습이다. 오른손은 가슴 위까지 들어 손바닥을 밖으로 향했는데 수인은 불분명하다. 왼손은 가슴 앞에서 약합을 든 것으로 보아 약사여래불로 보인다. 법의는 우견편단으로 옷 주름이 부드럽다.

전체적으로 심하게 마모되었지만 둥근 얼굴, 풍만한 불신, 부드러운 옷 주름 등에서 고려 시대 불상의 특징을 살펴볼 수 있다.

• 주소 : 충청북도 충주시 주덕읍 능말2길 75(삼청리 433-1)

충주 원평리 석조여래입상

충주시 신니면 원평리에 있는 미륵불로 복련의 연화대좌 위에 서 있는 높이 6.1m의 거불이다. 702년(신라 성덕왕 1년) 창건된 선조사에 있던 석불로, 병자호란 때 절이 불타고 석불만 남았다. 불상의 규모와 절터의 석조물 등으로 미뤄볼 때 상당한 규모의 사찰이었을 것으로 추정된다.

팔각의 보개 아래로 큼직한 육계가 솟아 있고 머리는 소발이다. 풍만한 얼굴은 사각형에 가깝고 눈은 가늘게 떴으며 코와 입은 단정하고 뚜렷하다. 이중 턱으로 후덕함을 강조했고 두 귀는 어깨까지 닿았다. 목에는 삼도가 뚜렷하고, 어깨가 당당하고 건강해 보인다. 수직으로 떨어지는 통견의 법의 자락이 묵직해 보인다. 듬성듬성 접혀 평행한 옷 주름은 팔을 타고 내려와 손목을 감고 나서 아래로 흘러내린다. 깊숙이 파진 가슴 아래로는 굵은 V자형 옷 주름이 쏟아진다. 오른손은 들어 올려 가슴에 댔고 왼손은 앞쪽으로 비켜 내려 여원인을 결했다. 통통하고 길쭉한 손가락에서 둔한 양감이 느껴진다. 석불 앞에는 복련대 앙련좌를 올린 예배석이 놓여 있다.

불상의 조각 수법과 옷 주름 형태, 당당한 체구 등에서 나말여초 때 조성한 불상으로 여겨지며, 통일신라 말기부터 미륵하생신앙의 유행으로 조성한 거대 규모의 미륵불들 중 하나로 보인다.

• 주소 : 충청북도 충주시 신니면 원평리 108

용담사 석불입상

충주시 신니면 문숭리의 용담사에 있는 고려시대의 석불이다. '송암리 불상', '선당리 석불' 등으로 불려 왔는데 1978년에 지금의 용담사로 옮겨져 관리되고 있다. 이 불상은 일제강점기 말에 신덕저수지의 제방 을 공사할 때 하천에서 발굴되었고 저수지 아래 선당 리로 옮겨 세워 불당을 조성하고 보호해왔다. 그래서 '선당리 석불'로 불려왔다.

불상은 소발의 머리 위로 보개를 받치기 위한 테를 양 각함으로써 마치 머리띠를 두른 것처럼 보인다. 원래 의 보개는 결실되고 최근에 용담사에서 방형의 보개

를 새로 만들어 얹었다. 얼굴은 전면에 희미한 미소를 띤 듯하면서도 조금 어색한 분위기 가 느껴진다. 턱 아래는 이중으로 표현했고, 이마에 백호공이 나 있다. 귀는 늘어져 어깨 에 닿았고, 목에는 삼도의 흔적이 뚜렷하다. 풍만한 얼굴에 눈은 반쯤 떴으며, 콧등과 입 술은 둥그렇게 처리했다. 얼굴에 비해 어깨 폭은 위축된 모습이다. 법의는 통견으로 가슴 앞에 올려놓은 오른쪽 손목을 덮었고 왼손에 걸쳐진 옷 주름은 U자형으로 무릎까지 흘러 내렸다. 오른손은 들어서 가슴에 댔고 왼손은 여원인을 결했다. 원통형 대좌 하단부에는 앙련이 단판으로 조각되었 고, 대좌 중간의 전면에 양발을 직립시 켰으며, 옷 주름이 연화좌까지 흘러내 렸다. 따로 있었던 불신과 대좌를 시멘 트로 보합하여 고정했다.

• 주소 : 충청북도 충주시 신니면 내포길 27-110(문숭리 산 16-1)

충주 지당리 석불입상

충주시 앙성면 지당리 삼당마을의 원불사 경내에 봉안된 석불이다. 원래의 자리는 확실치 않지만 불당, 미륵당, 산제당이 있어서 '삼당마을'이라 부르는 것으로 보아 인근의 절터에 서 옮겨온 것으로 추정된다. 예로부터 이 불상에 기도를 하면 득남한다고 해서 아낙네들의 공양을 받아온 불상이다. 높이가 220cm에 이르는 대형 석불로 조선시대에 만들어졌다.

원래는 머리에 보개를 썼지만 현재의 보개는 분리되어 불상 옆에 따로 두었다.

풍만한 얼굴에 머리는 별다른 장식이 없는 소발이다. 육계도 보이지 않아 파손된 것으로 추정된다. 상호는 뚜렷하지 않지만 눈은 일직선이고, 입술은 두툼하다. 귀는 짧은 편이다. 오른손은 손바닥을 밖으로 향한 채 약지를 접어 위로 향했고, 왼손은 손바닥을 밖으로 해서 약지와 소지를 구부렸다. 법의는 오른쪽 어깨를 드러내고 왼쪽 어깨만 감쌌으며, 무릎 아래로 흘러내린 옷 주름은 간략하게 표현했다.

전체적으로 조각 수법이 서툴고 분위기도 엄숙하기보다는 친근하고 토속적이다. 조선시대의 불상 중 보기 드문 대형 불상으로, 당시의 지방 불상 양식의 일면을 살펴볼 수 있는 자료로 평가된다.

• 주소 : 충청북도 충주시 앙성면 지당리 180

충주 강천리 석불입상

충주시 앙성면 강천리 서음마을에 있는 석조여래입상으로 인근의 '미륵골' 절터에 방치되어 있다가 이곳으로 옮겨와 기단을 만들고 모셨다. 불상의 높이는 196cm다. 민머리에 육계가 보인다. 얼굴은 풍만하지만 마모가 심해 이목구비가 뚜렷하지는 않다. 눈은 둥글어 보이고 미간에는 백호가 희미하다. 귀가 짧고 몸에 비해 팔과 손도 작아 보인다.

법의는 통견으로 가슴 부분에서 V자형으로 깊게 파였고, 배 부분에도 V자형에 가까운 옷 주름이 두 줄

보인다. 오른손은 아래로 내려 밖으로 손가락을 폈고
왼손은 가슴 부분에서 엄지와 중지를 붙였다. 수인과
옷 주름 등을 간략하게 표현한 불상으로 고려 말에서
조선 초기의 작품으로 보인다.

• 주소 : 충청북도 충주시 앙성면 영죽고개길 62(강천리 산 2-1)

03 청주

청주 용화사 석조불상군

청주시 사직동 용화사에 봉안된 고려시대의 석불 7구로 보물 제985호로 지정되었다. 최고 높이 5.5m부터 1.4m까지 총 7구가 한자리에 봉안되어 있다. 이 불상들은 무심천 냇가에 방치되어 있었는데 고종 광무 5년(1901년) 엄비의 꿈에 현신하여 용화사로 옮겨졌고, 1972년에 지금의 미륵보전을 지어 봉안했다. 불상 5구와 보살상 2구로 구성된 이 칠존석불은 모두 통견의 법의를 걸친 입상과 좌상으로, 불신이 우아하고 정제된 것으로 보아 고려시대 작품으로 추정된다.

불상들 중 왼쪽 세 번째 불상은 나발의 머리 위에 육계가 유난히 크며, 좁은 이마에 백호가 표현되었다. 얼굴은 갸름하고 원만해 보이며, 어깨까지 길게 늘어진 귀는 목의 삼도와 함께 위엄을 자아낸다. 통견의 법의를 걸친 신체는 양감이 살아 있고 가슴 부위에 '卍(만)' 자가 양각되어 있다. 왼쪽 다섯 번째 불상은 나발의 머리에 육계가 큼직하고 이마에는 백

호가 있다. 눈은 반쯤 떴고 이목구비가 정제되었다. 가슴에는 독특한 옷 주름이 새겨져 있고, 그 아래로 U자형 옷 주름이 흘러내린다. 이 불상의 뒷면에는 거대한 나한상이 새겨져 있다.

장륙불이나 그 이상의 거불이라는 점과, 탁월한 조각 솜씨를 유감없이 보여주고 있는 귀중한 고려 불상으로 평가되고 있다.

• 주소 : 충청북도 청주시 서원구 무심서로 565(사직동 216-1)

청주 현암사 석불좌상

대청호반이 바라보이는 구룡산 기슭의 현암사 용화전에 봉안된 높이 110cm의 석불이다. 백제의 선경대사가 조각했다고 전해지지만, 조각 양식상 고려 말에서 조선 초기에 조성한 것으로 추정된다. 광배와 대좌 모두 결실된 채 불신만 결가부좌를 하고 있는데, 머리는 나발이고 육계가 큼직하다. 얼굴은 둥글고 넓은 편인데 조각 수법은 정교하지 못한 편이다. 법의는 양어깨를 모두 덮은 통견으로 옷 주름은 거의 표현되지 않았다. 수인은 무릎 위에서 양손을 잡은 선정인이다.

현암사는 선경대사가 창건했다는 설, 신라 성덕왕 때 창건했다는 설, 고구려의 승려가 세웠다는 설 등이 있지만 모두 신빙성이 떨어지고 현존하는 석조물로 볼 때 고려 후기의 절

로 추정된다. 광복 후 중건되었으며 대웅전과 용화전, 요사채를 당우로 거느렸다.

현암사는 대청호반을 조망하는 장소로도 탁월하다. 숲이 우거져 절 앞에서는 시야가 조금 답답하지만 구룡산 정상에 올라서면 가슴 탁 트이는 풍광을 만끽할 수 있다.

• 주소 : 충청북도 청주시 서원구 현도면 하석리 50

청주 동화사 석조비로자나불좌상

청주시 남이면 문동리에 위치한 동화사 대웅전의 주존불이다. 화강암에 조성한 높이 148cm의 불상이 높은 대좌 위에 결가부좌로 앉아 있다. 파손된 부분을 복원하는 과정에서 잘못하여 머리가 오른쪽으로 살짝 기울어져 있다. 전설에 의하면 임진왜란 때 불상에서 비치는 황금빛을 보고 찾아온 왜장이 칼로 쳐서 목이 떨어졌다. 이때 불상의 목이 왜장의 발등을 찍어 발목이 부러졌고, 이에 놀란 왜병들이 밖으로 나가 달아날 때 벼락이 떨어지는 바람에 반수 이상이 죽었으며, 나머지는 국사봉에 매복해 있던 의병장 조헌의 기습에 몰살당했다고 한다.

머리에 작은 소라 모양의 머리카락을 붙여놓았고 낮은 육계가 보인다. 전신에 금분(金粉)을 칠하여 원형을 확인하기는 힘들다. 수인은 오른손을 아래로 하고 왼손을 위로 가지런히 모아 지권인을 결한 비로자나불이다. 양어깨에서 흘러내린 옷은 가슴 앞에서 U자형 주름을 이루면서 좌우대칭으로 처리되어 무릎을 감쌌다. 대좌 아랫부분은 마룻장 밑으로 들어갔으며, 둥근 윗부분에는 연꽃잎이 새겨져 있다. 전체적인 조각 수법으로 보아 나말여초 때의 작품으로 추정된다.

아담한 절집 동화사는 신라 때 창건되었다고 전해온다. 임진왜란 당시 불타 없어졌다가 성씨(成氏) 문중에서 중창하고 매몰된 불상을 발굴하여 모셨다. 절 근처에서 고려 중기의 것으로 보이는 기와가 다량 출토되었다. 대웅전 앞의 삼층석탑은 높이가 133cm에 불과하지만 고려 초기의 석탑으로 절의 역사를 추정하는 데 소중한 자료가 된다.

• 주소 : 충청북도 청주시 서원구 남이면 척산화당로 444(문동리 150)

청주 보살사 석조이불병립상

커다란 판석에 불상 2기를 나란히 돋을새김했다. 한 광배에 두 불상을 새긴 일광이불상(一光二佛像)으로 정식 명칭은 '청주 보살사 석조이불병립상'이다.

크기와 양식이 비슷한 두 불상은 갸름하고 고운 얼굴에 어린아이같이 천진난만한 미소를 띠고 있으며 신체에는 부드러운 굴곡이 잘 나타나 있다. 양어깨를 감싼 간소한 옷차림과 좌우로 엇바뀐 두 손 등에서 순진무구함이 잘 표현되었다. 단아한 묘사와 간략한 기법 등에서 고려시대의 석조병존불입상으로 보인다.

낙가산 남쪽 기슭의 보살사는 청주 근교에서 가장 오래된 절로 567년(백제 위덕왕 14년)에 의신이 창건했다고 전해온다. 778년(신라 혜공왕 14년)에 진표의 제자 융종이 중창했고, 918년(고려 태조 1년)에 증통이 중창했으며 그 후로도 서너 차례의 중창을 거듭하여 오늘에 이른다. 경내에는 보살사 극락보전을 비롯해 명부전, 삼성각, 수각, 요사채 및 부속 건물이 있다. 극락보전은 조선 초기에 세워져 선조 때 중수되었고, 내부에는 석조이존병립여래상 외에도 지장보살상, 삼존불 등이 봉안되어 있다. 절 마당의 오층석탑은 1703년(숙종 29년)에 건립된 것으로 조선 중기의 석탑 양식을 연구하는 데 중요한 문화재다.

• 주소 : 충청북도 청주시 상당구 낙가산로 168(용암동 66-2)

청주 순치명 석불입상

청주시 용정동 선돌골 마을 입구 논 한가운데에 서 있
는 불상이다. 네모난 돌기둥을 깎아 얼굴과 상체를
조각한 석불로 마치 석장승 같은 모습이다.

전체 높이 316cm, 머리 높이 70cm다. 불상 아래에
'順治十一月十六日立(순치십일월십육일입)'이라는
명문이 새겨져 있어 조선 효종 3년(1652년)에 조성되
었음을 알 수 있다. 이마에 큼직한 백호를 새겼고 눈
썹도 길고 크게 표현했다. 내리뜬 눈의 눈두덩이 도
드라져 인상적이다. 코는 작고 짧으며 입은 반달 모
양으로 새겨 전체적으로 웃는 인상이다. 귀는 조각되

지 않았고 삼도도 보이지 않는다. 이 불상으로 인해 근처 마을을 '장승배기'라 했는데, 민
불로 조성되어 장승처럼 마을의 수호불을 담당했던 것으로 보인다.

• 주소 : 충청북도 청주시 상당구 용정동 522

청주 정하동 마애비로자나불좌상

청주시 정하동 평지에 돌출된 작은 동산의 바위에 선각한 마애불이다. 화려한 연꽃받침 위
에 불상이 결가부좌로 앉아 있는데 전반적으로 보존 상태가 양호하다. 두광을 두른 머리에

관모를 썼고 이마에는 백호공이 뚜렷하다. 네모
난 얼굴에는 자비로움이 넘쳐흐르고, 귀는 큼직
하며, 목에는 삼도가 선명하다. 신체도 당당하
고 전체적인 균형미도 뛰어난 작품이다.

통견의 법의는 양팔에 걸쳐 대칭을 이루며 발아래로 흘러내렸고, 불신을 따라 얇게 선각한 옷 주름도 선명하다. 수인은 지권인을 결한 비로자나불이다. 신라의 고승 의상대사가 개창한 화엄종의 주존불로, 강한 믿음과 일심으로 염원하면 어디서든 만날 수 있는 부처님으로 통한다.

장방형의 얼굴, 잘록한 허리, 볼륨감 있는 무릎 등에서 고려 초기의 작품으로 보이며, 유려한 조각 솜씨와 보기 드물게 관모를 쓴 비로자나불이라는 점에서 그 가치가 높다.

• 주소 : 충청북도 청주시 상당구 정하동 산 9-1

청주 백족사 석조여래좌상

백족사는 가덕면 백족산 남쪽 기슭에 위치한 사찰로 창건 연혁은 알 수 없지만 경내의 석탑 부재와 석비의 옥개석 등으로 보아 고려시대의 절로 추정된다. 조선시대에 속리산으로 행차하던 세조가 개울물에 발을 담그자 발이 희게 변했다는 구전에서 '백족산'이라는 이름이 유래했다.

석조여래좌상은 대웅전에 봉안된 주불로 결가부좌하고 정면을 직시한 모습이 매우 균형 잡힌 불상이다. 목이 절단되어 시멘트로 붙였는데, 접합 부분이 부어올라 있고 근래에 눈과 입도 갈아내어 보수했다. 상호는 원만해 보이고 나발의 머리에 육계가 표현되었다. 삼도는 보이지 않고 귀도 매우 짧아져서 어색한 느낌이 든다. 우견편단의 법의에 유려한 옷 주름이 오른팔과 무릎 전체를 덮고 있다. 수인은 항마촉지인을 취했다. 넓은 판석을 지대석으로 삼은 좌대는 본래의 것이 아니다. 보수 과정을 거쳤지만 불상의 원형은 대체로

잘 남아 있는 편이다.

경내의 삼층석탑도 고려시대 것으로 보이고, 대웅전 우측 마당에도 여러 석물이 안치되어 있다. 머리에 보관을 쓴 보살입상은 일제강점기의 작품이고 석등과 공양상, 손에 칼과 칼집을 든 신장상도 모셔져 있다.

• 주소 : 충청북도 청주시 상당구 은행상아로 441-122(한계리 1)

청주 비중리 일광삼존불상

청주 내수에서 초정약수터로 가는 도로변, 속칭 '선돌거리'에 위치한 불상이다. 돌 하나에 광배와 대좌를 부조하고 그 안에 불상 3구를 조성한 것으로 토막 나 있던 것을 복원해놓았다. 본존의 머리와 어깨부터 가슴까지 탈락이 심하고, 떨어져 나간 우협시보살을 수습하여 봉합했지만 좌협시는 찾지 못했다.

본존불은 어깨부터 두 팔꿈치까지 타원형을 반으로 자른 모양이고 각이 지지 않았다. 널찍하게 표현한 무릎 위로 옷자락을 내려뜨렸다. 수인은 오른손을 들어 검지를 구부린 시무외인을 짓고 있으며, 왼손은 무릎에 댄 모양이지만 불분명하다.

대좌에는 무릎을 거쳐 내려진 법의가 걸쳐 있으며, 아래에는 삼존불상이 부조되어 있다. 광배는 거신광으로 몇 겹의 둥근 무늬를 물결식으로 표현했고, 그 밖에 화불 5구가 표현되었다. 우협시보살상은 얼굴이 마멸되어 있지만 살짝 고졸한 미소가 엿보이며 길게 내린 머리카락, 원통형 체구, X자형 옷 주름 등에서 6세기 보살상의 특징을 잘 반영하고 있다.

전체적으로 삼국시대인 6세기 중엽에 만들어진 것으로 보이는데, 특히 최초의 일광삼존석불(一光三尊石佛)로 그 가치가 높은 작품이다.

바로 옆에 자리한 높이 144cm의 석조여래입상도 비슷한 시기의 작품이다. 안면부가 파손되었고, 머리에

두광이 이중으로 표현되었다. 좁은 어
깨에 법의는 통견으로 타원형의 층단
을 이루며 흘러내렸고, 옷 주름의 표현
이 굵고 대담해 보인다. 왼손은 여원인
을, 오른손은 시무외인을 결했다. 흘러
내린 타원형의 옷 주름과 크게 표현한
양손 등에서 삼국시대의 불상 양식을
잘 살펴볼 수 있다.

• 주소 : 충청북도 청주시 청원구 내수읍 비중리 207-1

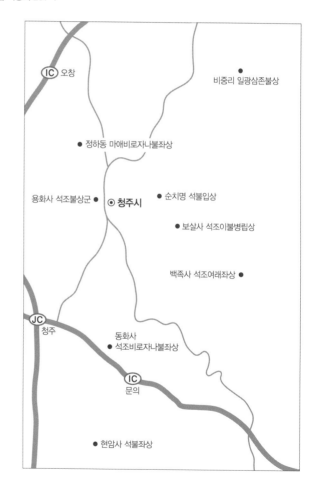

04 괴산·증평

괴산 각연사 석조비로자나불좌상

대좌와 광배를 모두 갖춘 완전한 형태의 불상으로 진리의 세계를 두루 통솔하는 비로자나불을 형상화했다. 머리에 작은 소라 모양의 머리카락을 붙여놓았고 육계는 펑퍼짐하다. 오른쪽 어깨를 드러내고 왼쪽 어깨에만 걸쳐 입은 옷에는 주름이 간략하게 표현되었다. 광배는 두광과 신광을 구분한 듯 가운데가 잘록하게 들어가 있는데, 전체적으로 물방울 모양이다. 불상의 머리 위쪽과 불상 양쪽에 각각 화불 3구가 새겨져 있고, 안쪽에서부터 연꽃무늬와 구름무늬가 새겨졌으며, 가장자리에는 불꽃무늬를 표현했다. 신라 전성기의 불상처럼 긴장감이 넘치는 활력과 세련된 기교는 보이지 않지만, 전체적으로 단아하면서도 화려해진 통일신라 후기의 작품으로 보인다. 보물 제433호로 지정되었다.

신라 법흥왕 때 유일대사가 지금의 괴산군 칠성면 쌍곡리 근처에 터를 잡고 절을 지으려했다. 재목 다듬는 작업을 하는데, 느닷없이 까마귀 떼가 날아들어 대팻밥과 나무 부스러기를 물고 어디론가 사라졌다. 이 모습을 기이하게 여긴 대사는 까마귀 떼를 따라가보았다. 그러자 현재의 각연사 터 연못에 대팻밥이 떨어져 있어서 유심히 들여다보니 연못 안에 돌부처가 있고 그 불신에서 눈부신 광채가 퍼져나오는 것이었다. 이에 대사는 크게 깨우침을 얻은 뒤 연못을 메우고 그 자리에 절을 세웠다. 이렇게 연못 속의 돌부처를 보고 깨침을 얻었다고 해서 '깨달을 각(覺)'·'연못 연(淵)' 자를 써 '각연사'라 했으며, 그 후 이 불상에 기도하면 영험이 크다고 알려지면서 참배객이 끊이지 않았다고 한다.

각연사는 고려 초 통일대사가 중창하면서 대찰의 면

모를 갖추었는데, 이는 각연사 통일대사탑비와 통일대사탑을 보면 알 수 있다. 고려 혜

종 때와 조선시대에도 몇 차례 중수를 거쳤고 1899년에는 비로자나불의 개금불사가 행

해졌다.

• 주소 : 충청북도 괴산군 칠성면 각연길 451(태성리 38)

능촌리 석불

괴산읍 능촌리의 돌주골고개에 서 있는 불상으로 높이 약 5m, 둘레 약 4.7m의 자연석을

다듬어 두상만 조각했다. 언뜻 보면 커다란 암석으로만 여기고 그냥 지나치기 쉬운 불상이

다. 민머리에 미간에는 큼직한 백호가 새겨져 있고, 눈은 은행 모양으로 그 윤곽과 눈동자

를 이중으로 크게 조각했다. 넓은 코에 입은 일자형이고, 두 귀는 짧으며, 목 부분의 경계

가 없어서 육중한 느낌을 풍긴다. 몸체에는 자연석의

석영과 장석의 띠가 X자로 앞면을 가로지르고 있어

서 흡사 가사를 걸친 듯하다. 조선시대에 마을의 안녕을 빌기 위해 조성한 민불로 보인다.

- 주소 : 충청북도 괴산군 괴산읍 능촌리 282-1 / 마을에서 '하담 김시양 신도비' 방향으로 오르다 보면 왼편에 큰 느티나무가 나오는데 그 아래에 있다.

괴산 봉학사지 석조여래좌상

괴산 보광사 뒤쪽의 봉학사지에서 발견된 높이 95cm의 석불상으로, 1925년 발견 당시 절단된 몸통에 머리를 찾아 붙이고 팔목 등을 보수하여 대웅전 본존불로 봉안했다. 머리는 소라 모양의 나발이고 정수리에는 육계의 흔적이 보이며 미간에는 백호가 불거져 있다. 통통한 얼굴에는 온화한 미소를 띠고 목에는 삼도가 있다.

법의는 우견편단식이고, 왼손은 손바닥을 위로 하여 배꼽 근처에 두었고, 오른손은 항마촉지인을 지었다. 굴곡이 거의 없는 상체와 두꺼운 옷 주름 등 전체적으로 입체감이 부족한 평면적인 조각이고 조선시대의 작품으로 추정된다.

불상이 발견된 곳의 오층석탑(고려시대의 작품으로 추정)에서 '봉학산 봉학사'라는 글귀가 적힌 문서가 나와 이곳이 옛 봉학사 터임이 밝혀졌으며, 봉학사는 고려 초기나 그 이전인 통일신라시대에 창건된 것으로 추정된다.

- 주소 : 충청북도 괴산군 사리면 사담리 산 1 / 수암 교차로에서 안삼골을 통과해 임도를 따라 4km쯤 올라가면 보광사가 나온다.

괴산 삼방리 마애여래좌상

높이 3.7m, 폭 4m 규모의 바위에 높이 3.5m의 불상이 조성되어 있다. 연꽃무늬 대좌 위에 결가부좌로 앉아 있는 불상이다. 소라 모양의 나발에 육계가 잘 표현되었고 목에는 삼도가 뚜렷하다. 갸름한 얼굴에 조금 크게 표현된 이목구비가 전체적으로 시원하고 원만해 보인다. 눈은 반쯤 옆으로 떴는데 곡선을 이룬 눈썹이 그린 듯 선명하다. 콧마루가 넓적하

고 작은 입은 일직선으로 꾹 다물었다. 양어깨를 감싼 통견의 옷 주름이 손목을 감아 무릎을 덮으며 흘러내린다. 배 아래로는 느슨한 곡선으로 군의를 표현했다. 수인은 마멸되어 파악하기 힘들다. 불상 앞에 자연석으로 불단을 쌓았는데, 명문이나 목조전실 등의 부수적인 흔적은 보이지 않는다. 전하는 말에 의하면 조선 초기에 한 고승이 이 불상을 조각했는데, 이곳에 은거하고 있던 배극렴을 세 차례나 찾아온 이성계의 성덕을 기리기 위해 조성했다고 한다.

• 주소 : 충청북도 괴산군 불정면 삼방리 산 55 / 대소면사무소에서 금곡리를 거쳐 삼방리 마을을 지나 임도를 따라 오르면 길가 우측 산 밑에 불단과 마애불이 보인다.

괴산 지장리 석불좌상

연대는 알 수 없지만 조선시대에 제작된 불상으로, 미륵을 염원하던 마을 주민들이 조성한 것으로 추정된다. 자연석의 원형을 활용하여 앞면에만 불상을 부조했는데 세부적인 표현은 매우 서툴러 보인다. 머리 위에는 자연적인 돌출부를 이용한 보개를 표현했고, 둥글고 통통한 얼굴은 이목구비가 뚜렷하다. 어색하게 표현한 두 손과 무릎 때문에 수인과 법의의 형태는 구별하기 힘들다.

• 주소 : 충청북도 괴산군 불정면 지장리 산 41-2

괴산 원풍리 마애불좌상

충주 수안보에서 경북 상주로 향하는 국도변에 괴산 원풍리 마애불좌상이 있다. 높다란 바위 면을 뚫어 감실을 조성하고 그 안에 좌불 2구와 화불을 새겨 넣은 독특한 불상이다. 감실의 크기는 가로세로 3.63m이고, 불상의 높이는 3m다. 보물 제97호로 지정되었다. 얼굴은 뚜렷하지만 하부는 마멸되어 형체를 알아보기 힘들다. 옷 주름을 서로 대칭되게 표현하는 등 두 불상 모두 비슷한 모양을 취했는데, 우리나라에서는 보기 드문 이불병좌상(二佛幷坐像) 형식을 취하고 있다.

넓적하고 평면적인 얼굴에는 가는 눈, 뭉툭한 코, 꽉 다문 입 등을 묘사해서 건강한 인상을 풍긴다. 직사각형의 신체는 넓은 어깨와 굵은 팔 때문에 더욱 강인해 보인다. 무릎 위에 포갠 두 손 위로 옷자락이 흘러내렸고, 배 부근까지 깊게 파인 U자형 옷 주름은 선각으로 평행하게 처리했다. 불상 좌우의 좁은 여백에는 보살상이 새겨져 있고, 머리 주위에도 각 5구씩 화불이 조각되었다.

불상이 위치한 곳은 충주 수안보온천에서 가깝고, 원풍리는 수옥정관광단지로 유명하다. 사철 물줄기가 마르지 않는 수옥폭포도 빼놓지 말아야 할 명소다.

• 주소 : 충청북도 괴산군 연풍면 원풍리 산 124-2

증평 광덕사 석조여래입상

증평군 도안면 광덕사에 봉안된 높이 4m의 거불이다. 광덕사 앞에 동향으로 서 있는 이 불상은 지금 봉안된 건물로 옮겨지기 전에도 인근 주민들로부터 숭배되어왔다. 이곳은 미륵불이 계신 곳이라고 하여 속칭 '미륵댕이절(彌勒堂)' 또는 '천광사(天光寺)'로 불렸고, 야산 기슭에 파손된 탑 부재가 눈에 띄고 기와 조각이 산재해 있어 옛 폐사지로 추정된다. 그러나 고려시대에 창건하고 조선시대에 중창했다는 이야기만 전해질 뿐 정확한 연혁은 남아 있지 않다.

불상은 대형 연화대좌를 밟고 서 있는데 육중한 체구가 위압적이다. 균형 잡힌 각부의 표현에서 전체적으로 안정감을 준다. 직사각형의 살찐 얼굴은 체구에 비해 큰 편이고 적당히 부풀어 오른 볼에서 부드러운 양감이 느껴진다. 소발의 머리에 육계가 큼직하고 이목구비가 잘 정돈된 원만한 상호를 지녔다. 가느다란 눈은 반쯤 떴고 선명한 양 눈썹은 완만하게 수평을 이루었다. 코가 우뚝하고 양 언저리가 움푹 파인 작은 입술은 희미한 미소를 머금고 있다. 어깨에 닿을 듯한 양쪽 귀가 장대하며 목에는 투박한 삼도가 돌려져 있다.

불신은 당당한 어깨에 늘씬하면서도 육중한 원통형 자태를 지녔다. 각진 어깨 위로 두툼한 통견의 법의를 걸쳤고 상체를 감싸고 흘러내린 옷자락이 양 손목에 둔중하게 감겨 있다. 왼손은 손바닥을 안으로 향했고 오른손은 가슴 앞에서 구부려 손바닥을 밖으로 향했다. 대좌와 경계를 이루는 하단부를 시멘트로 보강했으며, 대좌는 소담스런 연꽃 봉우리의 형태로 측면에 화려한 연꽃잎을 새겼다. 전체적으로 위엄 있고 자비로운 인상을 풍기는 고려 초기의 작품이다.

• 주소 : 충청북도 증평군 도안면 상그린로 239(광덕리 산 21-2)

미암리 사지 석조관음보살입상

증평읍 서북쪽 미륵사 옆의 보호각에 봉안된 높이 2.6m의 보살상으로 관세음보살을 형상화했다. 1940년 이곳에 암자를 세웠지만 얼마 지나지 않아 소실되었고, 이후 마을에서 보

호각을 지어 수호불로 모셔왔다. '미륵댕이'라는 부
락 이름도 이 보살상에서 유래했다.

머리에 원통형 보관을 썼는데 중앙에 화불 1구가 새
겨져 있다. 미간에는 백호가 불거져 있고, 굵은 목 일
부는 시멘트로 보강되었지만 삼도는 선명하다. 통견
의 법의를 걸쳤는데 배 아랫부분의 옷 주름은 뚜렷하
지 않다. 오른손은 줄기가 긴 연꽃을 가슴 높이로 받
쳐 들었고 왼손은 옆구리 아래쪽에 댄 독특한 수인을
취했다. 불상 앞에는 배례석이 놓여 있고, 보호각 밖
에는 수령 300년이 넘는 느티나무 한 그루가 불상의
보호수인 양 서 있다.

• 주소 : 충청북도 증평군 증평읍 미륵댕이1길 13-5(송산리 산 1-5)

남하리 사지 마애불상군

증평군 증평읍 염실마을 뒤쪽 남대산 자락에 옛 절터
임을 증명하는 남하리 삼층석탑이 서 있고, 그 뒤편
자연 암벽에 불상들이 조성되어 있는데 높이
2.5~3m 규모다. 충북 지역에서는 희귀한 삼존불과
반가사유상, 여래상이 한데 모여 있는 불상군으로,
신라 말기에 조성한 것으로 추정된다. 이곳에는
1954년까지만 해도 암자가 있었다고 전해온다.

자연 암벽 삼면에 불상 5구가 조성되었는데, 본존불
과 좌우 협시불을 조각한 면이 있고 그 북쪽 면에 별

개의 여래입상이 새겨져 있다. 또 삼존
불 남쪽 앞의 삼각형 바위에는 반가사
유상이 새겨져 있다. 삼면의 불보살상
5구 모두 오랜 풍상을 겪으면서 마멸이
심한 상태다.

삼존불 아래 지면에는 물이 솟아나는
작은 우물이 있고, 주변에 불기(佛器)
가 놓여 있어서 지금도 힘없는 백성들의 염원이 모이는 곳임을 알 수 있다.

• 주소 : 충청북도 증평군 증평읍 남하리 산 35-2 / 남하3리 염실마을 뒤편의
  서당골 쪽에 있는 외딴집 뒤로 야트막한 언덕이 보인다. 언덕에 올라서서 산
  쪽을 바라보면 보호각과 돌탑이 보인다.

남하리 석조미륵보살입상

증평읍 남하1리 미륵마을 입구의 공터에 북쪽을 향해 서
있는 석불입상이다. 아랫부분이 땅속에 묻혀 있는데, 땅
위로 드러난 높이는 3.5m다. 석불은 머리에 높은 보관
을 쓴 보살상으로, 이마에는 백호가 양각되어 있고 목에
는 삼도가 있다. 보관을 써서 머리 부분이 매우 크고 두

귀도 기다란데 상대적으로 어깨는 좁아 보인다. 미소를 띤 얼굴이 온화해 보인다. 오른손은 배 위에 붙여 손바닥을 밖으로 드러냈고, 왼손은 연꽃을 가슴 앞까지 들어 올렸다. 통견의 법의는 가슴 부분이 넓게 열려 있으며 두 팔에 걸쳐진 채 아래로 흘러내렸다. 옷 주름은 배 아래에서 활 모양으로 휘어졌고 두 다리에서 둥근 모양으로 늘어졌다.

이 석불은 깨져 주위에 방치되어 있었는데, 1949년 성주사 주지가 수습 · 보수하여 지금의 자리에 세웠다고 한다. 구전에 의하면 옛날 이곳 근처의 절에 보살이 있었는데, 이 미륵불 때문에 자신의 절이 번창하지 못한다고 여겨 석불을 쓰러뜨렸다고 한다. 미륵보살을 포함한 석불 3기는 6 · 25전쟁 이후 미륵마을의 수호불로 모셔지고 있다.

• 주소 : 충청북도 증평군 증평읍 남하리 산 133-2 / 남하리 마을 경로당에서 500m쯤 들어가면 '증평민속체험박물관' 이 나오고, 그 뒤의 놀이터 옆에 미륵불상이 있다.

증평 율리 석조관음보살입상

증평에서 초정약수터로 향하다가 율리 쪽으로 빠지면 율리저수지가 있고, 저수지 안쪽에 인상이 후덕한 할머니를 닮아 '율리 미륵할머니' 라 불리는 보살상이 서 있다. 높이 약 2m의 관음보살상으로 머리에 높은 보관을 썼는데 마멸이 심해 자세한 형태는 알아보기 힘들다. 보관 아랫부분에 굵은 띠가 둘러져 있고 정면에 둥근 장식이 있지만 문양은 손상되었다. 긴 귀는 어깨까지 닿았고 짧은 목에는 삼도의 흔적이 보인다. 오른손은 가슴에 얹었고 왼손은 아래로 내렸다. 법의는 양어깨를 감싼 통견이고 옷 주름이 다리까지 늘어져 있다. 발은 시

멘트 받침돌에 묻혀 있다.

이 불상은 원래 마을 아래쪽에 있었는데 저수지를 조성하면서 지금의 자리로 옮겨졌다. 원래 위치에는 불상 둘레에 돌담이 쳐져 있었고, 불상을 옮길 때 그 밑에서 시주자와 석수장이의 이름, 조성 연대 등이 새겨진 돌이 발견되었다고 하는데 현재는 알 수가 없다. 조각 양식상 고려 후기의 작품으로 추정된다.

• 주소 : 충청북도 증평군 증평읍 율리 산 77

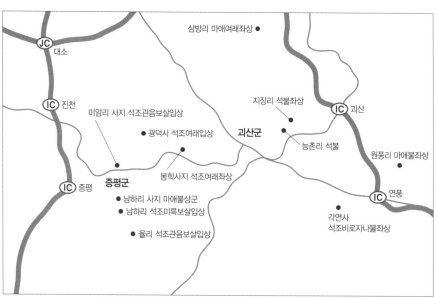

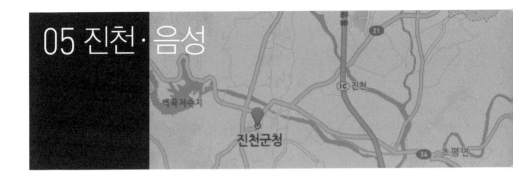

진천 용화사 석불입상

화강암으로 조성한 높이 7.5m 규모의 거대한 보살상이다. 진천읍의 수호신으로 불리고, 신라 김유신 장군의 위업을 기리기 위해 조성한 송덕불상이라고도 불린다.

타원형의 얼굴에 작은 눈은 잠긴 듯 웃고 있으며, 코가 길고 크며 볼에 보조개가 파여 있다. 직사각형의 기다란 신체에는 양감이 거의 없는 편이다. 가슴 위로 든 오른손은 빈약해 보이고, 연꽃을 잡은 왼손도 힘이 없어 보인다. 통견의 법의는 하체로 끊어진 옷 주름을 흘리고 있다. 목의 삼도 아래에 목걸이가 표현되었고, 머리 위에는 나중에 보강한 듯한 벙거지가 올려져 있다.

이 보살상에 전설이 전해지는데, 임진왜란 때 왜군이 이곳 덕문평야에 진을 치고 진천을 향해 진군하려 할 때 진천 쪽에서 육척장신의 일원대장이 당당하게 버티고 선 모습을 보고 금방이라도 자신들의 진지로 뛰어들

것 같아 겁을 집어먹고 도주했다고 한다. 왜군이 일원대장으로 본 육척장신이 바로 이 불상이다. 불상이 있던 원래 사찰은 702년(신라 성덕왕 19년)에 창건되어 고려 후기에 폐사되었고, 지금의 용화사는 1958년에 중건하여 대웅전과 요사채를 갖추었다.

• 주소 : 충청북도 진천군 진천읍 신정리 584-4

진천 지암리 석조여래입상

원래는 미륵산 산봉우리 근처에 있던 불상으로 숲 속에 방치되어 있었는데 1970년대에 수습하여 현재의 문수암 대웅전 왼쪽 마당에 세웠다.

불상은 전체 높이 182cm로 무릎 아래가 시멘트 단에 매몰되어 있는데, 광배와 대좌는 보이지 않는다. 소발의 머리 위에 큼직한 육계가 솟아 있고 상호가 원만하며 눈, 코, 입의 묘사가 탁월하다. 백호도 보이지 않고 두 귀도 긴 편은 아니지만 목에는 삼도가 뚜렷하다. 어깨가 넓고, 특히 배 부분이 불룩한 편이다. 통견의 법의가 바싹 밀착되어 불신의 굴곡이 드러나고, 굵게 표현된 옷 주름은 양팔부터 무릎까지 U자형으로 흘러내린다. 오른손은 가슴에 들어 엄지와 중지를 맞댔고 왼손은 배꼽 밑에서 들어 손바닥을 위로 향했다.

전체적인 균형미가 뛰어나고 원만한 얼굴 표정과 옷 주름의 표현이 탁월한 통일신라시대 양식을 잘 반영한 고려 초기의 불상으로 추정된다.

• 주소 : 충청북도 진천군 진천읍 금사로 252-106(지암리 267-1) / 보탑사 삼거리
  에서 좁은 산길을 따라 1km쯤 올라가면 된다.

진천 노원리 석조마애여래입상

진천 이월면 노원리 서원 마을 뒤쪽 야산의 수직 바위에 굵게 선각한 높이 610cm의 불상이다. 얼굴은 입체감 없는 둥근 선으로 표현했고, 두 눈을 감고 부드러운 미소를 짓고 있다. 목에 짧은 삼도가 있고 두 팔은 신체에 비해 빈약하게 표현했다. 배 부분에서 위아래로 포갠 두 손의 수인도 정확하지 않다. 통견의 법의는 허리 아래로 세 줄의 옷 주름을 만들면서 다리까지 늘어졌다. 발은 동그라미 다섯 개로 도식화했다. 광배는 두광과 신광을 표현했고 대좌는 수평으로 조각했다.

불상은 얕게 부조한 형태이고 전체적으로 도식화되어 있지만, 두광과 신광이 뚜렷하고 원만한 상호를 지닌 작품이다. 불상 앞에 작은 예불 공간이 있지만 절터가 아니라 개인적인 치성을 드리기 위해 조성한 불상으로 보인다.

• 주소 : 충청북도 진천군 이월면 노원리 산 39-2 / 내비게이션에 주소나 명칭을 입력하면 엉뚱한 곳을 헤매기 십상이다. 반드시 '서원 마을회관' 을 입력하고 근처에서 이정표를 찾아 따라가면 개천 쪽다리 근처에 '계류보전' 이라는 표지석이 보인다. 그 옆 등산로를 따라 500m쯤 올라가면 된다.

진천 사곡리 마애여래입상

진천 사곡리 마애여래입상은 자연적으로 형성된 동굴 입구의 암벽에 양각으로 새겼다. 사곡리 사자산 북쪽, 속칭 '장수굴' 이라 불리는 곳으로 신라를 통일한 김유신 장군이 수도하던 곳이라고 알려져 있다. 원래는 8m 정도의 거불인데 지금은 산에서 흘러내린 토사에 많은 부분이 매몰되어 있다. 전면에 가구공이 뚫려 있는 것으로 볼 때 목조전실이 있었던 듯하다. 살이 오른 얼굴에 이목구비가 뚜렷하고 머리의 육계도 큼직하다. 두 귀는 어깨에 닿아 있고 목에는 삼도가 뚜렷하다. 불신은 마멸되어 세부적인 표현을 알아보기 힘든데, 건장한 상체에 통견의 법의가 타원형으로 흘러내린다.
오른손은 가슴께에 들었는데 마멸되어 알아보기 힘들

고, 왼손은 아래로 내려 검지와 중지를 맞대고 손바닥을 밖으로 향한 아미타구품인이다. 거대한 규모에 비해 조각 기법은 다소 떨어져 보인다. 두툼한 얼굴에 탄력을 잃은 불신 등의 표현이 9세기 작품으로 보인다.

• 주소 : 충청북도 진천군 이월면 사곡리 산 68-1 / 진천 이월면 사곡리 사지마을 안쪽 등산로를 찾아 20분쯤 올라가면 된다. 김덕숭 효자문(사곡리 1224-5) 주변에서 이정표를 따라 올라가면 도중에 김유신 장군이 갈라놓았다는 '사곡리 단석'도 볼 수 있다.

진천 산수리 마애여래좌상

진천 덕산면 산수리의 성림사 극락전에 봉안된 불상으로 높이 2.2m다. 1950년대 말에 발견된 불상인데 유리벽 너머로 불상 바위 전체를 불단으로 모셔놓아, 안에서 유리벽 너머로 예불할 수 있도록 꾸며놓았다. 불상은 화강암으로 조성했지만

심하게 마멸되어 얼굴과 오른쪽 어깨, 왼손 등을 시멘트로 덧칠했다. 전체적인 선이 둥글어 인상이 원만해 보인다. 상반신만 두껍게 돋을새김했고, 하단은 불단에 가려져 보이지 않는다. 머리에는 관모를 썼고 얼굴은 둥글고 통통하며 불신은 풍만함이 넘쳐 보인다. 눈과 코의 일부분은 마멸되었고, 귀는 어깨까지 닿았으며 목에는 삼도가 뚜렷하다. 양손을 들어 가슴에 댔는데 손가락은 접고 있다. 통견의 법의가 두툼하고 양 팔뚝에 옷 주름이 촘촘하게 새겨져 있다. 일부가 파손된 광배에는 화불 3구가 배치되었고 두광은 보이지 않는다. 불상의 규모와 위풍당당한 모습에서 고려 후기의 작품임을 알 수 있다.

• 주소 : 충청북도 신전군 덕산면 산수리 산 98

음성 미타사 마애여래입상

음성 미타사 마애여래입상은 미타사 입구의 암벽에 새겨진 고려 중기의 작품으로, 개울가에 솟아 있는 수직 암벽에 동향으로 조성했다. 지금은 축대를 쌓고 별도의 예불 공간을 마련해놓았는데, 암반 전면의 균열로 군데군데 틈이 벌어져 있다. 높이 4m가 넘는 거불로 상체는 둘레를 얇게 파내고 돋을새김으로 조각하여 입체감을 높였고, 아래로는 차츰 선각 처리하여 마감했다.

불상의 얼굴은 네모반듯하고 신체에 비해 다소 과장되게 표현했다. 머리에는 관모를 썼고, 반원형인 양 눈썹은 선명하지만 눈과 눈두덩은 희미해 보인다. 입술은 두툼하고 양쪽 귀는 어깨까지 늘어져 있다. 풍만한 어깨에는 통견의 법의가 드리워져 있는데 옷 주름은 도식적이다. 가슴 앞에 V자형 옷 주름이 이중으로 늘어져 있고 양 소맷자락과 하단부에도 옷 주름이 몇 줄 보인다. 수인은 마멸되어 알아보기 힘들다.

미타사는 630년(신라 진덕여왕 8년)에 원효가 창건했다고 전하는데 관련된 문헌은 없다. 출토된 유물로 미루어 고려 중기에 창건한 것으로 추정된다. 1973년에는 경내에서 고려 후기의 금동불상이 출토되었고, 1976년에는 대형 맷돌이 발굴되었다. 근래에 극락전과 삼성각을 중수하고 선방을 세웠으며 극락전에는 아미타삼존불과 극락후불탱화, 신중탱화가 모셔져 있다.

• 주소 : 충청북도 음성군 소이면 소이로61번길 164(비산리 산 74-1)

음성 본성리 석조여래입상

음성군 맹동면 본성리 아래맹골에 있는 미륵불로 높이 213cm다. 상반신만 지상에 노출되어 있고 인위적인 손상으로 원형을 크게 상실했는데, 특히 눈 부분이 심하게 마멸되었다. 양어깨는 넓고 당당해 보이며 목에는 삼도의 흔적이 남아 있다. 보관의 중앙에 적당한 홈을 파고 고정해서 안정감을 준다.

지금의 자리에 사찰이 있었다고 전해오는데 그 흔적을 찾을 수 없고, 도랑가에 방치되어 있던 미륵불만 보호각을 세워 봉안했다.

• 주소 : 충청북도 음성군 맹동면 본성리 417

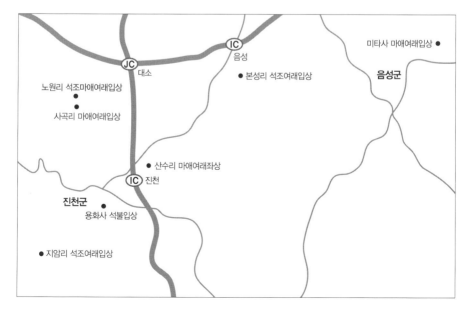

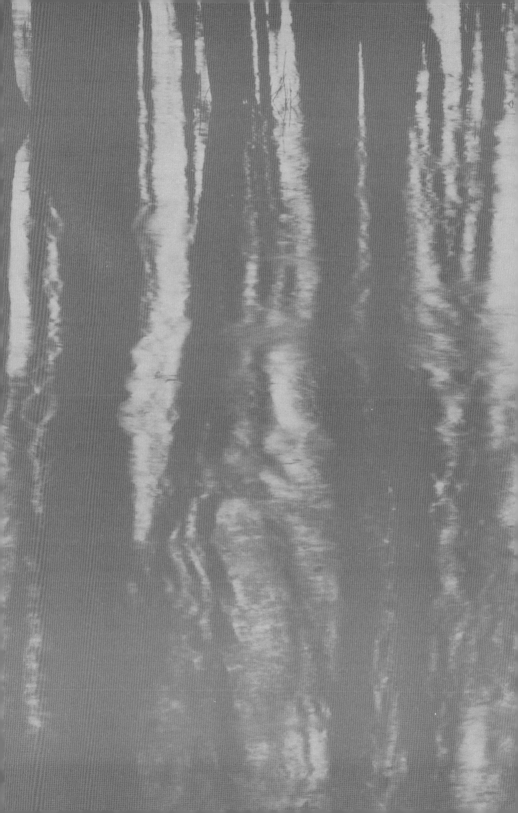

선운사 도솔암 마애불은 동학 지도자 손화중이 배꼽에서 비기를 꺼내 동학농민전쟁의 불을 댕긴 역사적인 현장이라고 한다. 단아한 운선암 마애여래상은 얼굴과 가슴 언저리에 낀 이끼 때문에 슬픈 전설이 전해오고, 부부미륵이라 불리는 도곡리 미륵과 건동리 미륵은 전형적인 마을미륵불이다.

남원에는 미륵불이 유독 많은 편인데, 내척동 석불입상은 밤에 보면 흡사 아이를 안고 있는 모습처럼 보여서 지금도 아이 없는 여자들이 많이 찾는다.

모악산 금산사는 통일신라 때 진표율사가 크게 중창한 미륵신앙의 성지다. 미륵전과 대장전은 국보로 지정됐었고 명부전, 나한전, 금강문, 보제루, 혜덕왕사진응탑비, 오층 석탑, 방등계단 등 미륵신앙과 관련된 보물문화재가 그득하다.

익산 연동리 석조여래좌상은 나라에 큰일이 있을 때마다 땀을 흘리는 불상으로 유명하고, 장승처럼 생긴 모양부터가 신기한 고도리 석불입상을 보고 나서는 지척에 있는 왕궁리 유적도 빼놓지 말아야 한다.

선운사 도솔암 마애불

마애불 1기가 절벽의 연꽃대좌 위에 결가부좌로 앉아 있는데, 얼굴의 파격적인 미소가 충격적이다. 바위의 전체 높이는 13m로, 보물 제1200호로 지정되었다. 우뚝한 코, 앞으로 쑥 내민 두툼한 입술, 눈초리가 치켜 올라간 사나운 눈매가 보는 이의 마음을 단숨에 꿰뚫는 것 같은 선운사 도솔암 마애불이다.

늘어진 두 귀는 어깨에 닿아 있고 뾰족한 육계에 이마에는 백호가 박혀 있다. 짧은 목에 삼도는 가늘게 선각되었다. 평평한 어깨에 법의는 통견이고, 판판한 가슴 아래로 군의의 띠 매듭이 가로질렀다. 양손은 배 위에서 활짝 펴서 맞댔으며, 크게 묘사한 두 발은 양감 없이 선각으로 처리했다. 흘러내린 옷 주름은 대좌의 상대까지 늘어져 있고, 하대에는 형식화된 복련화문이 표현되었다. 불상의 머리 위와 주위에 여러 개의 네모난 구멍이 보이는데, 목조전실이 있었던 가구공의 흔적이다. 신체에 비해 손발이 크고, 육계와 머리의 구별이 없다. 뾰족한 육계, 군의의 띠 매듭, 탄력성이 떨어지는 점 등으로 미뤄볼 때 고려시대 작품으로 추정된다.

도솔암 마애불은 민중들로부터 절대적인 신봉을 받아온 미륵불이다. 그래서 많은 전설과 신화를 간직하고 있다. 전설에 의하면 백제 위덕왕이 검단선사에게 부탁하여 암벽에 불상을 조각하고 그 위에 동불암이란 공중누각을 지었다고 하여 '동불암 마애불'로 불리기도 한다. 그런데 더욱 충격적인 이야기는 미륵불의 비기(秘記)에 관한 것이다.

전봉준과 함께 동학의 3대 지도자 중 한 명인 손화중이 백성들의 신망을 한 몸에 받게 되

는 사건이 있었는데, 바로 '비기탈취사건(秘記奪取事件)'이다. 당시는 조선왕조의 봉건적 질서가 해이해지면서 곧 조선이 망할 것이라는 소문과 함께 개벽을 꿈꾸는 민중들 사이에 서 동학(東學)이라는 새로운 사상이 꿈틀거리고 있었다. 당시 이 지역 민초들의 신앙 중심 에는 도솔암 미륵불이 있었다. 불상의 정중앙에 있는 배꼽 같은 돌출부에 비기가 들어 있 는데, 이 비기를 꺼내면 천지가 개벽한다는 소문이 자자했다. 그것이 세상에 나오는 날 한 양이 멸망하고, 비기에 손을 댄 사람은 누구든 벼락을 맞아 죽는다는 것이었다. 그런데 손 화중이 이 비기를 끄집어냈던 것이다.

'임진년 8월, 무장 대접주 손화중이 교도들과 함께 청죽 수백 개와 마른 동아줄 수천 발로 부계를 만든 다음 도끼로 석불의 배꼽을 깨부수고 그 속의 비기를 끄집어냈다.'

이 소문은 삽시간에 들불처럼 번졌고 손화중의 접(接)으로 수만의 백성들이 몰려들어 동학 농민전쟁의 기폭제가 되었다.

도솔암은 선운사의 산내 암자로 원래는 상·하, 동·서·남·북으로 여섯 개의 도솔암이 있었는데, 조선 후기에 들어와 상·하·북 세 개의 도솔암만 남았다고 한다. 마애불의 위 쪽 365계단을 올라서면 만날 수 있는 내원궁의 선운사 지장보살좌상은 조선 초기의 5대 걸작 불상 중 하나로 손꼽힌다.

• 주소 : 전라북도 고창군 아산면 삼인리 618 / 선운사 매표소에서 도솔암까지 약 3km에 이르는 길은 트레킹 코스로 인기가 높다. 탐방객이 드문 이른 아침에는 도솔암까지 차량 통행이 가능하다.

선운사 미륵

선운사 성보박물관 앞에 있는 조선 후기의 불상이다. 선운사 도솔암 마애불과 관련되어 있 는 작은 돌부처로 인근 하천에 있었는데, 1998년 성보박물관이 건립될 때 도난 방지를 위 해 이곳으로 옮겨왔다.

높이 120cm의 아담한 석불은 일반적인 불상과 그 모습이 사뭇 다르다. 환하게 미소 짓는

얼굴을 강조한 불상으로, 얼굴을 크게
부각하고 상대적으로 몸체는 작고 왜소
하게 처리했다. 무장현 주민들이 마을미
륵으로 섬겼고, 미륵세상의 도래와 미륵
불의 출현을 갈망하는 민초들의 염원을
담고 있다.

• 주소 : 전라북도 고창군 아산면 선운사로 250(삼인리 500)

용화사 미륵불상

용화사 미륵전에 안치된 불상으로 허리 아랫부분이 두 동강 났는데 시멘트로 봉합했다. 무
릎 아래가 땅속에 묻혀 있어 전체 높이는 알 수 없지만 드러난 불상 높이는 185cm다. 돌
앞에만 불상을 조각하고 얼굴이 큰데다 신체 표현이 빈약한 것이 당시의 거불 양식을 따르
고 있다.

머리에는 커다란 보관을 썼고 윗부분을 구슬 모양으
로 표현했다. 정수리에 솟은 육계가 보관을 받고 있으

156

며 얼굴은 긴 타원형이다. 귀는 매우 크고 얼굴
은 마모가 심한 편이다. 눈언저리를 파서 눈동자
가 튀어나올 듯하고 작은 입은 살짝 벌렸다.
간략화된 세부적인 표현과 지붕돌 모양의 보관
등에서 고려시대 이후의 거불 양식을 계승한 조
선 후기의 작품으로 판단된다.

• 주소 : 전라북도 고창군 대산면 연동리 산 75-1

무송리 석불좌상

커다란 광배에 얇게 조각한 불상으로 금이 간 신광 일부
을 제외하면 보존 상태가 양호하다. 두께 20cm 정도의
편평한 돌 앞에 불상을 얇게 부조하고 뒤에도 또 다른 불
상을 조각했다. 거신광의 가장자리를 따라 안쪽에 이중의
두광과 신광을 조각하고 그 안에 화불 1구를 새겼다. 정
수리의 육계가 큼직하고 소라 모양의 나발은 거의 마멸되
었다. 갸름한 얼굴에 내리뜬 눈, 아담한 코와 꼭 다문 입
이 조화롭게 표현되었다. 목에는 가느다란 삼도가 보이고
귀도 아주 작아 보인다. 광배 뒷면에도 좌불을 선각했는
데, 광배를 얇게 표현하고 그 안에 불상을 새겼다.
얼굴은 조금 도드라지게 새기고 신체의 굴곡이 거의 없이

조각한 것으로 고려시대에 유행하던 불상 조성 수법 중 하나다.

• 주소 : 전라북도 고창군 성송면 무송리 산 2

운선암 마애여래상

고창 성송면 계당리에 있는 운선암 뒤쪽 계단으로 100m쯤 올라가면 전망 좋은 자연 암벽에 불상이 새겨져 있다. 높은 돋을새김으로 조성한 불상의 오른손에 보주형 문양이 새겨진 약사여래불이다.

소발의 머리에 큼직한 육계가 있다. 갸름한 얼굴에 이마에는 백호공이 있고 코는 끝부분이 떨어져 나갔다. 꼭 다문 입이 매우 작게 묘사되어 단아한 보살상 같은 느낌이 든다. 불상의 얼굴과 가슴 언저리에 녹처럼 이끼가 끼어 있는데, 이와 관련해 슬픈 전설이 전해진다. 옛날 양춘이라는 아리따운 처녀가 혼자 절에 불공을 드리러 왔는데, 처녀의 미모에 눈이 뒤집힌 승려가 그만 그녀의 젖가슴을 더듬고 말았다. 이에 수치심을 느낀 여자는 스스로 칼로 가슴을 찔러 목숨을 끊었고, 죄책감에 시달리던 승려는 여자의 넋을 기리기 위해 바위에 처녀의 상을 조각하기로 했다. 그런데 불상이 거의 완성되어갈 즈음 갑자기 먹구름과 비바람이 몰려와 바위를 적셨고, 가슴의 유두 부분이 떨어져 나가면서 피가 나기 시작했다. 그 후 아무리 닦아내도 늘 똑같은 피가 계속 흘러나오는 것처럼 보였고, 사람들은 처녀의 한이 서린 바위를 그녀의 이름을 빌려 '양춘바위' 또는 '각시바위'라고 부르기 시작했다.

• 주소 : 전라북도 고창군 성송면 계당리 산 27

암치리 선각석불좌상

암치마을 위쪽 암치저수지 우측 야산에 조성한 불상이다. 자연 암벽을 배후로 두고 높이 3m의 타원형 석판에 불상을 선각했는데 높이 2.5m, 폭 1m 정도다. 석판 윗부분을 보주형으로 다듬어 신광 모양으로 꾸미고 편평한 앞면에는 두광을 두른 좌불을 선각했다. 소발의 머리에 육계가 큼직하고 갸름한 얼굴에 반달형 눈썹, 넓적한 코가 얕게 조각되었다. 어깨 부분은 당당한 데 반해 무릎 아래쪽은 좁게 묘사해서 상·하체의 균형이 맞지 않는다.

통견의 법의에 무릎 아래로 옷 주름이 흘러내린다. 오른손은 어깨까지 들어 손바닥을 보이고 있으며 왼손은 배에 대고 손바닥을 위로 향했다. 결가부좌한 무릎 아래는 연꽃무늬 대좌를 새겼다.

• 주소 : 전라북도 고창군 성송면 암치리 234 / 내비게이션에 '암치제'를
  입력하고 찾아간 다음, 저수지 제방을 가로질러 산 밑의 낡은 콘크리트
  계단을 찾아 20분쯤 올라가면 된다.

도곡리 미륵암 미륵

고창 무장면 도곡리에 있는 미륵불로 '마을미륵'이라 부른다.

미륵불은 도솔천 내원궁에 좌정하고 있는 미륵보살이 사바세계로 하생하여 성불한 부처를 일컫는다. 미륵이 출현하는 곳은 사찰의 가람 배치로 입증되고 있는데, 사찰에 출현한 미륵이 중생을 구제할 목적으로 마을로 내려온 미륵을 마을미륵이라 부른다. 이때 마을미륵불의 주체는 사찰이 아니라 마을 주민이 된다.

도곡리 미륵불은 사찰의 미륵불과 전혀 다른 모습으로 자연석에 불두를 조형하여 얹은 두부신조불이다. 전형적인 민불 형태다. 이 미륵도 처음에는 마을미륵으로 조성되었지만 30년 전 미륵암이 세워지면서 미륵암 미륵으로 변했다.

벙거지를 쓴 불상은 모자와 얼굴 부분이 유독 검어 보이는데, 조형미가 남성적이어서 '할아버지 미륵'이라 불리며, 이웃한 건동리 미륵과 부부간이라 해서 '숫미륵'이라고도 불린다. 이 미륵은 치병에 영험하다고 알려졌는데, 조선시대에 전염병이 창궐할 때 무장현 주민들이 구원의 대상으로 신봉했던 불상이다.

• 주소 : 전라북도 고창군 무장면 동서대로 551-1(도곡리 266-14)

건동리 미륵골 미륵

고창 공음면 건동리에 위치한 조선시대의 불상으로 역시 마을미륵으로 조성되었다. 인근의 도곡리 미륵과는 부부미륵으로, '할머니 미륵' 이라 불린다. 높이 170cm로 팔작지붕형의 관석과 불상, 기단부에 해당하는 초석으로 조합되었다. 석불은 화강암이고 팔작지붕은 직사각형에 가깝다. 관석은 육중한 몸체의 머리 부분에 끼워 얹혀놓은 형태다.

이 미륵은 기자신앙에 영험이 있는 것으로 알려졌다. 조선 후기에 전염병이 창궐할 때 어린아이들의 희생이 가장 컸는데, 집안의 대가 끊길 위기에 처한 마을 주민들이 앞다퉈 이 미륵을 찾아왔다고 한다. 미륵을 모시던 집주인도 처음에는 딸만 둘 두었다가 이 집으로 이사하면서 아들 셋을 얻었다고 하는데, 지금은 집주인도 없이 덩그러니 방치되어 있다.

• 주소 : 전라북도 고창군 공음면 건동리 미륵골길 / 평장버스정류장 다음 '백양농장' 표지석 뒤쪽 샛길로 200미터쯤 들어가면 된다. 빈집 맨 안쪽의 보호각 안에 있는데, 문이 잠겨 있다.

• 선운사 미륵
• 선운사 도솔암 마애불

• 도곡리 미륵암 미륵   IC 고창

JC 고창   **고창군**

건동리 미륵골 미륵 •

• 운선암 마애여래상
• 무송리 석불좌상

용화사 미륵불상 •   • 암치리 선각석불좌상

극락암 석불입상

남원시 어현동에 있는 극락암 입구의 절벽 앞에 서 있는 불상으로 높이는 1.8m다. 신체보다 머리 부분이 커 보이는데 눈이 가늘고 코와 입이 작으면서 만면에 미소를 띠고 있다. 상체는 짧고 빈약해 보이지만 굴곡 있게 표현되었고 허리를 오른쪽으로 살짝 비튼 자세를 취하고 있다. 오른손은 가슴 부분까지 들어 손바닥을 밖으로 향했고 왼손은 허리에 댔다. 통견의 법의는 U자형 옷 주름을 가슴과 두 다리에 걸쳐 흘리고 있다.

나말여초 때의 특징을 잘 보여주는 불상인데, 본래의 머리가 아닌 것으로 보인다.

• 주소 : 전라북도 남원시 양림길 58-42(어현동 37-151) / 남원 춘향테
  마파크 앞길을 지나 남원랜드 안쪽으로 들어가면 극락암이 있다.

남원 내척동 석불입상

남원 내척동 미동마을에 봉안된 불상이다. 높이 162cm, 폭 140cm의 편평한 돌에 마애불 형식으로 불상을 부조했는데 그 높이는 153cm다. 불상 왼쪽에 '崇德九年甲申十月日更立(숭덕구년갑신십월일갱립)'이라는 글씨가 새겨져 있어서 숭덕 9년, 즉 1644년(인조 22년)에

이곳으로 옮겨왔거나 다시 조성해 세운 것으로 추정된다.

정교하고 사실적인 묘사가 돋보이는 불상으로 자연석 대좌 위에 서 있다. 나발에 육계를 갖추었으며 눈과 코 일부가 떨어져 나갔지만 이목구비는 비교적 선명하다. 양손은 가슴 높이로 들었고 만면에 미소를 띠고 아래를 굽어보는 듯한 표정을 짓고 있다. 귀는 길고 짧은 목에는 삼도가 표현되지 않았다. 법의에는 옷 주름이 여러 선으로 표현되었다. 왼손 소맷자락은 남아 있지만 오른쪽은 거의 떨어져 나갔는데, 마을 사람들은 미륵불상이 아이를 안고 있어서 그러한 모습이라면서 실제로 밤에 보면 흡사 그렇게 보인다고 한다. 그래서 옛날부터 아이를 점지해주는 효험이 있는 미륵불로 추앙되어왔다.

• 주소 : 전라북도 남원시 미동길 47-1(내척동 108) / 미동마을 경로당 앞 보호수를 지나쳐 맨 끝집에 이르면 우측에 서향한 불상 바위와 배례단이 보인다.

덕음암 석불좌상

남원 노암동 덕음암 미륵전에 봉안된 석불로 높이는 160cm다. 하나의 부재에 광배와 불신을 조성했다. 원형의 두광과 거신광을 조각했는데 두 줄의 두광 안에 연꽃을 새겼고 신광에도 흐릿한 구름무늬가 보인다. 민머리에 육계를 갖추었다. 큰 머리에 눈, 코, 입이 커서 얼굴의 대부분을 차지하고 귀는 긴 편이다. 표정에 위엄이 넘치고 어깨도 당당해 보이

지만 입체미는 떨어져 보인다. 우견편단의 법의는 오른쪽 겨드랑이 사이로 흘러 들어갔다. 큰 손을 짧게 표현했는데, 왼손에 약합을 들고 있는 것으로 보아 약사불로 조성한 듯하고 오른손은 항마촉지인을 취했다. 결가부좌한 다리 부분에도 간략한 옷 주름이 보이고, 대좌 전면에는 복련이 새겨져 있다.

• 주소 : 전라북도 남원시 노암동 176

미륵암 석불

남원 노암동 논공단지 앞 미륵암에 봉안된 불상으로 전체 높이는 192cm다. 머리에 비해 신체가 작아서 균형감은 조금 떨어져 보인다. 얼굴은 마멸되어 알아보기 힘들지만 둥글고 온화해 보인다. 머리에 작은 소라 모양의 머리카락이 있고 그 위에 상투 모양의 육계가 솟아 있다. 목에는 삼도가 있고 불상 뒤편에는 불꽃무늬가 새겨진 주형 광배가 있는데 3분의 1은 떨어져 나갔다. 불상이 서 있는 기단에도 연꽃무늬가 새겨져 있는데 발 부분이 매끄럽게 처리되지 않아서 불상과 기단석이 별석처럼 보인다.

• 주소 : 전라북도 남원시 시묘길 24-38(노암동 765)

심경암 석불좌상

남원 신촌동 심경암에 봉안된 석불로 높이 117cm의 연꽃대좌 위에 앉아 있다. 상호는 훼손되어 세부적인 표현을 파악하기 힘들지만 목에는 삼도가 뚜렷하고 어깨의 곡선도 우아해 보인다. 법의는 왼쪽 어깨에만 걸쳤는데, 옷 주름이 배 부분에서 곡선을 그리며 무릎까지 흘러내렸다. 배 모양의 광배 안에는 선을 굵게 돌려서 두광과 신광을 구분했다. 광배의 가장자리에는 불꽃무늬가 새겨져 있고, 중앙과 좌우에는 신광을 두른 화불이 새겨져 있다. 왼손은 무릎 위에 두고 손끝을 아래로 향했으며, 오른손은 안으로 구부려 항마촉지인을 결했다.

• 주소 : 전라북도 남원시 신촌동 124-1

가덕사 석조여래입상

남원시 송동면의 가덕사 대웅전 좌측에 봉안된 불상으로 전체 높이 179cm, 불상 139cm, 대좌 40cm다. 광배와 불신을 하나의 부재에 조성했는데 민머리 위에 낮은 육계가 있고 훼손이 심한 얼굴은 작고 풍만해 보인다. 양어깨를 감싼 법의는 굴곡 없이 직사각형의 몸에 평면적으로 흐른다. 두 손은 가슴 앞에 들고 엄지와 검지를 맞댔고, 사각의 대좌에 연꽃무늬를 새겨 넣었다. 광배와 얼굴은 훼손되어 알아보기 힘들지만 신체의 비례가 안정적인데다 당당한 체구가 남원 지역의 고려시대 대표 석불로 손색이 없다.

가덕사는 한국불교태고종에 속하는 사찰로, 신라 때 창건되었다고 전해지지만 그 연혁은 정확히 알 수 없다. 가덕사가 위치한 가마봉은 마을의 남쪽을 둘러싸

고 있는데 산봉우리와 마을 사이에 개천이 흐른다. 풍수지리적으로 가마봉은 남근 모양이고, 마을은 여근 형국이라고 한다. 마을 가운데에 '봉황의 알'이라 불리는 우물이 있는데, 이 마을에서 나오는 물은 '암물'이고 우물이 여자의 성기를 상징한다고 했으며, 이에 주민들은 마을 앞 개천에 버드나무를 심어 음기가 새어나가는 것을 막았다고 한다.

• 주소 : 전라북도 남원시 송동면 송내사촌길 120-259(송내리 143-3)

세전리 석불입상

남원시 송동면 세전리 뒷산에 있는 불상으로 전체 높이는 2.7m다. 독립된 화강암에 조성한 불상이 연꽃무늬가 새겨진 이중의 대좌 위에 서 있다. 양손을 옷깃 소매 속에 넣고 팔짱을 낀 모습이어서 마치 달마상처럼 보이기도 한다. 선각이 원만하고 모양이 소박한 점으로 미루어 고려 초기의 작품으로 추정된다.

전하는 말에 의하면 아주 먼 옛날 이곳에 사찰이 있었다고 하는데, 지금은 이 불상만 남아 있다.

• 주소 : 전라북도 남원시 송동면 세전리 산 17

남원 용담사지 석조여래입상

하나의 돌에 불상과 광배를 도드라지게 조각한 거구의 여래입상으로 그 높이가 6m에 이른다. 보물 제42호로 지정되었다. 정수리의 육계가 높고 큼직하며 얼굴은 손상되어 분명치 않지만 힘차고 박력 있어 보인다. 목에는 삼도가 형식적으로 표현되었다. 어깨와 가슴이 떡 벌어졌고 두 다리도 돌기둥처럼 강인해 보인다. 불신의 빛을 형상화한 광배는 깨진 곳이 많지만 불꽃무늬의 흔적이 엿보인다. 타원형의 대좌는 대형 자연석을 그대로 활용했다. 고려 초기에 유행하던 거불 형식을 따르고 있는 우수한 불상으로 평가되고 있다.

용담사는 백제 성왕 때 창건되었다고 하는데, 전설이나 유물로 볼 때 신라 말기에 창건된 사찰로 추정된다. 전설에 의하면 부근의 용담천에 용이 되지 못한 이무기가 살면서 농작물을 망치고 사람을 살상할 뿐만 아니라 처녀들을 놀라게 하는 등 온갖 행패를 부렸다. 이에 도선국사가 절을 짓고 용담사라고 이름 붙인 뒤부터 이무기의 행패가 사라졌다고 한다. 전설을 뒷받침하기라도 하듯 절의 대웅전은 북쪽 용담천 쪽을 향해 있다.

조선 초기에 억불정책으로 폐허화되었다가 19세기 후반에 중창했고, 수해로 무너진 대웅전은 1989년에 중건했다. 석불입상 외에 용담사 칠층석탑과 석등 등의 유물이 있다.

• 주소 : 전라북도 남원시 주천면 원천로 165-12(용담리 292-1)

낙동리 석조여래입상

남원 도산마을에서 제천리로 향하는 부처등고개 야산에 서 있는 불상이다. 무릎 아래가 묻혀 있었는데 근래에 발굴했고 대좌부터 광배까지 전체 높이 240cm, 불상 높이 133cm다.

민머리 위에 상투 모양의 육계가 큼직하고, 심하게 마멸된 얼굴은 온유한 인상을 풍긴다. 양어깨를 감싼 법의는 가슴 앞에서 평행하게 무릎까지 흐르고, 양팔에 걸쳐진 옷자락도 다리까지 길게 내려와 있다. 왼손은 가슴 높이로 들었고 오른손은 배 앞에서 구부린 형태를 취했다. 주형 광배 정면에는 꽃무늬를 새겼고, 두 줄로 두광과 신광을 표현하고 그 안에는 꽃무늬를, 바깥에는 불꽃무늬를 새겼다.

고려 초기의 작품이고, 불상이 서 있는 야트막한 평지도 옛 절터로 보인다.

• 주소 : 전라북도 남원시 주생면 낙동리 산 15-6

지당리 석불입상

하나의 돌에 광배와 불신, 대좌를 조성한 불상으로 발 아랫부분은 땅속에 묻혀 있다. 묻힌 부분을 감안하면 4m가 넘는 큰 불상이다.

민머리 위에 육계가 솟아 있으며 귀가 어깨까지 늘어져 있다. 양어깨를 감싼 법의는 좌우대칭으로 곡선을

그리면서 아래로 흘러내린다. 어깨가 넓고 당당하며 양팔에 걸쳐진 소맷자락도 발아래까지 길게 늘어졌다. 광배에는 두광만 표현되었는데 지름이 1.9m나 되고, 두광 안에는 연꽃무늬가 새겨져 있다.

신체의 볼륨감이 약해 평면적이지만 수평적인 어깨선과 굵은 옷 주름은 건장해 보인다. 거불 양식을 계승한 고려 후기의 작품으로 추정된다.

• 주소 : 전라북도 남원시 주생면 지당리 65

용주암 석조여래입상

화강암 하나에 광배와 불신을 양각했는데, 높이는 205cm다. 전체적인 마모가 심해서 결실되거나 탈락된 부분을 수리했다. 무릎 아래는 매몰되어 콘크리트가 덮고 있으며 좌대도 매몰된 상태라 정확한 모습을 알 수 없다. 소발의 머리에 육계를 갖추었고 얼굴은 마멸이 심한 편이다. 귀는 어깨까지 늘어져 있다. 법의는 통견이며 양손은 가슴에 모았다. 팔에 걸쳐진 옷자락은 길게 늘어졌고, 허리 아래에는 옷 주름을 음각으로 표현했다. 주형 광배의 상부가 떨어져 나갔고 두광에는 연꽃무늬가 보인다.

• 주소 : 전라북도 남원시 수지면 수지양촌길 5-187(고평리 542-1)

과립리 석불입상

남원시 이백면 과립리에 있는 불상으로 전체 높이 5.5m의 대형 석불이다. 옛 절터에 흩어져 있던 불두와 대좌를 모아 복원했는데 시멘트로 불두를 봉합했다. 민머리에 2단으로 턱

이 진 육계가 솟아 있으며, 직사각형의 긴 얼굴은 입가에 미소를 머금었다. 이마에는 백호공이 뚜렷하고 귀는 길며 목의 삼도는 한 줄로 간략화했다. 신체는 평면적이며 통견의 법의는 전형적인 우드야나식을 띠고 있어서 통일신라 후기의 양식을 따르고 있음을 알 수 있다. 어깨에서 흘러내린 옷자락은 가슴 위에서 여러 개의 U자형 옷 주름을 흘리다가 넓적다리 부분에서 양쪽으로 갈라지며 서너 가닥의 곧은 주름을 형성한다. 그 뒤 다시 연속적인 U자형 옷 주름을 그리다가 마무리된다. 양손은 사라졌지만 손목의 위치상 시무외인과 여원인을 취했을 것 같고, 대좌는 볼륨이 강한 겹잎의 복련 연화좌로 대좌 윗면에 뚫린 구멍에다 불상을 끼워 고정시켰다.

석불 옆에는 부도의 옥개석과 연화대석이 하나씩 놓여 있으며 주변에 기와 조각이 흩어져 있다. 이곳에 조선 정종 때 창건한 절이 있었는데 임진왜란 때 불타 없어졌다고 전해온다. 조각 기법상 나말여초 때의 불상으로, 전북 지역의 독립된 원각상으로는 최대 규모다.

• 주소 : 전라북도 남원시 이백면 과립리 520-1

미륵암 석불입상

전체 높이 2m, 불상 높이 1.4m다. 광배와 불신을 하나의 부재에 조각하고 대좌에 끼운 형식이다. 불상은 육계에 민머리를 하고 있다. 둥글넓적한 얼굴에 눈, 코, 입이 마멸되어 세부적인 표현을 알아보기 힘들다. 목에는 삼도가 있고 귀는 길어서 목 부분까지 닿았다. 어깨에 비해 허리가 잘록하고, 통견의 우드야나식 법의를 걸쳤는데 목 부분부터 원호를 그리듯 옷 주름이 표현되었다. 광배에는 조각이 보이지 않고, 별석으로 제작된 대좌에는 연꽃무늬가 새겨져 있다.

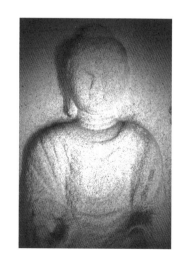

간략화된 옷 주름, 대좌의 연꽃무늬 등의 표현에서 조선 전기의 양식이 엿보인다.

미륵암은 통일신라 후기에 도선국사가 창건했다고 전해지는데, 그 흔적을 찾아볼 수 없고 현재의 연화사는 1946년에 건립되었다.

• 주소 : 전라북도 남원시 이백면 효기리 123

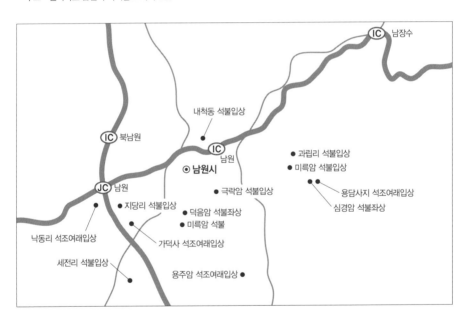

김제 금산사

김제 모악산의 금산사는 미륵 신앙의 성지로 불리는 곳이다. 599년(백제 법왕 1년)에 왕의 자복사찰로 창건되었고, 통일신라 때 진표율사가 중창하면서 절의 기틀을 갖추었다. 1069년 (고려 문종 23년)에 왕사 혜덕이 대가람으로 재창하고 광교원이라는 대사구(大寺區)를 증설하여 대도량이 되었다. 1598년 임진왜란 때 미륵전, 대공전, 광교원 등과 40여 개의 산내 암자가 모두 소실되는 참화를 겪고 나서 몇 차례의 재건과 보수를 거쳐 오늘에 이르렀다. 주요 건물로는 국보 제62호인 미륵전과 제827호인 대장전, 명부전, 나한전, 금강문, 보제루 등이 있다. 또 석련대, 혜덕왕사진응탑비, 오층석탑, 방등계단, 육각다층석탑, 당간지주, 석등 등이 모두 보물 문화재로 지정되었다.

금산사는 미륵신앙을 근본으로 한 법상종 종파의 사찰로, 석가모니불 대신에 미륵불을 모

신 미륵전이 본당이 된다. 3층 목조건물은 각 층마다 '대자보전', '용화지회', '미륵전'이라는 현판을 달고 있는데 모두 미륵불을 지칭하는 표현이다. 전각 안에는 높이 12m에 이르는 미륵대불이 서 있다. 원래는 진표율사가 철불로 미륵장륙상을 세웠다고 하는데 임진왜란 때 불타고 말았다.

금산사는 후백제의 견훤이 유폐되었던 곳으로 널리 알려져 있다. 견훤은 나라를 세워 세상을 구원할 미륵임을 자청하며 백성들의 민심을 얻고자 했지만, 자신의 아들들에 의해 미륵신앙의 요람인 이곳에 갇히는 설움을 겪었다.

• 주소 : 전라북도 김제시 금산면 모악5길 1(금산리 39)

금산사 입구 미륵

금산사 입구의 조촐한 전각에 모셔진 돌부처로 속칭 '돌 할머니'로 불린다.

일제강점기에 돌 할머니가 굶주린 병사들을 위해 빈 절구통에 절구질을 하면 쌀이 흘러나왔다는 이야기가 전해진다. 그래서 지금도 장사하는 사람과 가난한 이들에게 영험하다고 알려져 찾는 이들이 많다.

• 주소 : 전라북도 김제시 금산면 모악5길 1 / 금산사 주차장에서 매표소 방향, 모악랜드 맞은편 야산에 있다.

만복사 미륵불

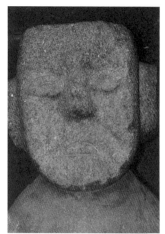

고려 말엽에서 조선 초기에 조성한 불상이다. 어느
날 땅속에서 이 불상이 솟아나 절집을 꾸리고 모셨다
고 전해온다. 광배와 불신이 하나의 부재로 이루어졌
다. 상호에 비해 불신이 작고, 법의는 통견이다. 호분
(胡粉)이 두터워 원형을 파악하기 힘들고 수인도 알
수가 없다.

이 미륵불로 인해 절터는 예전부터 '부처댕이'로 불
렸으며, 1931년 태고종의 승려가 인법당을 지으며
중창했고 1938년 법당과 요사채를 짓고 오층석탑을
세웠다는 이야기가 전해온다.

• 주소 : 전라북도 김제시 신곡동 13

흥복사 석조미륵보살입상

전체 높이 251cm, 불상 높이 179cm다. 머리 위에
사각의 판석형 보개가 탑 모양으로 올려져 있다. 머
리와 보개가 직접 맞닿아 있어 여래상을 형상화한 것
으로 보인다. 턱이 넓고 목이 짧아 둔중한 느낌을 준
다. 양각된 백호가 강조되었고 얼굴에 비해 귀가 지
나치게 작게 묘사되었다. 볼륨 없는 신체에는 통견으
로 걸친 사다리꼴의 대의 깃과 수평적인 내의 자락,
띠 매듭, 치마의 수직 주름 등이 도식적으로 새겨져
있다. 수인은 손가락을 펴서 맞댄 선정인이다. 과대

한 얼굴 표현과 아기 손 같은 수인, 투박한 조각 기법 등에서 민불로 조성한 듯하다. 긴 코와 짧은 턱, 뚜렷한 인중, 두툼한 입술 등의 표현에서 조선 후기의 특징도 엿보인다.

금산사의 말사인 흥복사는 650년(백제 의자왕 10년)에 보덕이 창건했다. 보덕은 고구려 사람이지만 당시 고구려에 도교가 융성하자 백제로 망명하여 『대반열반경』을 연구하며 강설하다가 이곳에 극락전을 짓고 삼존불을 모셨다. 정유재란 때 불타 없어졌다가 1625년(인조 3년)에 흥복이 중창하고 흥복사라 명명했다. 건물로는 대웅전, 관음전, 미륵전, 삼성각, 정혜원, 사천왕문 등이 있는데 관음전을 제외하고는 모두 1976년 이후에 건립한 것이다. 관음전에 진묵조사가 모셨다는 관세음보살상과 후불탱화가 봉안되었고 대웅전에는 삼존불과 후불탱화, 팔상도가 모셔져 있다.

• 주소 : 전라북도 김제시 흥사동 263

문수사 마애여래좌상

김제 문수사는 624년(백제 무왕 25년) 왕사 혜덕이 꿈에 문수보살을 친견하고 나서 창건했다고 전해온다. 950년에 불타 없어졌다가 957년(고려 광종 8년)에 혜림이 중창했는데, 당시 어디선가 문수암(文殊庵)이라고 적힌 현판이 날아와 떨어졌으므로 절터를 지금의 위치로 옮겼다고 한다. 그때 날아온 현판은 신필(神筆)이라고 하여 지금도 절에서 보관하고 있다.

이 절은 영험하기로 소문나면서 무속인들의 발길이 이어지고 있는데, 그 중심에 문수사 마애여래좌상이

있다. 산신각 옆 2m 정도의 작은 바위에 마애불이 선각되어 있다. 일반적인 병풍바위가 아니라 독립된 바위 면에 불상을 조성한 것이 독특하다. 불상은 소발에 상투 모양의 육계가 큼직한데, 두건을 두른 것처럼 머리를 두툼하게 묘사했다. 얼굴은 둥글고 원만해 보이며, 눈은 길고 가늘어 보인다. 코는 큼직한데 입 주위를 움푹 들어가게 파서 코를 강조했다. 연꽃대좌에 결가부좌한 좌상으로 무릎 폭이 넓어 안정감이 있어 보인다.

• 주소 : 전라북도 김제시 황산동 6

보안 입석

너른 구릉지대에 위치한 부안체험랜드 안에 서 있는 보살상으로 기다란 화강암의 한쪽 면을 다듬어 불상을 선각했다. '상입석리 선각마애불' 로도 불린다. 조성 연대는 알 수 없지만 매년 음력 2월 초하룻날이 되면 마을에서 당제를 지내는데, 이는 '장자못 설화' 와 관련되어 있다.

옛날 이 마을에 인색하기 그지없는 부자 장자가 살았는데, 그의 며느리는 마음씨가 착했다. 하루는 장자가 외양간에서 쇠똥을 치우고 있는데 스님이 찾아와 시주를 청했다. 그러자 장자는 대뜸 스님의 바랑에 쇠똥을 퍼주는 게 아닌가! 며느리가 깜짝 놀라서 몰래 스님을 뒤꼍으로 불러 쌀을 시주하면서 시아버지의 무례함을 빌었다. 그러자 스님은 이렇게 말해주었다.

"이곳은 곧 연못으로 변할 것이오. 살려거든 날 쫓아오되 절대 뒤를 돌아봐서는 안 되오."

스님이 떠나고 나자 큰 물난리가 났고 며느리는 황급히 스님을 뒤쫓기 시작했다. 그러다가 갑자기 집이 걱정되어 뒤를 돌아보았고 순간 그 자리에 굳어 선돌로 변했는데, 그것이 바로 이 불상이라는 것이다. '장자못 설화' 는 착한 사람은 복을 받고 악인은 벌을 받게 된다는 권선징악의 한

갈래로 전국에 걸쳐 전승되는 광포설화다. 지명에 따라 '아침못 전설' 또는 '용두못 전설'로도 불린다. 며느리의 시선이 머물렀을 곳에는 드넓은 들판이 펼쳐져 있고, 장자의 집이 변한 연못에서는 지금도 비가 오는 날이면 다듬이질 소리가 들려온다고 한다.

• 주소 : 전라북도 부안군 보안면 상입석리 산 35 / 불상은 부안체험랜드 관리실 뒤쪽의 정자에 모셔져 있다.

부안 청림리 석불좌상

청림리 석불좌상은 옛 청림사 절터에 있던 불상으로 개암사 지장전에 모셔져 있다. 목과 몸체 부분이 분리되어 있었는데 근래에 봉합하여 복원했다. 머리에 쓴 두건이 어깨와 등 부분까지 늘어져 있다. 양손을 배 부위에서 맞대어 보주를 감싸 쥔 지장보살의 모습이다.

얼굴은 통통하게 살이 올라 복스러워 보인다. 두 눈을 지그시 감았고 작은 입을 살짝 다물어 귀여워 보이는 둥근 얼굴에 신체 역시 둥글어 보인다. 가사는 통견이며 수직으로 넓게 트인 가슴 사이로 내의 끝자락이 직선으로 표현되었고 나비매듭으로 군의를 묶은 띠 매듭이 단정하게 조각되었다. 대좌는 삼단이고, 상대와 하대석은 볼륨이 강한 복판 연꽃이 조각된 팔각 연화좌인데 중대석은 고려시대의 부도나 석등 등에서 흔히 볼 수 있는 고복형

(鼓腹形)이다. 신체의 완연한 굴곡과 적절한 비례가 돋보이는 고려시대 작품으로 추정된다.

고창 선운사의 말사인 개암사는 634년(백제 무왕 35년)에 백제의 묘련이 창건하고 삼국 통일 후 원효와 의상이 차례로 머물면서 중수했다고 전해온다. 1314년(고려 충숙왕 1년)에 원감국사가 중창하여 대사찰의 면모를 갖추었고, 1783년(정조 7년) 승담이 중수하여 오늘날에 이른다. 개암사 대웅전은 보물 제292호로 지정되었다.

• 주소 : 전라북도 부안군 상서면 개암로 248(감교리 714)

용화사 미륵불입상

부안 용화사 경내 뒤편에 봉안된 미륵불로 고려 후기에 조성한 불상이다. 땅속에 묻혀 있었는데 약 150년 전에 발굴하여 세웠다고 한다. 이 불상이 발견되자 마을 사람들은 땅속에서 미륵불이 솟아났다고 믿었으며, 그래서 부락 이름도 '미륵골'이 되었다.

불상의 높이는 450cm이고, 상호는 아랫부분이 넓은 사각형으로 양 볼이 팽팽하다. 눈초리가 약간 치켜 올라간 눈과 콧방울이 큰 코, 입을 다물어 희미하게 미소 짓는 표정이 논산 은진미륵과 비슷하여 그 계통의 조각 양식을 따르고 있는 것 같다. 신체에 비해 크게 조각한 얼굴 표정이 매우 현실적이고 토속적으로 보인다.

머리에는 둥근 갓 모양의 보개를 쓰고 있는데, 그 지름이 짧고 낮게 만들어져 있다. 귀는 길게 늘어져 있고 목에는 삼도가 돌려져 있다. 불신은 가늘고 긴 편

이다. 석주형 불상답지 않게 어깨와 팔의 곡선을 살리려고 애쓴 흔적이 엿보인다. 법의는 양어깨를 덮은 통견으로 가슴 부분이 V자형으로 조각되었고, 양손은 소매 속에 넣고 맞잡았다. 옷 주름은 균일한 간격으로 조각되었는데 하부에는 물결무늬의 옷 주름이 새겨져 있다.

• 주소 : 전라북도 부안군 행안면 역리 336-1

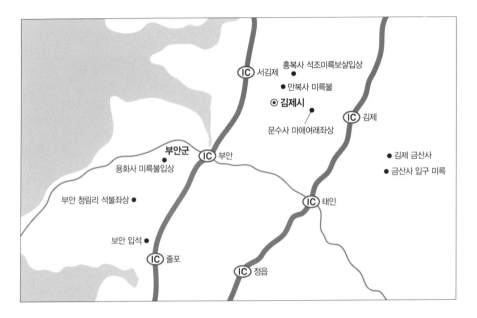

익산 고도리 석불입상

익산 왕궁리 사지 인근 동고도리에 위치한 석불인데, 돌기둥
처럼 보이는 석불 2구가 200m 거리에서 서로 마주 보고 있
다. 넓은 대좌부터 좁은 머리까지 완벽한 사다리꼴을 이루고
있다. 하나의 큰 돌기둥에다 대좌와 옷 무늬, 손과 얼굴 등을
모두 표현했다. 머리에는 높은 관과 방형의 갓을 썼으며 사
각형 얼굴에는 가는 눈, 짧은 코, 작은 입을 묘사했다. 마치
토속적인 마을의 수호신 같은 모습이다. 목은 선 하나로 표
현했고 몸에는 굴곡이 전혀 없으며, 팔은 표현하지 않고 두
손만 겨우 배에 붙여놓았다. 이렇게 신체 표현이 간략화되고
절제된 거대 석상은 고려시대에 많이 조성되었다.

누가 무슨 목적으로 이 석불상을 세웠는지는 정확하지 않지
만, 마을의 기운을 보호하려는 비보풍수적인 성격을 지닌 것
은 확실해 보인다. 금마가 동·서·북 삼면이 모두 산으로
가로막혀 있는데, 유독 남쪽만 터져 있어 기가 빠져나가는

것을 예방하기 위해 세운 것이라고 한다. 또 주산인 금마산이 마치 말처럼 생겼다며, 말에는 마부가 있어야 하므로 마부를 닮은 인석(人石)을 세웠다는 이야기도 있다.

익산 고도리 석불입상에는 사랑하는 연인의 이야기도 전해진다. 남녀인 두 불상이 1년에 딱 한 번, 음력 12월에 만나 서로 회포를 풀고 새벽닭 소리를 듣고 제자리로 돌아간다는 것이다. 견우와 직녀의 오작교가 따로 없고 천년의 사랑이 따로 없으니, '사랑과 영혼'이 부럽지 않아 보인다.

• 주소 : 전라북도 익산시 금마면 동고도리 1086

남원사 미륵불좌상

익산 여산면 독자천 옆의 남원사 미륵전에 모셔진 것으로 고려시대에 조성한 불상이다. 불두가 없었는데 근래에 다시 조성하여 합체하고 개금불사를 벌였다. 대좌는 하대석과 중대석만 남아 있어서 판석을 놓고 그 위에 불상을 안치했다. 결가부좌한 불상은 법의가 통견인데 가슴과 오른쪽

어깨가 드러나 있다. 왼손은 가슴 아래에 대고 보주를 잡았으며 오른손은 항마촉지인을 결했다.

남원사는 831년(신라 흥덕왕 1년)에 진감국사가 창건했다고 전해지며, 당시의 절 이름은 '법당사'였다. 1592년(선조 25년)에 남원부사로 부임한 윤공이 남원으로 가는 중에 이 부근에서 잠을 자는데, 꿈에 돌부처가 나타났다. 이튿날 사람들과 함께 현몽한 곳을 파보니 이 미륵불상과 석조거북, 오층석탑이 출토되었다. 이에 세 칸 법당을 짓고 절 이름을 남원사라 했다는 것이다.

• 주소 : 전라북도 익산시 여산면 서촌1길 34-3(제남리 224)

익산 연동리 석조여래좌상

익산 석연사가 모시고 있는 불상으로 보물 제45호로 지정되었다. 광배 높이 4.5m, 머리를 제외한 불신의 높이는 1.7m다. 불두는 새로 조성하여 합체한 것이다. 불두가 사라진 것과 관련해 전하는 이야기가 있다. 임진왜란 때 왜장 가토 기요마사가 이곳으로 진격해왔는데, 안개가 짙게 끼어 더 이상 나아갈 수 없게 되자 이 석불의 조화라고 여겨 불상의 머리를 잘라버렸다는 것이다.

불신은 당당한 어깨와 가슴, 넓은 두 다리를 지닌 균형 잡힌 몸매를 보여준다. 장대한 골격의 체구

가 안정감이 있으며, 가슴에 올린 왼팔은 입체감이 떨어지지만 다리 위에 올려놓은 오른팔의 자세가 편안해 보인다. 두 손은 신체와 붙어 있고, 가슴과 허리는 구분되지 않으며, 법의가 얇으면서도 인체는 거의 드러나지 않는다. 큰 손은 중지와 약지를 구부린 특이한 수인을 취하고 있다.

거대한 광배 중앙에는 둥근 두광과 연꽃무늬가 새겨져 있고, 그 바깥에는 불꽃무늬와 화불 7구가 새겨져 있다. 통견의 법의는 길게 흘러내려 사각형의 대좌를 덮었다. 가슴에는 희미하게나마 내의와 묶은 매듭이 보인다.

이 석불은 비밀을 하나 간직하고 있는데, 국가의 재난이나 큰 어려움이 닥칠 때마다 땀을 흘린다는 것이다. 믿기 힘들지만 직접 목격했다는 사람이 한둘이 아니고 그 장면을 촬영한 사진도 절 안에 게시되어 있다. 6·25전쟁이 발발하기 3일 전에 처음으로 땀을 흘린 이래로 IMF 외환위기 때, 연평도 포격 사건 때, 노무현 전 대통령의 서거 당시 등 나라의 굵직한 위기 상황 때마다 땀을 흘렸다고 하니 신기하고 영험할 따름이다.

불두가 원래의 것이 아니고 군데군데 마멸되었지만 원형의 불신과 대좌, 광배를 갖춘 백제시대의 대표 석불이다. 태안 마애삼존불이나 서산 마애삼존불에 이어 나타난 백제의 단독 석불로, 당당하고 안정감 있는 묘사와 조각 수법이 탁월한 우리나라 최고(最古)의 불상이다.

• 주소 : 전라북도 익산시 삼기면 진북로 273(연동리 산 220-2)

태봉사 삼존석불

익산시 삼기면 연동리의 태봉사 대웅전에 봉안된 석불이다. 부채꼴의 거대한 광배에 돋을새김으로 부조한 삼존불상이다. 원래는 태봉산 동쪽 기슭에 파손된 채 방치되어 있었는데, 이후 절을 세워 모시고 있다.

중앙에 본존이 있고 좌측에는 정병을 들고 합장한 관음보살이, 우측에는 연꽃가지를 든 문수보살

이 있다. 사각형 대좌 위에 결가부좌로 앉아 있는 본
존은 왼손을 배에 댔고 오른손은 들어 가슴에 댄 독특
한 수인을 취했다. 전체적으로 단아한 인상을 풍기는
백제시대의 불상으로 보인다.

태봉사 창건에 관련된 문헌자료는 알 수 없지만 창건
주지의 생모인 청송 심씨가 삼대독자인 아들의 무병
장수를 기원하는 산신기도 중에 산신령의 현몽으로
삼존불상을 발견하고, 이를 계기로 불당을 짓고 절을
세웠다고 한다.

• 주소 : 전라북도 익산시 삼기면 진북로 347-26(연동리 496)

서서학동 석불입상

불두를 제외한 몸체가 땅속에 묻혀 있던 것을 1970년대에 발굴해냈고 1980년에 지금의 미
륵암을 건립하여 모셨다. 높이 260cm의 불상은 원형을 많이 상실했는데, 코와 손은 근래

에 새로 조성하여 붙였다.
머리 위에는 육계가 있고,
오른손은 아래를 향했고 왼
손은 굽혔다. 통견의 법의
는 가슴과 두 팔로 흘러내
려 다리까지 이어졌고, 좌
대에는 복련의 연꽃무늬가
새겨져 있다. 제작 기법과
연꽃무늬를 새긴 받침대 등

의 양식에서 고려시대 작품으로 보인다.

• 주소 : 전라북도 전주시 완산구 석불3길 19(서서학동 345)

천고사 석불좌상

전주시 덕진구 천고사 미륵전에 봉안된 불상으로 그
동안 미륵불로 알려졌지만 항마촉지인을 결한 석가
모니불로 밝혀졌다.

높이 260cm의 불상은 소발의 머리 위에 나지막한 육
계가 있다. 몸체에 비해 얼굴이 커 보이는데 눈과 코
부위는 심하게 닳았고 채색한 흔적도 보인다. 얼굴은
마멸되었지만 상호는 둥글고 원만해 보인다. 귀는 매
우 긴 편이고 어깨는 얼굴에 비해 좁고 목에는 삼도가
있다. 법의는 우견편단이다. 광배 윗부분은 잘려나갔
는데 두광과 신광을 구분하고 있다. 두광에는 보리수

잎이 새겨져 있는데 잎사귀에는 청색이, 배경에는 붉은색이 칠해져 있다. 원형으로 구획
된 선 밖에는 불꽃무늬가 보이고 신광에는 당초문을 새겼다.

보존 상태가 양호한 불상으로 조각 수법상 고려시대 말기의 지방화된 불상으로 추정된다.

• 주소 : 전라북도 전주시 덕진구 만성용흥길 7(만성동 822)

인후동 석불입상

미륵불로 조성한 석불의 일부가 땅속에 묻혀 있는데 노출된 높이만 270cm다. 큰 머리와
두터운 볼이 특징적인데 절단된 목 부위는 시멘트로 접합했다. 왼쪽 어깨에서 흘러내린 옷
주름이 왼팔 아래로 흘러내린다. 오른손은 가슴 앞에서 손바닥을 안으로 향했고 왼손은 가

슴 높이에서 손바닥을 밖으로 향한 시무외인을
결했다. 오른쪽 귀가 훼손되어 있는데, 임진왜란
때 가토 기요마사가 칼로 내리쳐서 생긴 상처라
고 한다.

• 주소 : 전라북도 전주시 덕진구 견훤로 177(인후동1가 146-1)

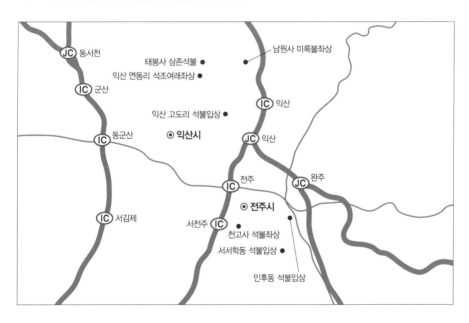

미륵사 석불좌상

거대한 자연석에 조각한 불상이다. 1930년대까지 야산에 묻
혀 불두만 노출되어 있었는데, 이후 법당 안으로 옮겨 모셨
다. 앉은 높이가 3m에 이르는 큰 불상이다. 워낙 큰 돌에 조
각해서인지 둔중한 느낌이 들지만 얼굴과 옷자락에서 사실적
인 묘사가 돋보인다. 머리에는 육계가 큼직하고 나발은 마멸
되어 흔적만 희미하다. 어깨가 넓어 장대해 보이고 무릎 아
래까지 흘러내린 옷 주름이 유려한데, 드러난 가슴 사이로
군의의 띠가 보인다. 오른손은 배 부위에서 모아 손가락을
폈고, 왼손은 옷자락을 잡았지만 손가락이 떨어져 나갔다.
거대한 신체 표현, 풍부한 양감, 큼직한 이목구비의 표현 등
이 뛰어나지만 조각 수법이 조금 투박해 보이는 고려 후기의
불상이다. 인근의 정혜사 미륵불과 함께 정읍의 영험한 미륵으로 통한다.

• 주소 : 전라북도 정읍시 상신경1길 45-71(상동 산 32)

정혜사 보살입상

정읍시 연지동의 정혜사 대웅전 왼쪽 뜰에 봉안된 미륵불로 불상 높이는 262cm, 대좌까지 합하면 3m가 넘는다. 화강암에 조성한 불상인데 모두 네 토막으로 분리되어 있다가 근래에 시멘트로 붙였고, 불상 왼쪽에는 대형 대좌가 따로 놓여 있다.

머리에 원통형의 높은 보관을 썼고, 코 부분이 떨어져 나갔으며, 귀의 일부도 마멸되었다. 갸름한 얼굴에 가늘고 긴 눈과 도톰한 입술에서 앳된 표정이 엿보인다. 굴곡이 적은 신체에는 옷자락이 촘촘하게 묘사되어 있다. 오른손은 손바닥을 앞으로 해서 가슴 안쪽에 댔고 왼손은 중지와 약지를 구부려 배 부근에 댔다. 법의는 양어깨를 덮은 통견이고 평행으로 늘어진

옷 주름을 조각했다.

높은 원통형 보관, 단순화한 신체 표현, 얕게 선각한 옷 주름 등에서 고려 전기에 유행하던 보살상의 특징을 보여준다. 양감이 적으면서도 부분적인 표현 수법이 사실적이어서 생기가 넘쳐 보인다.

정혜사 미륵불은 정읍의 영험한 미륵불로도 유명하다. 누구나 불상 앞에서 백일기도를 올리면 소원을 성취할 수 있다고 믿는다. 주민들은 상동 미륵사 미륵불을 '동미륵'이라 하고 정혜사 미륵불을 '서미륵'이라 부르며 치성을 올린다. 동미륵이 우락부락한 장군상이라면, 정혜사의 서미륵은 날씬한 미녀상인 셈이다.

• 주소 : 전라북도 정읍시 죽림2길 28(연지동 147)

망제동 석불입상

불상 높이는 4.3m, 속칭 '대암석불'이라 불린다. 머리에 삿갓 모양의 보개를 쓴 석불로, 석주형 불신과 평면적인 옷 주름 등 토속적인 느낌이 강하다. 둥글고 통통한 얼굴에 눈은 지그시 감았고 입가에 은은한 미소를 머금었다. 민머리에 육계가 불분명하여 마치 동자승 같은 인상이다. 목의 삼도도 보이지 않고, 부드러운 얼굴 표정과 달리 신체는 입체감이 거의 없다. 통견의 법의는 사각형 목깃을 도드라지게 조각하고 그 아래의 옷 주름을 층단식으로 표현했다. 양손은 상하 수직을 이루는 시무외인과 여원인을 지었다. 방형의 대좌 윗면에 불상의 발을 조각했지만 위치가 어긋나 어색해 보인다.

• 주소 : 전라북도 정읍시 구다리길 27-160(망제동 산 75-1) / 문화재청 자료에 '망제동 15번지'로 오기되어 있다. 정읍 제1산업단지 방향으로 가다가 녹두다리를 건너면 왼쪽에 '망제동 석불입상' 입간판이 서 있다. 안내대로 하천길을 따라가다가 축사 앞 작은 삼거리에서 우측 길을 선택하고, 그다음에 나오는 축사 앞에서도 우측 길로 올라간다. 길 끝에 여산 송씨 제각과 느티나무 아래에 서 있는 석불상이 있다.

남복리 미륵암 석불

정읍시 고부면의 두승산 서쪽 기슭에 있는 미륵암에 봉안된 석불이다. 잘려 있던 허리 부분을 접합하여 복원했고 무릎 아랫부분은 땅속에 묻혀 있다. 높이는 181cm, 신체에 비해 머리가 커 보인다.

둥글고 갸름한 얼굴은 풍만하지만 심하게 마멸되어 좁은 콧날과 두툼한 입의 윤곽만 겨우 확인된다. 머리는 나발에 육계가 큼직하고 목에는 한 줄로 표현한 삼도가 있다. 어깨가 좁아 위축되어 보이는데, 옆에서 보면 머리를 숙이고 배를 내밀고 있는 모습이다. 법의는 통견으로 흘러내린 옷깃이 밋밋한 상체를 그대로 드러내고 있다. 왼쪽 어깨에서 겨드랑이 사이로 모이는 쐐기형 옷 주름이 두드러져 보인다. 오른손은 가슴 위로 들고 왼손은 내린 시무외인과 여원인을 결했는데, 왼손의 엄지와 소지를 맞댄 모습이 독특하다.

• 주소 : 전라북도 정읍시 고부면 남복리 산 6-4

무성리 석불입상

정읍시 칠보면 무성리 원촌마을 위쪽의 요사채로도 사용되는 법당에 모신 불상이다. 무릎 아래는 땅속에 묻혀 있고 드러난 부분도 상당 부분 불단에 가려져 있다. 민머리인 불상은 마치 두건을 쓰고 있는 것처럼 보인다. 얼굴은 긴 타원형이고 입은 불룩하게 튀어나오도록 조각했다. 귀는 목 부분까지 이어졌고, 목이 짧아서 삼도는 가슴 부분에 표현되었다. 양어깨에 걸친 법의는 U자형 옷 주름을 흘린다. 왼손은 손등을 보인 채 손끝을 땅으로 향했고, 가슴에 댄 오른손은

모양이 불분명하다.

전체적으로 장대하고 중후한 느낌을 주는 불상이며

고려시대에 조성한 것으로 보인다.

- 주소 : 전라북도 정읍시 칠보면 원촌1길 96(무성리 434-1) / 칠보면 물테마유원지 안쪽 마을, 무성리 삼층석탑 옆 외딴집
  안에 있다.

백운암 석불입상

정읍시 이평면 산매리의 백운암에 있는 높이 138cm의 화강암 불상이다. 원래 노천에 방치되어 있었는데 80여 년 전 지금의 자리에 봉안했다. 잘려진 얼굴을 붙여놓아 원형을 파악하기 힘들다. 민머리에 목에는 삼도가 희미하다. 대좌는 하나의 돌로 조성했는데, 폭 4cm의 띠를 둘러 경계를 구분하고 있다. 백운암은 고려시대부터 있던 절로, 임진왜란 때 미륵이 나타났다는 이야기가 전해온다.

- 주소 : 전라북도 정읍시 이평면 매화길 51-48(산매리 산 54)

보화리 석불입상

정읍시 소성면의 '부처당이' 언덕에 서 있는 여래상
으로 '석조이불입상' 이다. 키가 큰 불상은 전체 높이
256cm, 키가 작은 불상은 227cm로 보물 제914호로
지정되었다. 백제시대에 조성한 불상들 중 가장 남쪽
지역에서 발견되었고 이불 형식이라는 점에서 매우
귀중한 문화재다.

여래상 2구가 나란히 서 있는 불상은 우리나라에서는
찾아보기 드물다. 두 불상은 생김새가 서로 비슷한데
크기 면에서 조금 다르다. 좌측의 큰 불상은 광배와
대좌 일부가 결실되었고, 우측의 작은 불상은 오른팔

이 없다. 두 불상 모두 얼굴 부위가 심하게 마모되었는데, 특히 눈 부위는 인위적으로 깊
이 파인 흔적이 역력하다.

큰 불상의 왼손은 손바닥 위로 하여 가슴 위에 두었고 오른손은 옷자락을 잡듯이 늘어뜨렸
다. 민머리에 볼록한 육계, 통통한 얼굴, 우견편단의 법의, 자연스런 옷 주름이 특징적이
다. 옷자락은 오른쪽 어깨에서 왼쪽 팔목으로 자연스럽게 흘러내렸다. 작은 불상도 그와
비슷한데, 복부를 가로지른 옷 주름이 도드라지고 하반신의 주름도 사선으로 단을 이루며
다리의 굴곡을 드러내고 있다는 점에서 차이가 난다.

이 불상들은 초기 백제 불상의 형식과 전통을 계승하면서 새로이 유입된 요소가 결합되었
는데 부드러운 조형미와 신체의 비례, 옷 주름 등에서 7세기 작품으로 보인다.

• 주소 : 전라북도 정읍시 소성면 보화리 110-6

용흥리 석불입상

정읍시 고부면 용흥리의 해정사지 부근에 있는 고려 시대의 불상이다. 불상의 높이는 1.7m, 오른팔이 떨어지고 머리 부분을 시멘트로 붙여놓았는데 마멸이 심해 세부적인 표현은 불분명하다. 민머리에 육계가 솟아 있고 장방형의 얼굴은 마멸되어 콧날과 눈두덩의 윤곽만 확인된다. 양쪽 귀도 마멸되었고 원통형의 긴 목에는 얕은 삼도가 보인다. 법의는 우견편단으로 왼쪽 어깨에서 흘러내린 옷 주름이 가슴을 가로질러 무릎 아래로 흘렀는데, 매우 형식화되었다. 오른손은 떨어져 나갔고 왼손은 가슴으로 들어 올려 중품하생 인(中品下生印)을 짓고 있는 아미타불이다. 팔각대좌에는 겹으로 새긴 여덟 잎의 연꽃이 둘러져 있다.

• 주소 : 전라북도 정읍시 고부면 해정길 56-48(용흥리 산 14)

안정리 미륵

순창군 구림면 안정리에 있는 '할머니 미륵'으로, 불상과 광배가 일체형으로 제작된 입석불이다. 오랫동안 노천불로 서 있다가 마을 주민들이 보호각을 만들어 봉안했다. 마모가 심해 광배의 문양과 조각이 희미하지만 불두의 육계와 수인, 법의는 알아볼 수 있다.

불상은 정남향으로 향하고 있으며, 광배를 포함한 높이는 180cm다. 왼손에 약합을 들고 있는 약사여래불로 조성되었다. 질병과 전염병에 시달리던 조선 후기에 마을 부녀자들이 집안의 대가 끊기지 않도록 이 미륵불에 치병과 득남을 소망해왔다.

안정리 미륵에는 이런 설화가 전해진다. 옛날 마을 앞 냇가에서 암미륵과 수미륵이 놀고 있었다. 마을 주민들이 암미륵(할머니 미륵)을 업어다가 당에 모셔놓고 수미륵(할아버지 미륵)을 모시러 갔는데, 할아버지 미륵은 온데간데없이 보이지 않아 어쩔 수 없이 할머니 미륵만 모시게 되었다. 지금도 짝을 잃고 떠내려간 할아버지 미륵이 하동 근처에 머물고 있다고 한다.

안정리에서 미륵을 모시는 집에서는 부모의 제삿날과 추석, 섣달, 동지, 정월 등에 공물을 바치는

데 공물은 삼실(대추, 밤, 곶감)과 간하지 않은 미역국, 밥, 떡이라고 한다.

• 주소 : 전라북도 순창군 구림면 안정리 93

석산리 마애여래좌상

물 맑은 섬진강 장군목유원지 근처의 옛 절터에 불상이 숨어 있다. 석산리 입석마을에서 도왕마을 쪽으로 1km쯤 올라간 곳으로, 넓은 공터 한쪽의 평평한 바위 면을 골라 불상과 광배, 대좌까지 얕게 부조했다.

육계가 있는 네모난 두상은 과장되게 커 보인다. 눈은 가늘게 떴고, 코가 크고 입술이 두툼하다. 입술과 이마 선을 따라 붉게 칠한 흔적이 엿보인다. 목이 짧아 삼도는 가슴께에 걸쳐 표현했다. 얼굴에 비해 몸이 왜소하고 어깨도 좁아 보인다. 법의는 우견편단으로 옷주름이 다리 위까지 흘러내렸다. 오른손은 항마촉지인을 취했고 왼손은 손바닥을 위로 하여 무릎 위에 두었다. 광배는 거신광 안에 두광과 신광을 그렸고 여백에는 당초문을 새겨 넣었다.

불상이 위치한 곳에 불암사가 있었다고 전하고, 그래서 '불암사지 마애불'이라고도 불린다. 지금은 텅 빈 옛 절터에 마애불만 덩그러니 남아 있지만, 이곳도 한때의 영화가 스쳐 지나간 사연을 간직하고 있다.

백제 의자왕 때 궁선대사가 절을 짓기 전날 밤 꿈을 꾸는데, 꿈에 백발노인이 나타나 금부처와 처녀 한 명을 내주면서 말했다.

"이것이 절의 대들보가 될 것이요, 백성들 중에 아이가 없는 사람에게 아이를 가져다줄 것이다. 그러니 칠성당에 잘 모시거라. 그리고 내가 선 자리에 대웅전을 세우면 대성왕의 불전이 될 것이다."

궁선대사가 잠에서 깨어나 절터에 나가보니 과연 처녀보살이 금부처를 업고 대웅전 뜰에 서 있었고, 바위 밑에서는 송아지가 풀을 뜯고 있었다.

• 주소 : 전라북도 순창군 적성면 석산리 산 130-1

도통암 마애석불좌상

임실군 삼계면 두월리 앞의 삭산 끝자락에 위치한 도통암에 서면 푸근한 시골 들녘이 한눈에 들어온다. 이 도통암의 한 귀퉁이에 도통암 마애석불좌상이 자리잡고 있다.

불상은 풍만하면서도 인자한 모습으로, 근대에 이곳에서 수도하던 창원 사람이 조성했다고 전해온다. 화강암 벽을 감실처럼 깊게 파내고 그 안에 환조에 가까운 돋을새김으로 마애불을 조성했다. 연꽃대좌 위에 결가부좌로 앉아 있는 불상은 안정감이 넘쳐 보인다.

옛날 이곳에 도통사라는 절이 있어 많은 스님이 수도했는데, 절 오른쪽의 깎아지른 암벽 밑으로 맑은 샘물이 흘러 이 물 한 모금이면 삼복더위도 싹 가셨다고 한다. 또 바위에 직경 3cm의 구멍이 하나 있었는데, 이곳에서 매일 하루분의 쌀이 흘러나왔다고 한다. 그래서 이곳의 산을 미산이라 불렀고, 절 이름도 도통사보다 미산사(米山寺)로 더 널리 알려져 있다.

• 주소 : 전라북도 임실군 삼계면 뇌천리 산 43

오수리 석불

임실군 오수면 오수리에 있는 고려시대의 불상으로 전체 높이 3.5m, 불상 높이 2.4m다. 광배와 불신을 하나의 돌에 조각한 여래입상으로 하부는 땅속에 묻혀 있다.

민머리에 큼직한 육계가 솟아 있다. 역삼각형의 얼굴은 뜬 눈에 작은 입을 꽉 다물어 경직된 표정이다. 긴 목에 평면적인 삼도, 좁은 어깨와 하체로 내려갈수록 폭이 좁아지는 신체 구조로 인해 균형미가 떨어져 보인다. 법의는 통견인데 세부 조각도 평면적이다. 양

어깨에서 대각선으로 곧게 내려 V자형을 이루는 목
깃과 밀집형 옷 주름도 지극히 도식적이다. 양손은
소맷자락 속에 감춰져 있다. 광배는 두광과 신광, 불
꽃무늬와 화불까지 모두 음각 선으로 형식화했다.

크기에 비해 균형을 잃어 위축된 신체 조형과 흐릿한 선각, 좁고 도식적인 옷 주름 등에서
토속적인 느낌이 강한 고려 후기의 작품으로 추정된다.

옛날에 한 아낙네가 마을 뒷산에서 집채만 한 바윗덩어리가 걸어 내려오는 것을 발견하고
"저것 좀 봐!" 하고 소리치자 바위가 그만 그 자리에 우뚝 멈춰 서버렸다. 이에 마을 사람
들이 돌부처를 알아보고 정성껏 불공을 드렸는데, 만약 석불이 마을 앞까지 나와 안좌했다
면 마을이 더 융성하고 자손이 부귀영화를 누렸을 것이라며 아쉬워했다.

• 주소 : 전라북도 임실군 오수면 오수10길 24-22(오수리 550-1)

임실 이도리 미륵불상

임실 이도리 수정마을에 높이 2.5m의 미륵불이 봉안
되어 있는데, 동그랗게 웃는 얼굴이 복스럽고 무척
친근해 보인다. 이목구비는 뚜렷하게 표현되었지만
목 아래의 조각은 희미해 보인다. 불신은 하얗게 칠
해져 있고 머리·눈썹·수염은 검게, 입술은 붉게 칠
해져 있어서 토속적인 색채가 강하다. 앞으로 펼쳐진
손바닥에는 손금까지 그려져 있다.

근래에 중창한 운수사는 백제 때의 절로 풍수지리설
에 의해 산세의 재난을 막기 위해 창건했다고 전해오
며, 당시에는 주위에 숲이 울창했지만 지금은 도시화

되어 아파트 숲으로 변했다.

이도리 미륵불에도 구전되는 이야기가 있다. 옛날 이 마을의 노비들이 한자리에 모여 나락을 타작하고 있는데 시주승이 나타났다. 노비들은 자신들의 처지를 한탄하며 언제쯤이면 노비 신세를 면할 수 있겠느냐고 물었다. 이에 시주승은 주변에 큰 웅덩이를 파두면 훗날 노비 신세를 면할 길이 생길 것이라고 일러주고 사라졌다. 노비들이 스님이 일러준 대로 방죽을 파두었는데, 몇 년 후 큰 홍수가 나서 인근의 집들이 모두 떠내려갈 때 양반집의 노비 문서까지 떠내려가는 바람에 노비 신분에서 벗어나게 되었다. 그로부터 얼마 후 그 방죽에 상반신이 노출된 미륵불상이 나타났는데, 노비들이 감복하며 마을 숲에 정자를 세워 미륵불을 봉안했다. 그래서 이곳이 '숲정이'라는 이름을 얻게 되었다고 한다.

• 주소 : 전라북도 임실군 임실읍 봉황10길 109(이도리 210-2)

학정리 석불

임실군 삼계면 학정리의 성문사에 봉안된 불상으로 높이 245cm다. 원래는 학정리의 밭 가운데에 하반신이 매몰된 채 방치되어 있던 불상을 모셔온 것이다. 불상의 목은 6·25전쟁 때 분리되었다가 이후에 봉합했다.

민머리에 상투 모양의 육계가 큼직하다. 풍만한 얼굴에 눈의 양 끝이 치켜 올라갔고, 입은 작아 보인다. 양어깨를 감싼 법의는 가슴에서 완만한 U자형을 이루고 옷 주름은 희미하다. 양손은 소맷자락 안에 넣고 서로 맞잡은 모양이다. 전체적으로

풍만해 보이는데, 세련미보다 둔중한 느낌을 풍기는
불상이다.

전설에 의하면 한 농부가 고삐를 풀고 달아나는 소를 향해 돌을 던졌는데, 하필이면 석불
의 코를 맞혀 한쪽이 떨어졌다. 그 뒤로 농부가 시름시름 병을 앓다가 죽자 사람들은 영험
한 석불이 내린 벌로 여기고 경외시했다.

• 주소 : 전라북도 임실군 삼계면 학정2길 117-8(학정리 36)

원흥 석불입상

장수군 산서면 마하리의 팔공산 기슭에 자리한 원흥사 법당에 봉안된 높이 4m의 대형 석
불이다.

얼굴은 통통하고 눈과 입은 작은데 코가 크고 이마에는 백호가 있다. 목은 짧고 삼도 역시
불분명하다. 어깨와 하부의 너비가 같아 둔중한 느낌을 준다. 법의가 양어깨를 감쌌는데

가슴이 거의 노출되었고, 양 소매와 배 아래쪽으로 옷 주름을 형식적으로 표현했다. 두 손은 양 소매에 넣어 감추었으며 무릎 아래는 땅속에 묻혀 있다. 삼국시대에 조성한 불상이라고 전해온다.

이 불상은 원래 지금의 자리인 밭 한가운데에 외롭게 서 있던 노천불이었다. 때마침 원흥마을에 화웅처사와 부인 허씨가 가난하지만 착하게 살고 있었는데, 어느 날 밤 허씨가 미륵불 꿈을 꾸었다.

"내가 오랫동안 헐벗고 비바람에 씻기니 괴롭구나. 움막이라도 좋으니 내 몸을 가려다오. 그러면 너는 생불이 될 것이다."

생각할수록 기이한 꿈이어서 부인 허씨는 날이 밝자마자 밭으로 가보니 정말로 꿈속에서 본 석불이 그곳에 있었다. 부인은 그 즉시 엎드려 합장하고 부처님의 뜻에 따르기로 다짐했다. 그러고 나서 부인은 남편과 상의한 뒤 곧 집을 짓는 데 매달렸다. 처음에는 시주하는 사람이 없어서 고초가 많았지만 초라하게나마 법당을 마련한 이후로는 주변에 널리 알려졌다. 부인은 운선이라는 법호를 얻었는데 사람들은 '살아 있는 부처'라고 불렀다. 그 후 그녀의 딸과 손자까지 대를 이어 불사를 계속하여 지금의 원흥사를 일구었다고 한다.

• 주소 : 전라북도 장수군 산서면 마하리 477-1

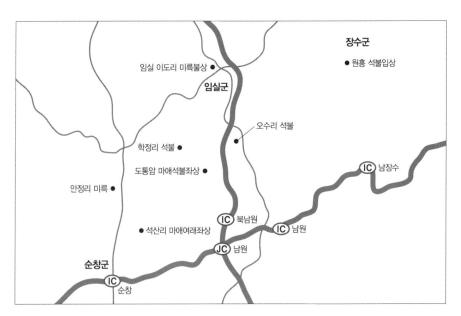

담양 용태마을 뒷산의 분향리 석불입상은 아들을 점지해주는 영험한 미륵이고, 6·25전쟁 때 인민군이 쏜 총에 맞았다는 장성 원덕리 미륵불의 사연도 흥미롭다.

이른 새벽 절 마당에서 바라보는 운해와 일출이 압권인 구례 사성암 마애여래입상은 선정에 든 원효가 손톱으로 그렸다고 하고, 석곡리 석불입상은 도승의 예언에 따라 피난 가던 아녀자가 아이를 업은 채 변해서 된 것이라고 한다. 당동리 석조여래좌상은 불신에 또 다른 불상을 부조한 사면석불 형식이 놀랍다.

하룻밤에 천불천탑을 완성하려 했으나 와불을 일으켜 세우기 전에 새벽닭이 울어 천지개벽을 이루지 못했다는 전설을 간직한 운주사는 몇 번이고 다시 찾게 되는 민중불교의 성지와도 같은 곳이다. 삐뚜름한 탑들과 툭툭 발길에 차일 듯한 돌부처들이 꼭 우리네 모습처럼 정겹게 다가온다.

광주 약사암 석조여래좌상

무등산 자락에 있는 약사사의 본존불로 보물 제600호로 지정되었다. 전체 높이 2.5m, 불상 높이 1.2m다. 나발의 머리에 나지막한 육계가 있고 상호는 원만하다. 약간 숙인 얼굴은 위가 넓고 아래가 좁다. 당당한 체구에 허리가 가늘어서 상대적으로 가슴 쪽의 양감이 뛰어나 보인다. 우견편단의 법의는 가슴 앞에서 한 번 접었고 몸에 얇게 밀착되어 상체의

굴곡이 잘 드러난다. 왼손은 결가부좌한 발 위에서 무언가를 들고 있으며, 오른손은 다섯 손가락을 내려 항마촉지인을 결했다. 양발을 무릎 위에 올리고 발바닥을 위로 했는데 무릎이 넓어 안정감이 넘친다. 대좌는 전형적인 팔각의 연화대좌로 각각의 돌로 상 · 중 · 하대를 이루었다. 항마촉지인을 결하고 우견편단의 착의법을 한 경우 일반적인 여래불이라 할 수 있지만, 이 불상은 질병에 빠진 중생을 구제하는 약사불을 형상화한 듯하다.

넓은 무릎과 형식화된 표현, 대좌와 불상의 비례가 일

대일인 점 등으로 미뤄볼 때 석굴암 본존불의 특징을 이어받은 통일신라시대의 불상으로 보존 상태가 양호한 편이다.

광주 약사사는 850년에 철감선사 도윤이 창건해 '인왕사'라 불렀다. 1094년(고려 선종 11년)에 혜조국사가 다시 지었고 1360년(고려 공민왕 9년)에 재창하면서 약사암이 되었다. 대웅전과 요사채 등을 갖추고 있으며, 삼층석탑은 창건 당시의 유물이다.

• 주소 : 광주광역시 동구 증심사길 160번길 89(운림동 11)

증심사 석조보살입상

증심사 경내에 범자칠층석탑과 나란히 서 있는 불상이다. 원래는 담양군 남면 정곡리의 서봉사지에 있었는데 이곳으로 옮겨왔다고 한다.

전체 높이 2.1m의 석불로 원통형의 높은 보관을 썼고 타원형의 갸름한 얼굴에 우아한 기품이 엿보인다. 눈은 바로 떴고 긴 코가 우뚝하며 양쪽 귀는 어깨까지 닿았다. 삼도는 얕게 새겼고 목걸이가 새겨져 있다. 가사는 왼쪽 어깨를 감싸며 자연스럽게 흘러내렸다. 왼손을 굽혀서 가슴 앞에 두었고 오른손은 펴서 우측 몸에 붙였다. 원형의 대좌는 상·중·하대석과 지대석을 모두 갖추었으며 연꽃무늬가 새겨져 있다. 세부적인 표현이 간략해진 고려시대 작품으로 보인다.

증심사는 9세기 중엽 철감선사가 창건하고 1094년(고려 선종 11년)에 혜조국사가 중창했다. 1443년(세종 25년)에 김방이 재차 중창했으며, 임진왜란 때 불타

없어졌다가 1609년(광해군 1년)에 석경, 수장, 도광 등 3대 선사가 사창(四創)했다고 전해 온다. 그 후 6·25전쟁 때 많은 부분이 소실되었다가 1970년대에 대웅전을 비롯한 당우들 이 복구되었다. 보물 제131호인 철조비로자나불좌상을 빼놓지 말아야 한다.

• 주소 : 광주광역시 동구 증심사길 177(운림동 산 56)

신룡동 석불입상

광주 광산구 신룡동의 옛 절터에 고려시대의 석탑과 함께 있는 불상으로 전체 높이는 180cm다. 광배가 없는 불상에 파손되어 주변에 굴러다니던 불두를 겨 우 찾아 올려놓았다. 상호의 세부적인 표현을 알아보기 힘들 만큼 마멸되어 육계와 귀의 윤곽만 남아 있다. 발목 아래는 땅속에 묻혀 있어서 대좌의 유무도 알 수 없다. 조성 시기 는 오층석탑과 같은 시대인 고려 전기로 추정된다.

높이 5.4m의 신룡동 오층석탑은 평면 정사각형의 기단부 위에 탑신부를 형성하고 정상에 상륜부를 장식한 일반형 석탑이다. 기단이 손상되고 갈라져서 1981년에 해체·복원했다. 그때 발견된 사리장엄구는 국립광주박물관에 보관되어 있다.

• 주소 : 광주광역시 광산구 신룡동 57-1 / 축사 옆 오렌지색 지붕 뒤편의 공터에 조성되어 있다.

운천사 마애여래좌상

자연 암벽을 다듬어 불상을 양각하고 그 위에 건물을 지어 전각의 모습을 갖추었다. 일종 의 석굴사원 형태인데, 높이 2m의 불상 규모에 비해 절간과 법당이 매우 소박해 보인다. 운천사의 원래 이름은 '정토사'였다. 무등산 원효사에 주석하고 있던 원효가 하루는 서쪽 하늘에 상서로운 기운이 뻗쳐 있는 것을 발견했다. 제자 보광화상을 보내 알아보니 커다란 바위에서 빛이 솟아나고 있었다. 원효는 그 바위에 불상을 새기게 했다.

머리에 작은 소라 모양의 머리카락을 붙여놓았고 육
계가 있다. 넓적한 얼굴에 긴 눈, 우뚝한 코, 두꺼운
입술 등에서 매우 근엄한 인상을 풍긴다. 목에는 삼

도가 뚜렷하고 어깨는 당당하지만 얼굴에 비해 지나치게 넓다. 왼쪽 어깨를 감싼 법의에는
평행계단식의 옷 주름이 표현되었다. 두 손을 배 위에서 모아 약합을 든 약사여래불이다.
광배는 삼중의 윤광형 광배(輪光形光背) 형식인데, 경계선 이외의 여백에는 별다른 무늬가
없다. 전체적으로 경직된 느낌이고, 옷 주름 등의 조각 기법이 아래로 내려갈수록 도식화
된 점에서 고려 초기의 불상으로 판단된다.

• 주소 : 광주광역시 서구 쌍촌동 903-18

유촌동 석조여래좌상

유촌동 주민센터 앞에 모셔진 불상으로, 원래는 쌍촌동의 운천사에 있었는데 이곳으로 옮
겨왔다. 전하는 말로는 당시 극락면이었던 유촌동은 사람의 왕래가 많고 주민도 많지만 마
땅히 소원을 빌 만한 대상이 없어 운천사에서 불상을
모셔왔다고 한다. 불상의 코를 갈아 먹으면 아들을

낳는다는 소문에 주민뿐만 아니라 멀리서 찾아온 사람들까지 코를 깎아가는 바람에 현재의 상호는 뚜렷하지 않다. 상투 모양의 육계와 엄지와 검지를 가볍게 말아 쥔 오른손 정도가 그나마 뚜렷하다. 통통해 보이는 얼굴에는 윤곽만 남아 있고 목에는 삼도가 있다. 오른손은 아미타불의 상생인(上生印)을 결했고 왼손은 마멸되었다. 고려시대 양식을 계승한 조선 전기의 작품으로 보인다.

• 주소 : 광주광역시 서구 유덕로 24(유촌동 497)

담양 분향리 석불입상

분향리 2구 용태마을 뒤편 야산에 홀로 서 있는 불상이고, 마을에서 아들을 점지해주는 영험한 미륵불로 모시고 있다. 팔각의 연화대좌 위에 서 있는 불상의 전체 높이 260cm다. 뒤쪽으로 5도 정도 비스듬히 기울어져서 서쪽을 바라보고 있다. 둥글고 풍만한 얼굴에 미소 띤 얼굴로 보는 이들의 마음을 편안하게 해준다. 소발의 머리에 육계가 희미하다. 눈썹에서 코로 이어진 선이 매우 부

드럽고 득남을 염원하는 이들의 발길이 잦아서 코는 거의 없고 입술은 도톰하다. 목은 짧고 삼도가 선명하게 돌려져 있다. 굴곡 있는 신체는 사실적이고, 전신을 덮고 있는 옷에는 평행계단식의 옷 주름이 표현되었다. 상체에는 U자형 옷 주름이, 허벅지에는 소용돌이무늬가 묘사되었다. 양손은 주먹을 쥐고 옆구리에 댔는데, 왼손에 연꽃 모양의 물건을 들고 있어 미륵불로 조성한 듯하다. 대좌에는 열여섯 잎의 복련이 새겨져 있고, 배례석은 후대에 따로 옮겨온 것으로 보인다.

• 주소 : 전라남도 담양군 고서면 분향리 산 15

영은사 석조여래좌상

담양군 고서면 금현리의 영은사에 봉안된 높이 160cm의 불상으로, 하나의 돌에 불신과 광배를 조각했다. 머리에 상투 모양의 육계가 솟아 있고, 둥근 얼굴에 이목구비가 다소 형식적으로 묘사되

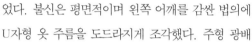

었다. 불신은 평면적이며 왼쪽 어깨를 감싼 법의에
U자형 옷 주름을 도드라지게 조각했다. 주형 광배
에는 한 줄로 두광을 둘렀고 그 바깥에 불꽃무늬를 새겼다. 수인은 항마촉지인이다.
오랫동안 노천불로 방치되었던 탓에 각 부분이 뚜렷하지는 않지만, 나말여초 때의 불상으
로 추정된다.

• 주소 : 전라남도 담양군 고서면 금현길 110-9(금현리 133)

연동사지 지장보살입상

담양 추월산 금성산성 남쪽의 높이 20m쯤 되는 암벽 밑에 석탑과 함께 모셔져 있다. 사각
형의 돌기둥을 다듬어 불두를 조각하고 신체에는 손과 형식화된 옷 주름을 표현했다. 민머
리에 얼굴이 둥글넓적한 불상은 고개를 앞으로 조금 숙인 모습이다. 어깨를 감싼 가사는
간략하게 묘사했는데, 양팔을 걸쳐 내려온 옷 주름 한 가닥이 선명하다. 가슴 아래의 띠
매듭도 매우 사실적이다. 오른손은 팔을 구부려 올린
상태에서 중지와 엄지를 맞댔고 왼손은 길게 내려뜨

렸다. 머리와 얼굴에 사실적인 기법이 엿보이지만 신체의 균형미는 떨어져 보인다. 움츠린 모습, 고개를 숙이고 있는 점 등에서 고려 후기의 작품으로 추정된다.

17세기 이후 연동사는 폐찰되었고, 무너져 흩어져 있던 삼층석탑은 1996년에 복원해놓았다. 기단의 네 모서리와 탑신의 몸돌에는 기둥 모양을 새겨놓았다. 지붕돌은 윗면이 완만한 곡선을 이루며 네 모서리의 선이 뚜렷하게 표현되었다. 지붕돌 밑면에는 별도의 돌을 끼워 넣어 층급받침을 대신하고 있다. 꼭대기에는 노반 위로 활짝 핀 연꽃 모양이 올려져 있다.

• 주소 : 전라남도 담양군 금성면 금성리 산 91-3

담양 영천리 마애여래상

담양군 무정면 영천리의 마을 뒷산, 속칭 '부처골'로 불리는 골짜기의 자연 암벽 한쪽 면을 다듬고 불상을 조각했는데, 바위 크기는 가로세로 2m쯤 되고 불상의 높이는 1.3m다.

상호가 원만하고 가느다란 눈썹은 치켜 올라갔으며 입술은 도톰하다. 볼과 턱에 움푹 파인 우물이 보이고 코는 깨져서

시멘트로 보수한 흔적이 남아 있다. 귀는 어깨까지 늘어졌고 목에는 삼도가 뚜렷하다. 법의는 우견편단이고 왼쪽 어깨의 가사 끝이 한 번 꼬여 운치가 있다. 손의 일부와 허리 아랫부분의 조각은 생략되었다.

• 주소 : 전라남도 담양군 무정면 영천리 산 52 / 영천리 오봉지를 지나 마을 앞 작은 사거리에서 좌회전해 600m쯤 가면 우측에 외딴 축사가 보인다. 축사를 지나 오른쪽으로 보이는 대숲 쪽 골짜기 사이에 몇 떼기의 논이 있는데, 맨 꼭대기 논 위쪽에 불상 바위가 있다.

담양 오룡리 석불입상

담양군 무정면 오룡리 외당마을의 동쪽 도로변에 위치한 불상으로 전체 높이 3.5m, 불상 높이 2.7m다. 하나의 돌에 불신과 광배를 고부조로 조각했다. 어색한 비례에 수법상 세련미가 다소 떨어지지만 고부조로 조각하여 거의 원각상처럼 보인다.

소발에 육계가 둥글게 솟았고 상호는 후덕하고 원만해 보인다. 입술은 돌출되었고 코가 유독 작은

데, 아이 없는 여인들이 훼손한 것이다. 귀는 길어서 어깨까지 닿았고 짧은 목에는 삼도가 표현되었다. 통견의 법의에 옷자락은 U자형 옷 주름을 흘리는데 다리 아래까지 도식화되었다. 왼손을 들었고 오른손은 내려 몸에 바짝 붙였는데, 손 모양이 보통의 불상과는 반대이다. 왼손은 보수한 흔적이 보인다. 대좌는 자연석을 다듬은 긴 타원형인데, 하단 중앙에 단을 만들어 광배를 끼웠다. 전하는 말에 의하면 이 불상은 고려시대에 몽골군과 싸우다가 죽은 승려들의 넋을 기리기 위해 조성한 불상이라고 한다. 불상 주변에서 기와 조각이 발견된 것으로 보아 옛 절터였음을 알 수 있다.

• 주소 : 전라남도 담양군 무정면 오룡리 산 38 / 무정면 오룡공원 옆, GS주유소에서 도로 건너편에 있다.

장성 원덕리 미륵석불

장성군 북이면 원덕리에 있는 고려시대의 불상으로 높이 5m다. 장방형의 돌로 하반신을 구성하고 별석을 얹어 가슴부터 머리까지 조각했다.

머리에는 옥개석과 같은 팔각 보관을 썼는데 이런 형태는 충주 미륵리 석불입상, 신복

사지 석불좌상 등 고려시대의 석불에서 흔히 볼 수 있는 모습이다. 얼굴은 납작한 원반형으로 나발과 눈을 간략히 선각 처리했다. 눈이 매우 크고 눈동자를 점으로 찍은 듯하여 해학적인 느낌이 든다. 코는 윤곽만 표시했고 입술은 크고 두툼한 편이다. 목에는 형식적인 삼도가 표현되었고 양어깨는 좁아 보인다. 왼손은 가슴 앞에 댔고 오른손은 아래로 내렸다. 통견의 법의에는 가슴 아래로 의미 없는 양각 선이 반복되고 있다. 전체적인 모습이 거대한 석상형 석불로 마치 돌하르방이나 장승처럼 느껴진다.

이 미륵불은 6·25전쟁 때 영험을 보인 적이 있다고 한다. 당시 이곳을 지나던 인민군 병사 한 명이 미륵을 발견하고 얼굴을 향해 총을 쏘았는데 5리도 못 가 사거리에서 피를 토하고 죽고 말았다. 그러고 나서 며칠 후, 원덕마을의 한 어머니가 갑자기 코가 아파 백방으로 약을 구해보았지만 좀처럼 낫지 않았다. 평소 불심이 깊던 어머니는 꿈속에서 미륵을 보고 아들에게 미륵불을 찾아가 불공을 드리라고 했다. 이에 미륵불을 찾아간 아들은 미륵불의 코가 깨져 있고 그곳에 박힌 총알을 발견했다. 아들이 총알을 빼내주었고 그 뒤 어머니의 병은 씻은 듯이 나았다.

• 주소 : 전라남도 장성군 북이면 원덕리 36-1

장성 봉정사 석조여래입상

하나의 돌에 불신을 새기고 대좌는 별석으로 조성했다. 불상은 파손이 심한 편이지만 봉정사의 연혁을 알 수 있는 유일한 자료다. 인근의 영광 신천리 삼층석탑과 함께 당시의 조각사를 연구하는 데도 귀중한 자료로 평

가된다.

봉정사는 태고종 소속의 사찰로『장성군 마을사』에 1402년(태종 2년) 창건되었다고 전하지만 이 석불로 미뤄볼 때 고려 중기 이전에 창건되었을 것으로 추정된다. 임진왜란 때 소실되었다가 1643년(인조 21년)에 중건했고 6·25전쟁 때 불탔다가 대웅전, 삼성각, 요사채 등이 재건된 단출한 사찰이다.

• 주소 : 전라남도 장성군 삼계면 신기리 산 131

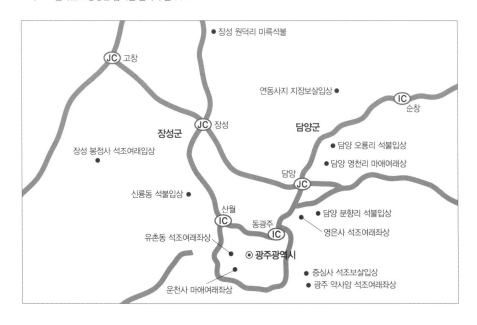

02 구례·곡성·화순

구례 사성암 마애여래입상

구례에서 남쪽으로 2km쯤 떨어진 오산 꼭대기에 그림 같은 암자가 자리잡고 있다. 544년
(백제 성왕 22년)에 연기조사가 창건했다고 전해지는 암자인데 네 명의 고승, 즉 원효·도
선·진각·의상이 수도했다고 해서 사성암이라 불렸다. 구례 사성암 마애여래입상은 높이
20m 남짓한 암벽에 조성한 것으로, 지금은 약사전을 봉안해 모시고 있다. 『삼국사기』에
의하면 이 불상은 선정에 든 원효가 손톱으로 그린 것이라고 한다.

소발의 머리에 육계가 솟아 있는데 전체 높이는 3.9m다. 불상 뒤에 광배가 표현되었고,
머리 주위에도 두 줄의 원형 두광이 보인다. 상호는 원만하고 눈과 양미간, 코와 입 등은
간략히 선각 처리했으며 목에는 삼도가 있다. 오른손을 들어 엄지와 중지를 맞댔고 왼손을
펴서 가슴 앞에 댄 아미타수인을 취하고 있다. 법의는 통견으로 옷 주름은 전체적으로 물
결무늬를 이루는데, 왼쪽 어깨의 옷 주름은 촘촘한 격자무늬이다. 양감 없이 음각한 불상
이지만, 얼굴에서 풍기는 인상과 파상문 등이 빼어난 작품으로 평가된다.

사성암을 품고 있는 오산은 높지 않지만 풍월대, 망
풍대, 신선대 등 12비경이 펼쳐진다. 금강산 보덕암

을 빼닮았다고 하는 사성암 그 자체로도 한 폭의 그림이다. 암자 앞에 서면 탁 트인 구례의 전경을 시원스레 조망할 수 있다.

- 주소 : 전라남도 구례군 문척면 죽마리 산 7 / 암자로 오르는 길은 3km쯤 되는데 매우 가파르므로 조심해서 운전해야 한다. 낮 시간대에는 아래쪽 주차장에서 셔틀버스를 운행한다.

구례 대전리 석불입상

구례 대전리 상대마을 북쪽 저수지 위쪽의 '미륵골'에 있는 불상이다.

불상은 상호의 눈, 코, 입 등이 결실되고 심하게 마모되었지만 달걀형으로 온화한 모습이다. 입가에 살짝 파인 볼우물이 미소를 띠고 있다. 나발과 양미간이 좁아 이마가 좁아 보이고 귀는 긴 편이며 삼도는 흔적만 엿보인다. 통견의 법의는 양어깨에서 팔목까지 밀집선이 반복된다. 팔목에서 흘러내린 옷자락이 무릎 아래까지 늘어졌다. 상체에서 내려온 U자형이 두 다리 사이에서 Y자형을 이루며 대칭적인 무늬를 형성

하고 있다. 수인은 지권인의 변형처럼 보인다.

나발과 육계, 법의의 옷 주름 등은 고려시대 것이지만, 통일신라시대의 양식도 엿보이는 작품이다. 바로 옆에는 무릎을 굽히고 앉은 공양상이 딸려 있고, 주변에 두 개의 돌기둥이 남아 있으며, 가로세로 약 6m의 낮은 돌담을 쌓아 석불을 보호하고 있다.

• 주소 : 전라남도 구례군 광의면 대전리 산 46

석곡리 석불입상

곡성군 석곡면 석곡리의 석곡중학교와 호남고속도로 사이의 중간 논 지점에 남쪽으로 서 있는 불상이다. 주변 논보다 높게 단을 조성했는데 불상의 발목 아래는 매몰되어 있다. 전체 높이 300cm, 광배 110cm의 큰 불상으로 두광과 불신을 하나의 돌에 돋을새김했다. 마멸되어 세부 수법은 파악하기 힘들지만 체구가 건장하고 민머리 위의 머리묶음, 목의 삼도 등이 비교적 뚜렷하다. 통견의 법의를 걸쳤으며 굵은 옷 주름이 양팔로 흘러내렸다. 원형의 두광에는 아무런 무늬도 보이지 않는다. 전체적인 표현 수법상 고려시대의 거대화한 지방 석불상으로 보인다.

옛날 한 부잣집에 도승이 시주를 왔는데, 시아버지의 반대를 무릅쓰고 며느리가 몰래 곡식을 내주었다. 이때 도승이 "이 집안에 곧 재앙이 있을 것이니, 급히 북쪽으로 피난을 가되 절대 뒤를 돌아보지 말라"고 했다. 그 후 천둥이 치고 뇌성이 울리자, 함께 달아나던 부부가 서로를 찾다가 뒤를 돌아보고야 말았다. 그러자 남편은 죽산리 돌미륵으로, 아내는 아이를 업은 채 석곡리 미륵으로 변했다는 것이다.

• 주소 : 전라남도 곡성군 석곡면 석곡리 282-1

곡성 죽산리 석불입상

당동리 미륵암에 봉안된 석불로 지대석과 대좌까지 갖춘 불상인데 목 부분이 절단되어 시멘트로 봉합해 놓았다. 육계는 파손되었고 소발에 백호는 없다. 눈은 지그시 감았고, 코는 떨어져 나가 시멘트로 보강했으며, 귀는 짧고 삼도의 흔적이 보인다. 두 손은 가슴에 모았는데 법의가 덮고 있어 수인은 알 수 없다. 석곡리 미륵불과 함께 부부미륵이라 불린다.

• 주소 : 전라남도 곡성군 석곡면 죽산길 115-33(죽산리 236)

곡성 전화장사지 석불좌상

당동리에 모셔져 있지만 한적골의 화장사지에서 옮겨온 불상이라 '곡성 전화장사지 석불좌상'이라 불린다. 전체 200cm의 불상으로 대좌의 연꽃무늬, 법의와 넓고 높은 무릎 등의 표현에서 고려시대 작품으로 보인다.

한때 도난 사건을 당해 목이 부러지는 등 심하게 훼손

되었다. 원래는 소발에 육계가 있고 삼도가 있었다고
전해온다. 통견의 법의에 가슴에서 배 부분까지 U자
형 옷 주름이 반복된다. 수인은 항마촉지인이다. 대
좌는 앙련의 상대석과 복련의 하대석을 갖추었다.

옆에 함께 봉안한 불상은 당동리 석조여래좌상이다.
크기까지 똑같은 고려시대의 작품으로, 좌우 어깨와
등에 불상을 돋을새김하여 사면석불을 형상화했다.
현재 대좌의 중대석이 결실된 상태인데, 원래는 중앙
에 보탑(寶塔)을 안치하고 좌우로 공양하는 보살상의
하나로 조성한 것이라고 한다. 사면석불로는 국내에
서 희귀한 사례여서 학술적 가치가 높다.

• 주소 : 전라남도 곡성군 죽곡면 당동리 460

화순 운주사 석불군

하룻밤에 천불천탑(千佛千塔)을 완성하려 했지만 미처 와불을 일으켜 세우기 전에 새벽닭이
울어 천지개벽을 이루지 못했다는 전설을 간직한 운주사. 신라 말에 도선국사가 창건했는
데, 우리나라의 지형을 배로 보고 선미에 해당하는 호남에 영남보다 산이 적어 배가 한쪽으
로 기울까 염려하여 이곳에 천불천탑을 조성했다고 한다. 임진왜란 당시 법당을 비롯해 많
은 석불과 석탑이 훼손되었는데 18세기 들어 수리하고 중건했으며, 그 후 여러 사람의 시

주와 중창불사를 통해 오늘에 이르고 있다. 1942년
까지만 해도 석불 213좌와 석탑 30기가 있었다고 하
는데 지금은 석탑 12기, 석불 70기만 남아 있다. 이

정도만으로도 국내 최대 규모다. 늘어선 삐뚜름한 탑들과 툭툭 발길에 차일 듯한 돌부처들이 모두 정교하거나 세련되지는 않아도 흡사 우리네 모습처럼 정감 있는 공간이다.

불상은 10m가 넘는 거불부터 자그마한 소불에 이르기까지 다양하다. 모두 투박하고 사실적이며 친숙한 모습이다. 현재 구층석탑과 석조불감, 원형다층석탑은 보물 문화재로 지정되었고 연화탑과 굴미륵석불, 부부와불(夫婦臥佛) 등도 빼놓을 수 없다. 절 곳곳에 배치된 탑과 석불들을 하나하나 둘러보면서 대웅전 뒤편의 공사바위에 올라서면 일주문을 향해 죽 늘어선 돌탑들이 한눈에 바라보인다.

잘 알려진 부부와불은 천불천탑 중 마지막 불상으로 길이 12m, 너비 10m의 바위에 나란히 누워 있는 모습이다. 이 불상을 일으켜 세우면 세상이 바뀌고 1,000년 동안 태평성대가

이어진다고 한다. 천불천탑을 세우고 난 도선이 마지막으로 이 와불을 일으켜 세우려 했지만 새벽닭이 울어 그대로 놔두고 말았다는 전설의 주인공이다. 전설을 떠나, 좌불과 입상 형태의 불상이 누워 있는 것은 전 세계에서 유일하다고 한다.

• 주소 : 전라남도 화순군 도암면 대초리 산 115

화순 대리 석불입상

돌기둥 모양의 자연석을 사각형으로 다듬고 전면에 얼굴을 돋을새김하고 턱 아래는 선각 처리했다. 상호는 사각형에 가깝고 육계와 삼도는 표현되지 않았다. 예리한 눈썹과 눈, 넓적한 코, 일자형 입술을 묘사했다. 턱과 목이 구분되지 않고, 목 부분이 곧바로 어깨와 연결되는데 조선 후기의 석장승에서 흔히 볼 수 있는 양식이다. 형식화된 옷 주름에 오른손은 가슴에 댔고 왼손은 배 아래에서 연꽃을 들었다. 그 모습을 보아 관세음보살이라고 할 수 있지만 보관이 없어 분명치는 않다.

석불이 자리한 곳은 옛날에 보성과 화순을

지나는 길목으로, 사찰의 불상을 길거리에서도 쉽게 접할 수 있도록 기복과 동리의 안녕을 비는 민불로 조성한 듯하다. 주변에서 절터의 흔적은 발견되지 않았지만 동쪽으로 500m 쯤 떨어진 곳에 진각국사의 탄생 설화와 관련된 학서정이 있다.

• 주소 : 전라남도 화순군 화순읍 대리 335 / 경전철이 지나는 건널목에서 논 쪽을 살펴보면 느티나무 아래에 불상이 조성되어 있다.

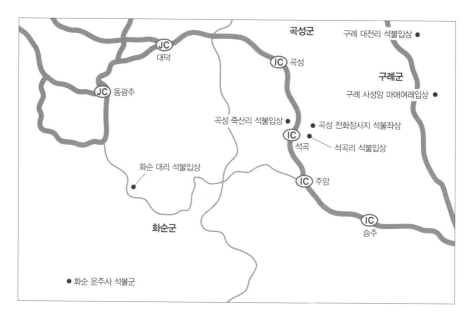

순천 행정리 석불입상

순천시 주암면 행정저수지 아래
쪽의 당산나무 밑에 있는 미륵
불이다. 왼쪽 어깨부터 오른쪽
허리 아래까지 마치 톱으로 잘
라낸 듯 두 동강이 나 있다. 파
손된 채 방치되어 있지만 불상
을 돌보려는 손길이나 복원하려
는 노력은 보이지 않는다.

마멸되어 윤곽만 알아볼 수 있을 뿐 세부적인 표현은 파악하기 힘들다. 버려지듯 바닥에 누
워 있는 불신 상체의 상호는 장방형에 가깝다. 눈을 치켜떴고 입은 작게 묘사했다. 직각을
이루는 어깨선, 법의의 옷 주름도 매우 단순하여 조선시대의 민불처럼 보이기도 하지만 육
중한 형태 면에서는 고려 후기에 제작된 것으로 추정
된다. 불두의 높이는 82cm, 전체 높이는 180cm다.

불상 옆의 느티나무도 당산목으로 보이고, 불상도 민간에서 조성한 미륵불로 보인다. 주민들은 행정리 석불은 남성이며, 근처의 창촌리 석불과 부부라고 믿고 있다.

• 주소 : 전라남도 순천시 주암면 행정리 1100 / 행정버스정류장에서 냇물을 건너 밭 가운데에 서 있는 느티나무를 찾으면 된다.

창촌리 석불입상

순천시 주암면 창촌리의 밭 가운데에 조성한 불상으로 높이는 1.5m다.

둥글고 원만한 얼굴에 눈을 약간 치켜떴고 입은 작게 묘사했다. 귀는 얇고 불신에 비해 두꺼운 목에는 희미한 삼도가 보인다. 양어깨에 걸친 옷은 가슴 아래에서 U자형으로 흘렀고, 오른팔 아래에서 띠 매듭이 지나간 형식이 독특하다. 두 손은 아래로 내려 손바닥을 밖을 향했는데 오른손은 과장되어 보인다.

하반신이 땅속에 묻혀 있고 전체적인 균형감이 떨어져 보이지만 고려 초기의 작품으로 추정된다. 행정리 석불의 부인으로 모셔지며, 호환을 막기 위해 풍수의 비보책으로 조성했다고 전해온다.

• 주소 : 전라남도 순천시 주암면 창촌리 425

순천 금둔사지 석조불비상

순천시 낙안면 금전산의 서쪽, 낙안읍성이 바라보이는 금둔사에 삼층석탑과 함께 봉안되어 있다. 전체 높이 310cm, 불상 높이 210cm로 보물 제946호로 지정되었다. 지붕 모양의 보개와 대좌를 갖춘 불상으로, 직사각형의 평평한 돌에 조각하여 마치 거대한 비석처럼 보인다.

민머리에 낮은 육계가 솟아 있고 상호는 원만해 보인다. 신체에는 우아한 굴곡이 있어 볼륨감이 느껴진다. 통견의 법의에는 평행한 옷 주름이 보인다. 두 손은 가슴에 들어 오른손은 엄지와 중지를 맞댄 시무외인의 변형된 수인을 지었고, 왼손은 옷자락을 잡았는데 손가락이 유연하게 표현되었다. 대좌에는 연꽃잎이 새겨져 있다. 조금 엄숙해 보이는 인상과 옷자락 등의 표현에서 통일신라시대의 특징을 엿볼 수 있다.

금둔사의 창건 연혁은 불분명하고 1984년 지허가 불사를 일으켜 오늘에 이른다. 현재 대웅전, 태고선원, 유리광전, 약사전, 설선당, 산신각, 범종각 등을 거느리고 있으며 석조불비상 앞의 금둔사지 삼층석탑은 보물 제945호로 지정되어 있다. 금둔사의 홍매화 '납월매(臘月梅)'도 유명한데, 납월은 음력 섣달을 가리키는 말로 한겨울에 가장 빨리 봄을 알리는 매화나무가 이곳에 있다.

• 주소 : 전라남도 순천시 낙안면 상송리 산 2-1

220

보성 반석리 석불좌상

보성군 복내면 서쪽 약 2km 지점의 반곡과 장발터 마을 사이에 있는 불상이다. 주민들은 이곳을 '미륵댕이'라고 부른다. 높이 160cm의 좌불은 상호가 원만한데 턱 부분이 좁아 길쭉한 느낌이 든다. 소발의 머리 위에 육계가 높고, 두 눈은 움푹 파여 있으며, 콧날이 오뚝하고 입은 자연스럽다. 양쪽 귀는 적당하며 목에는 두 줄로 삼도를 표현했다. 법의는 우견편단으로 왼쪽 어깨에서 오른쪽 가슴으로 옷 주름이 흘러내린다. 수인은 항마촉지인을 지었다. 주형거신광의 광배에는 두광과 신광을 양각했다. 두 줄의 원으

로 두른 두광에는 단엽 13판의 연꽃무늬를 돌렸고 신광은 둥글게 한 줄로 표현했다.
균형을 잃은 팔, 옷 주름의 무늬, 광배와 두광 안의 연꽃무늬 등에서 고려 중기에 조성한 것으로 보인다.

• 주소 : 전라남도 보성군 복내면 반석리 520 / 주변에 한국천연염색공예관이 있다.

유신리 마애여래좌상

율어저수지 아랫마을에서 존제산으로 향하는 길목에 위치한 일월사 경내에 봉안된 마애불이다. 널려 있는 대형 암반 중 맨 아래쪽 암벽에 부조로 양각되었다.
결가부좌한 불상의 머리는 소발이고 육

계가 있다. 상호는 원만하고 두 귀는 길게 늘어졌는데, 심하게 마멸되어 이목구비는 물론 불신의 세부적인 면모를 파악하기 힘들다. 자료에 의하면 아미타불이라 하고 법의도 독특하다는데 알아보기 힘들다. 광배와 대좌도 전체적인 윤곽만 남아 있다.

원래 이곳은 통일신라 때 존제사의 절터라고 전해지는데, 특이한 유물 없이 기와 조각만 발견되었다. 이 불상으로 인해 예로부터 '미륵등'이라 불렸으며, 스님들을 공양하는 쌀뜨물이 계곡의 물 색깔을 바꿀 정도로 큰 절이었다고 한다. 지금도 일월사 경내에는 마애불을 포함해 장군바위, 칼바위, 삽살개바위 등 특색 있는 바위가 널려 있다. 그중 '복돼지바위'는 영험하기로 유명한데 학업, 취업, 건강, 득남 등 한 가지 소원은 꼭 들어준다고 한다.

• 주소 : 전라남도 보성군 율어면 유신리 125

고흥 용산리 석조보살좌상

고흥의 두원면사무소에서 남쪽으로 약 500m 떨어진 야산에 서쪽으로 서 있는 불상이다. 하나의 돌에 불상과 좌대석을 조각했는데, 마치 법주사 마애여래상처럼 대좌에 걸터앉은 듯 독특한 자세를 취하고 있다.

불두가 일부 훼손되었지만 보관을 썼고 연주문 같은 띠를 둘렀으며 전면 중앙에 화불 1구가 조각되어 있다. 얼굴은 갸름하면서도 풍만하고 이목구비는 다소 둔중해 보인다. 상호가 마모되었지만 눈과 눈썹은 조용한 선정의 분위기를 풍긴다. 코는 훼손되었고 양쪽 귀는 크고 묵직하다. 법의는 편단우견으로 옷 주름은 도식화되었다. 왼팔은 구부려 배 아래에 두었는데 소맷자락이 도포처럼 넓다. 오른

손은 주먹을 쥔 채 구부린 무릎 위에 두었다. 우람한 체구에 주먹을 쥔 왼팔이 과장되게 커 보인다. 굵은 어깨와 팔뚝에 비해 손은 작고 허리도 가늘어 균형감이 떨어진다.

의자에 앉은 모습, 관에 새겨진 화불, 특이한 손 모양 등에서 고려시대에 만들어진 미륵보살로 추정된다.

- 주소 : 전라남도 고흥군 두원면 용산리 산 143 / 용산리와 학곡리의 중간 지점에 자리하고 있다. 두원면사무소에서 고흥 방면으로 금계 삼거리를 지나 우측을 살펴보면 '문무정 입구' 입석과 함께 입간판이 보인다.

성불사 석조여래입상

고흥군 도화면 봉룡리의 성불사 미륵전에 봉안된 불상이다. 하나의 돌에 광배와 불상을 조각했는데 높이는 354cm, 광배 폭은 175cm다.

원만한 상호에 머리는 소발이며 육계가 도톰하다. 목에는 희미한 삼도가 보이고 법의는 통견으로 처리되었다. 키에 비해 어깨가 좁고 광배에 비해 불상이 왜소하여 균형미가 떨어진다. 아미타여래상으로 조성한 듯하다.

성불사가 자리를 잡은 곳은 봉동마을의 '미륵골'이다. 1970년대 도화면의 봉동·봉서·고당에 살고 있는 주

민들의 꿈에 나타나 이곳 밭 가운데에 넘어져 있던 불상을 발견했고, 당시의 마을 이장과 3개 마을 주민들이 함께 일으켜 세웠다고 한다. 그 후 고흥에 사는 한 보살의 원력으로 보호각을 지어 성불사라 했고 1988년에 미륵전을 지어 봉안했다.

- 주소 : 전라남도 고흥군 도화면 봉룡리 1124-1

정토사 석조여래입상

고흥군 풍양면 율치리의 정토사 경내에 있는 불상이
다. 잃어버린 불두는 새로 조성했고, 절단된 하반신도
봉합했다. 법의는 불분명한데 하반신에 일정한 간격의
옷 주름이 조금 보인다. 왼손은 가슴 부분에 올리고 오
른손은 아래로 내렸다. 머리에 갓을 씌운 것으로 보아
고려 후기나 조선 초기에 조성한 미륵불로 추정된다.

• 주소 : 전라남도 고흥군 풍양면 풍남로 79(율치리 28)

04 나주·함평·무안·영광

나주 만봉리 석조여래입상

나주시 봉황면 만봉리의 만봉저수지에서 서쪽으로 500m쯤 떨어진 곳에 있는데, 근래에 요사채를 겸한 암자가 꾸며져 모시고 있다.

하나의 돌에 끝이 뾰족한 광배를 만들고 그 위에 여래입상을 돋을새김했다. 불꽃무늬가 새겨진 광배와 불신의 비례가 완벽하다. 무릎 아래는 땅속에 묻혀 있는데 노출된 전체 높이는 2.3m다.

민머리에 육계가 커 보이고 둥글고 원만한 상호에 살짝 감은 눈, 잔잔한 미소를 띤 입, 길게 늘어진 귀를 표현했는데 친근하고 푸근한 얼굴이다. 통견에 U자형 옷 주름이 무릎까지 흘러내린다. 오른손은 시무외인을, 왼손은 여원인을 지었다.

둥근 어깨와 양감 있는 가슴, 잘록한 허리의 굴곡에서 통일신라시대의 사실적인 기법을 계승한 고려 전기의 작품으로 보인다.

• 주소 : 전라남도 나주시 봉황면 황치길 8-3(만봉리 361)

미륵 로드 | 전남권 225

나주 심향사 석조여래좌상

심향사는 통일신라시대에 원효가 창건했다. 1358년(고려 공민왕 7년)에 중수하고, 1789년(정조 13년)에 몽수가 중창했다. 처음 이름은 미륵원이었지만 신왕사로 바뀌었고, 다시 지금의 신향사가 되었다. 1976년 미륵전에서 1789년(정조 13년)에 쓰인 '신황사 용화전 상량문'이 발견되어 조선시대에는 신황사라 불렸고, 현재의 미륵전 역시 용화전이었음을 알 수 있다. 따라서 심향사 석조여래좌상은 조선시대에 용화전의 본존불로 조성되었을 가능성이 높다.

불상은 갸름한 얼굴에 소발의 육계가 봉긋하다. 오른손은 무릎 아래로 내려 항마촉지인을 결했고 왼손은 선정인을 취했다. 법의는 오른쪽 어깨에서 팔로 흘러내린 옷자락이 왼쪽 가슴의 옷과 분리된 점에서 편단우견으로 보이고 오른쪽에 별도의 편삼을 걸쳤음을 알 수 있다. 오른쪽 가슴에서 왼쪽 어깨 위로 균일한 옷

주름이 잡혀 있고 각진 무릎 아래로 반원형의 주름이 흘러내린다. 길쭉한 신체에 넓은 어깨와 무릎에서 안정감이 느껴지고, 편단우견에 편삼을 입은 착의법, 항마촉지인 등이 통일신라에서 고려 전기에 걸쳐 유행하던 형식이다.

• 주소 : 전라북도 나주시 건재로 41-1(대호동 824)

나주 철천리 마애칠불상과 석불입상

나주시 봉황면 철천리의 미륵사 대웅전과 삼성각 위에 원추형 불상과 대형 불입상이 서 있다. 보물 제461호로 지정된 나주 철천리 마애칠불상과, 제463호인 나주 철천리 석불입상

이다.

사각에 가까운 원추형 바위에 불상을 부조했다. 동쪽 면에 좌상 1구와 북쪽 면에 좌상 1구가 합장하고 있다. 남쪽 면에는 형태가 비슷해 보이는 입상 4구가 있다. 서쪽 면에도 2구가 있었는데 일제강점기에 도난당했다고 한다. 따라서 현재는 7불이지만 서쪽 불상까지 합하면 9불로 조성한 셈이다. 꼭대기에도 동자상(童子像)이 있었다고 하는데 찾아볼 수 없다. 불상들의 세부적인 표현은 거의 비슷하다. 소발에 육계가 있으며 갸름한 얼굴이다. 신체는 굴곡 없이 밋밋하며 경직된 자세와 간략한 표현 등 도식화된 모습이다. 불상의 발밑에는 약간 돌출된 부분을 마련하여 대좌를 대신하고 있다. 독특한 원추형 바위에 사방불의 특징을 보여주는 귀중한 자료로 평가된다.

석불입상은 높이 5.4m의 대형 불상으로 불신과 광배가 하나의 돌에 조각되었다. 머리는 소발에 육계가 크고 통통한 얼굴은 사각형에 가깝다. 눈과 코가 큼직하고 입가에는 미소를 띠고 있다. 귀는 짧고 목의 삼도는 도식적이다. 불신이 당당하고 중량감이 넘치지만 어깨가 부자연스럽고 탄력감도 부족해 보인다.

• 주소 : 전라남도 나주시 봉황면 칠천리 산 124-11

함평 해보리 석불입상

함평읍 함평군민회관 앞에 있는 석불로 높이는 292cm다. 원래는 해보리 산 61번지의 파평 윤씨 종중산에 있었는데 이곳으로 옮겨왔다.

광배와 대좌를 갖춘 입상으로 보존 상태가 양호한 편이다.

소발의 머리에 육계가 높고 달걀형 얼굴은 온화해 보인다. 상호는 매우 사실적인데, 특히 인중의 확실한 표현, 은은한 미소와 얼굴의 적당한 양감은 상당히 고식적이다. 활 모양의 눈썹과 약간 치켜 선 눈초리 등은 고려시대 이후의 모습이다. 귀는 길게 늘어졌고 목에는 삼도가 보인다. 법의는 우견편단인데 어깨를 걸쳐 내려오는 옷 주름은 다소 도식적이다. 수인은 두 팔을 구부려 가슴 앞에서 역V자형으로 모아졌는데, 오른손이 왼손을 감싸 쥔 지권인의 변형이다. 자연석을 다듬어 조성한 대좌 위쪽에는 연꽃잎을 장식했고, 전면에는 몸체와 연결되는 발등과 발가락을 조각했다. 광배는 주형거신광으로 두광에는 두 줄의 원형 띠를 두르고 그 주위로 불꽃무늬를 장식했다. 불상을 조성한 시기는 고려 초기로 추정된다.

• 주소 : 전라남도 함평군 함평읍 남일길 52(함평리 154-1)

무안 약사사 석불입상

무안 약사사에 봉안된 석불로 높이는 315cm다. 석불은 대좌가 없고 소발에 육계도 보이지 않는다. 반쯤 뜬 눈에 코와 입은 도식적으로 표현되었다. 귀는 넓적하고 긴 편이며 짧은 목에는 삼도가 있다. 통견의 법의는 어깨에서 거의 수직선을 이루고, 팔에

서 흘러내린 옷 주름은 물결을 이루면서 층단을 형성
하고 있다. 오른손은 아미타여래의 수인을 취했고,
왼손은 큰 항아리 모양의 지물을 든 약사여래불이다.
원형의 두광은 최근에 만들어 끼운 것이다. 전체적으
로 투박하고 상호가 경직되었으며 지방 색채가 강한
불상이다.

약사사는 918년(고려 태조 1년)에 창건되어 남악사라
불렸다고 전해온다. 그 터에 1972년 대우사가 지어
졌고, 1983년에 중창하여 약사사가 되었다.

• 주소 : 전라남도 무안군 무안읍 대사동길 15(성동리 842-9)

영광 설매리 석조불두상

영광 설매리 서고마을의 '미륵골'에 있다. 높이
420cm, 너비 120cm의 자연석 위에 불두만 조각해
올려놓았다. 높이 190cm의 대형 불두상으로 매우 희
귀한 사례다. 누구나 불상을 찾아가 소원을 빌면 이
루어진다는 전설이 있다.

얼굴은 네모나고 약간 넓으며 눈은 반쯤 떠 명상에 잠
긴 듯하고 매우 근엄하고 장중한 느낌을 준다. 소발
의 머리 위에 큰 육계가 있으며 눈두덩이 유난히 크고
이마는 좁아 보인다. 곧은 코에 입은 다물었으며 기
다란 귀는 목의 중간까지 내려왔다. 목 부분 밑쪽에

꼭지가 달려 있는데, 불두를 안전하게 고정시키기 위한 것으로 보인다. 명상에 잠긴 듯한 큰 얼굴 등 조각 솜씨가 탁월해 예술적·학술적 가치가 매우 큰 나말여초 때의 작품이다.

• 주소 : 전라남도 영광군 군남면 설매리 산 59-3

영암 도갑사 석조여래좌상

영암 도갑사의 미륵전에 봉안된 석불로, 불신과 광배를 하나의 돌에 마애불 같은 기법으로 조각했다. 결가부좌한 불상은 항마촉지인을 취하고 있다. 머리에 작은 소라 모양의 머리카락이 붙어 있고 정수리에는 상투 모양의 육계가 큼직하다. 타원형의 얼굴에 도드라진 눈두덩, 넓적한 코, 두터운 입술은 강건하면서도 온화한 미소를 띠고 있다. 넓은 어깨, 평평한 가슴, 단순화한 몸의 굴곡 등은 조금 경직된 모습이다. 우견편단의 법의는 투박한 선으로 옷 주름 몇 가닥을 표현했다. 타원형의 광배에는 연꽃무늬가 새겨져 있고, 꼭지와 머리 양옆에 화불을 장식했다. 경직되고 형식화된 수법이지만 얼굴에서는 훈훈한 정감이 느껴지고 고려 중기의 작품으로 추정된다.

신라 말 도선국사가 창건한 도갑사는 1456년(세조 2년)에 수미가 중건했다. 한때는 전체 규모가 966간이나 되고 상주하는 승려도 730명에 이르렀지만 임진왜란과 6·25전쟁을 겪으면서 많은 건물이 불타버렸다. 지금도 대웅전 뒤쪽 3,300㎡가 넘는 빈터에 군데군데 주춧돌이 박혀 있고, 5m에 이르는 석조 등에서 웅장했던 옛 사세를 엿볼 수 있다. 국보 제50호인 도갑사 해탈문은 현존하는 최고의 건축물이며 대웅보전,

도선국사비, 명부전, 팔각석등대석, 삼층
석탑, 오층석탑 등 많은 문화재를 소유하
고 있으며 도선국사와 수미대사의 영정이
봉안되어 있다.

• 주소 : 전라남도 영암군 군서면 도갑리 4

영암 망월사 석불좌상

영암 망월사의 약사전에 봉안된 불상으로 32cm나 되는 두
꺼운 돌에 양각한 여래불이다. 1920년대에 인근에 있는
망월산에서 이곳으로 옮겨왔다. 불신 후면에는 주형 광배
가 있고 현재 시멘트로 된 직사각형의 대좌 위에 안치되어
있다.

민머리에 상투 모양의 육계가 솟아 있고, 평면적인 얼굴에
코는 인위적으로 깎은 듯하고 입은 형식화되었다. 목에는
삼도가 뚜렷하고 통견의 법의에 옷 주름을 듬성듬성 묘사
했다. 오른손은 우측 무릎 가장자리에 댔고, 왼손은 가슴
위에서 보병을 감싸 쥔 듯한 모습이다. 대좌에는 연꽃무늬
가 없으며 두광에는 불꽃무늬의 흔적이 보인다. 이목구비
의 불균형, 경직된 어깨의 표현, 팔과 무릎의 도식화 등에서 고려 말기의 불상으로 보인다.

망월사는 1777년(정조 1년)에 백운이 창건했으며, 1934년에 서봉이 중건하고 1990년대에 불사를
진행하여 오늘에 이른다. 당우는 미륵전과 산신각, 요사채 등이 있다.

• 주소 : 전라남도 영암군 신북면 이천리 산 159-7

몽해리 석불입상

영암군 서호면 몽해리 복다회마을에 있는 수호불로, 마을 남서쪽의 야트막한 '미륵등'에서 마을을 바라보고 있다.

입자가 거친 판석의 한쪽 면에 선각했는데, 오랜 세월 깎이고 떨어져서 정확한 형상을 알아보기 힘들다. 원형의 두광을 갖추었고 육계가 높으며 귀를 크게 표현했다. 흔적만 엿보이는 얼굴에 목은 생략되었고 신체 윤곽만 간신히 알아볼 수 있다.

• 주소 : 전라남도 영암군 서호면 몽해리 / 복다회마을 길가의 축사 뒤편 민묘 위쪽에 있다.

영암 학계리 석불입상

영암군 학계면 학계리에 있는 석불로 높이는 4m다. 학계리 광암마을 입구에 자리하고 있다. 석불을 보호하기 위해 마을의 현씨 문중에서 정면 한 칸, 측면 한 칸의 사모집을 지어 봉안했다.

직사각형의 화강암에 마애불처럼 양각했는데, 얼굴 왼쪽에서 팔꿈치 부분까지 일부가 'ㄴ'자 모양으로 떨어져 나갔다. 머리는 소발에 육계는 보이지 않는다. 타원형에 가까운 얼굴은 움츠러든 모습이다. 왼쪽 눈만 희미할 뿐 오른쪽 눈과 눈썹은 마모되었다. 코는 오뚝하지만 콧방울은 보이지 않고 인중도 짧다. 입이 작고 상호의 풍만함도 느껴지지 않는다. 귀는 평면적으로 처리되었고 짧은 목에 삼도가 없으며, 옷 주름도 대부분 마모되어 가슴 부위에서만 조금 보인다. 오른손은 아래로 내렸고 왼손은 펴서 오른쪽 가

슴 부위를 감싸고 있다.

전체적으로 매우 형식화되었고, 조각 기법의 세련미나 불상으로서의 위엄은 찾아볼 수 없다. 그렇지만 해마다 정월 보름에 주민들이 제사를 지내왔다는 점에서 마을의 안녕과 기복을 비는 민불로 조성한 듯하다.

이 석불에 얽힌 이야기가 있다. 조선 선조 때 이 마을에 정씨 부자가 살았는데, 슬하에 자식이 없다가 뒤늦게야 아들 하나를 얻게 되었다. 그러나 이 자식 또한 대를 잇지 못하자 혈육을 남기지 못하게 된 것을 한탄하며 높이 15척의 미륵불을 조각했다. 그리고 마을 사람들에게 선행을 베풀며, 논 두 마지기를 미륵불 제수비로 하고 유언으로 제사를 부탁했다. 그래서 학계리에서는 지금도 해마다 이 불상에 제사를 지내온다는 것이다.

• 주소 : 전라남도 영암군 학산면 학계리 368

무위사 미륵석불입상

무위사 미륵전에 봉안된 불상으로 자연석에 가까운 광배를 갖추고 그 전면에 불상을 부조했다. 육계와 머리의 형태가 단발머리형이어서 보통의 불상과 크게 다른 모습이다. 원래

는 성전면 수양리에 방치되어 있었는데 근래에 이곳으로 옮겨왔다. 불상의 하단은 마룻바닥 밑에 들어가 있는데 노출된 높이는 218cm다. 서민적이고 푸근한 인상의 미륵불을 형상화한 것이다.

무위사는 617년(신라 진평왕 39년)에 원효가 창건하고 875년(신라 헌강왕 1년)에 도선이 중창했다. 그 후 몇 차례의 중수와 개창을 거듭하다가 오늘에 이르렀다. 한때는 본 사찰이 23동, 암자가 35개나 될 만큼 큰 절이었다. 하지만 근래까지만 해도 극락전과 명부전이 전부였다가 1974년에 벽화보존각, 해탈문, 분향각, 천

불전, 미륵전 등이 중건되면서 조금이나마 옛 모습을
되찾았다. 무위사의 극락보전은 국보 제13호로 지정
된 세계적인 건축물이고, 내부의 벽화도 조선시대 최고의 걸작으로 평가된다.

• 주소 : 전라남도 강진군 성전면 무위사로 308(월하리 1174)

고산사 석불입상

장흥군 장평면 용강리의 고산사에 있는 고려시대의 석불로 높이는 270cm다. 인적이 뜸
한 산골짜기의 옛 절터에 깨져 땅속에 묻혀 있었는데 1966년에 법당을 짓고 수습하여 봉
안했다.

민머리 위에 육계가 높다랗고 달걀형 얼굴은 풍만해 보인다. 좁은 어깨를 감싼 법의는 수
직으로 이어진다. 손은 양팔을 구부려 가슴 앞에 댔지만 옷 주름에 감춰졌다. 두광은 볼록
한 두 줄로 구분하고 그 안에 연꽃잎을 새겼으며, 신광에도 두 줄의 타원형 띠를 돌려 불상
전체를 감쌌다.

• 주소 : 전라남도 장흥군 장평면 하탑동길 120(용강리 산 29-5)

미륵사 석불

장흥읍과 안량면의 경계인 고갯길 옆 미륵사에 봉안된 석불로 전체 높이 2.4m, 불상 높이 1.6m다. 원래는 논바닥에 방치되어 있었는데 비구니 스님이 이곳에 암자를 세워 봉안했다. '미륵댕이' 라 불리는 곳이지만 정확한 연혁은 알 수 없다.

하나의 돌에 광배를 표현하고 그 전면에 불신을 양각했다. 나지막한 육계에 머리는 나발이다. 길쭉한 상호에 눈과 입은 형식화되었고 입술이 두툼하다. 삼도는 보이지 않고 다소 움츠린 듯하다. 법의는 통견이고 수인은 옷섶에 가려져 있다. 주형 광배에는 두광이 보이지 않고 희미하게 불꽃무늬가 선각되었다.

상호의 추상적인 표현, 어깨선의 둔중함 등에서 인근의 보림사와 천관사 불상의 영향을 받은 고려 후기의 작품으로 추정된다.

• 주소 : 전라남도 장흥군 안양면 남부관광로 297(기산리 632-1)

용화사 약사여래좌상

장흥군 장동면 북고리의 용화사에 있는 약사불로 높이는 2.5m다. 하나의 화강암에 불상과 광배를 조성했는데, 불상 하단이 땅속에 묻혀 있다. 광배가 조금 깨지고 얼굴과 어깨 일부가 부서졌지만 비교적 잘 보존된 편이다. 갸름한 얼굴에 육계가 뚜렷하다. 눈은 반쯤 떴으며, 귀는 어깨까지 내려왔다. 코가 우뚝하고, 목에는 희미하게 삼도가 보인다. 왼손은 약합을 든 자세를 취했고, 오른손은 어깨 부분부터 떨어져 나갔다. 법의는 통견이며 옷 주름은 평행단상으로 배

236

아래에서 군의의 띠와 매듭이 선명하다. 주형 광배에는 복판연화문을 둘렀고 불꽃무늬가
빽빽하다.

• 주소 : 전라남도 장흥군 장동면 석교상방이길 89-114(북교리 산 43)

장흥 전의상암지 석불입상

원래는 제암산 중턱의 폐사지에 있었는데 장흥교도소 앞으로 옮겼다가 1994년에 지금의
보림사 미타전으로 모신 불상이다. 불상의 높이는 183cm다. 광배와 불신을 하나의 돌에
새겼는데 거신광의 광배는 상당 부분 파손되었다.

민머리에 크고 둥근 육계가 솟았으며, 얼굴의 이목구비가 매우 여성적이다. 아담한 체구
에 각부의 균형과 비례감이 좋고 조각 기법도 우수하다. 법의는 양어깨를 감싼 통견인데
가슴을 U자형으로 팠고 옷자락이 왼쪽 어깨 위에서 밖으로 접혀져 세모꼴의 주름을 이루
었다. 양 손목을 거쳐 발밑까지 두꺼운 옷자락이 흘러내린다. 오른손은 가슴 앞에서 엄지
와 검지를 둥글게 맞댔고 왼손은 손목 아랫부분이 깨져 나갔다. 전체적인 조형감과 자세,
수인, 옷 주름 등에서 나말여초 때의 불상으로 추정
된다.

보림사는 원표가 세우고 860년에 보조선사 체징이 재창하여 맨 먼저 선종을 도입하고 정착시킨 곳이다. 가지산파(迦智山派)의 근본도량으로 인도 가지산의 보림사, 중국 가지산의 보림사와 함께 삼보림으로 일컬어진다. 경내에는 국보 제44호인 삼층석탑 및 석등, 국보 제117호인 철조비로자나불좌상, 그리고 보물로 지정된 동부도와 서부도, 보조선사 창성탑 및 창성탑비 등이 있다.

• 주소 : 전라남도 장흥군 유치면 보림사로 224(봉덕리 45)

북미륵암 마애여래좌상

한반도의 최남단인 해남반도에 우뚝 선 두륜산의 암봉이 병풍처럼 드리운 곳에 대흥사가
있고, 이곳에서 두륜봉·가련봉 쪽으로 40분쯤 올라가면 북미륵암 마애여래좌상을 만날
수 있다. 높이 4.2m의 미륵불로 보물 제48호로 지정되었다.

소발의 머리에 육계가 뚜렷하고 둥글넓적한 얼굴이 풍만하고 근엄하다. 이마에 백호공이
뚜렷하고 이목구비가 정제되었다. 귀는 기다랗고 삼도는 가슴에 표시되었다.

통견의 두툼한 법의에 옷 주름은 평행계단식이 퇴화된 밀집무늬 모양이고 왼쪽 어깨에 가
사를 묶는 띠 매듭이 달려 있다. 오른손은 결가부좌한 다리 위에 내렸고 왼손은 배꼽 부분
에서 손바닥을 위로 했다. 광배는 두광과 신광을 삼중의 원으로 음각하고 그 밖에 불꽃무
늬를 새겼으며, 그 주변에 네 개의 비천상을 대칭적으로 배치한 구조가 독특하다.

풍만하고 볼륨감이 넘치는 상체에 비해 하체는 빈약하고, 손과 발의 세부적인 표현이 떨어
진다는 점에서 통일신라시대의 전성기를 지난 고려 초기의 작품으로 추정된다. 그럼에도
전체적으로 유려한 조각 솜씨를 뽐내는 거불이다. 형형한 빛을 내뿜는 눈, 부드러운 선과

질감 등은 1,000년 전에 돌을 깎은 것이라곤 믿기 힘들 만큼 섬세하다. 금방이라도 타오를 듯한 불꽃무늬와 사방에 돋을새김한 비천상도 더할 나위 없이 아름답다.

조릿대 숲에 둘러싸인 암자를 뒤로하고 오심재를 거쳐 두륜산 정상에 오르면 멀리 완도와 진도를 비롯해 다도해의 수많은 섬이 눈앞에 다가선다. 두륜이란 중국의 곤륜산 줄기가 백두산을 거쳐 백두대간의 등뼈가 되어 흘러 내려온 자리라는 뜻이다. 땅끝에 이르러 솟아오른 산이라 하여 백두의 '두(頭)' 자와 곤륜의 '륜(崙)' 자를 따 붙였으며, 그만큼 산세가 장쾌하고 조망이 시원스럽다.

두륜산 대흥사는 임진왜란 당시 서산대사가 이끌던 승군의 총본영이 있던 곳이다. 처음에는 작은 암자에 불과했지만 묘향산에서 입적한 대사가 자신의 유품을 이곳에 맡기면서부터 크게 번성했다. 1665년(현종 6년)에 대웅전을 중창하고, 1669년에는 표충사를 세웠으며, 1813년에는 천불전이 재건되었다. 조선의 억불정책 속에서도 많은 인재를 길러내어 13인의 대종사(大宗師)와 13인의 대강사(大講師)를 배출해낸 큰 가람이다. 경내에는 대웅보전, 침계루, 명부전, 나한전, 백설당, 천불전, 용화당, 도서각, 표충사, 대광명전 등 많은 당우가 흩어져 있고 서산대사의 유물과 응진전전삼층석탑, 서산·혜장·초의선사의 부도탑, 탑산사 동종 등 많은 문화재를 소유하고 있다.

• 주소 : 전라남도 해남군 삼산면 구림리 799

남천리 미륵

해남읍 남천마을 길가에 '미륵등' 또는 '미륵할머니'라 불리는 돌부처가 있다. 돌출된 자연석에 118cm의 아담한 석불을 선각했는데, 장승처럼 마을의 안녕을 비는 수호불로 조성한 것이다.

• 주소 : 전라남도 해남군 해남읍 남천리 389-1

신안리 석불입상

해남읍 덕음산 중턱 '절골'의 미륵당에 봉안된 석불로, 파손된 곳이 많아 원형을 알아보기 힘들다. 두 눈과 코 부분은 시멘트로 보수했고, 입술 부분은 갈라져 있으며, 광배 역시 떨어져 나갔다. 이마에는 백호공이 나 있고 목에는 삼도가 보인다. 법의는 통견이지만 왼쪽 어깨 부분은 수직으로 흘러내린 반면 오른쪽은 곡선으로 흘러내렸다. 왼손을 구부려 가슴에 댔는데 약지는 펴고 셋은 안으로 구부렸으며 엄지는 위로 치켜세운 특이한 모습이다. 당초문이 새겨진 광배에는 원형의 두광이 보이지만 절반은 떨어져 나갔다.

• 주소 : 전라남도 해남군 해남읍 신안리 산 51 / 신안교회를 지나쳐 산 쪽으로 향하다가 갈림길에서 왼쪽 미륵사 방면의 좁은 길을 선택한다.

연당리 미륵

해남에서 우수영으로 향하는 중요 교통로였던 남리역 인근의 미륵불로 연당마을 당산나무 아래 용화당에 모셔져 있다. 연당이라는 명칭도 저수지의 붉은 연(蓮)과 미륵당(堂)에서 유래했다고 한다. 마을 주민들은 지금도 해마다 정월 대보름과 사월 초파일에 도제를 지낸다.

미륵불은 얼굴 윗부분이 깨져 나갔다. 귀는 길게 늘어졌고 왼손은 가슴에, 오른손은 아래로 늘어뜨렸다. 무릎 아래는 땅속에 묻힌 채 시멘트로 덮여 있다. 머리 윗부분도 파손되었는데, 노출된 높이는 205cm다.

구전에 의하면 이 미륵은 암수 한 쌍으로 조성되었는데, 암미륵은 땅 어딘가에 묻혀 있고 이 수미륵만 남았다고 한다. 미륵이 얼마나 영험한지 전라우수영의 수사가 미륵 앞을 지날 때 예불을 하지 않으면 타고 가던 말의 다리가 부러지거나, 가마가 부서졌다고 한다.

• 주소 : 전라남도 해남군 황산면 연당리 635-5

금골산 마애여래좌상

진도 초입에 자리한 금골산은 해발 193m밖에 되지 않지만, 산 전체가 거대한 암릉 덩어리다. 솜씨 좋은 장인이 잘 빚어낸 수석(壽石)처럼 까마득한 절벽에 층층바위와 구멍이 숭숭 뚫

린 곳이 많아 아찔해 보인다. 그래서 예로부터 '진도의 금강'이라 불리는 명산이다. 이 산
자락에 천년고찰 해언사가 있었다고 전해오는데, 도선국사가 정한 3,800개의 비보사찰 중
하나였다고 한다. 지금은 금성초등학교 교정에 '금골산 오층석탑'(보물 제529호)만 유물로
남아 있다.

최근 개창한 해언사 마당에서 200m쯤 급경사길을 따라 오르면 산 능선에 닿고, 10분쯤 더
올라가면 사방으로 시야가 탁 트이는 금골산 정상이다. 진도의 비옥한 평야와 임진왜란 당
시 명량대첩지인 울돌목과 벽파진 일대의 바다가 훤히 바라보인다. 이곳에서 절벽 아래로
쇠난간을 설치한 길이 이어지는데 조심스레 따라 내려가면 안으로 움푹 파인 석굴이 나오
고, 그 정면에 금골산 마애여래좌상이 조각되어 있다.

불상의 오른손은 시무외인을, 왼손은 하품중생인(下品中生印)을 짓고 있어서 아미타여래불
로 조성한 듯하다. 둥근 얼굴에 불신도 둥글게 팽창시켰지만 입체감 없이 평면처럼 보인
다. 옷은 양어깨를 감싸고 있으며, 옷자락이 무릎까지 내려와 도식적인 물결무늬를 이루
고 있다. 가슴에는 사각형의 홈이 파여 있는데, 복장품을 넣어두었던 곳인 듯하다. 둥근
얼굴에 토속적인 이목구비, 몸을 부풀게 표현한 것이 고려시대의 지방화된 양식으로 추정
되고 당시의 대표적인 마애불로 평가된다.

• 주소 : 전라남도 진도군 군내면 둔전리 산 94-1

용장사 석불좌상

진도군 군내면 용장산성 아래 용장사에 봉안된 삼존석불로 본존불 높이 195cm, 우협시 164cm, 좌협시 170cm다. 많은 부분이 시멘트로 보수되었고 광배의 일부도 떨어져 나가 원형을 잃은 상태다.

본존불은 소발의 머리에 육계는 없다. 큼직한 사각형 얼굴에 짙은 눈썹, 작은 눈, 긴 코, 적당한 입 등이 표현되었다. 전체적으로 매우 투박해 보이는 얼굴이다. 가슴은 빈약하게 표현된 반면 어깨와 팔을 두드러지게 묘사되었다. 귀는 어깨까지 내려왔고 목에는 삼도가

있다. 통견의 법의는 목깃을 U자형으로 내리면서 반전시켜 변화를 주었으며 '凸' 형의 옷 주름을 촘촘하

게 묘사했다. 장방형의 대좌에는 연꽃무늬가 소박하고, 사각의 광배에도 도식적인 무늬가 새겨져 있다. 오른손은 펴서 무릎 위에 두었고, 왼손은 배 앞에 대고 약호를 쥔 약사불의 모습이다. 두 발은 투박하고 큼직해서 사실적이라기보다 위압적인 느낌이 든다.

좌우의 보살상도 비슷한 모습이다. 복련대좌 위에 광배를 갖춘 우협시는 지장보살형이며 목에 삼도가 있고 합장을 하고 있다. 좌협시는 양손을 모아 정병을 쥐고 있다. 본존불의 대좌와 양 협시불의 모습에서 고려시대에 조성한 삼존불로 추정된다.

용장산성은 몽골군에 항복한 고려군에 반기를 든 삼별초의 항몽기지로 유명하다. 지금은 행궁터와 석축만 남아 있는데, 전시관에는 삼별초와 용장산성에 관련된 모형과 자료를 전시하고 있다.

• 주소 : 전라남도 진도군 군내면 용장리 산 90

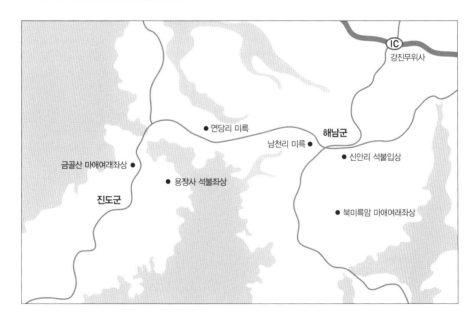

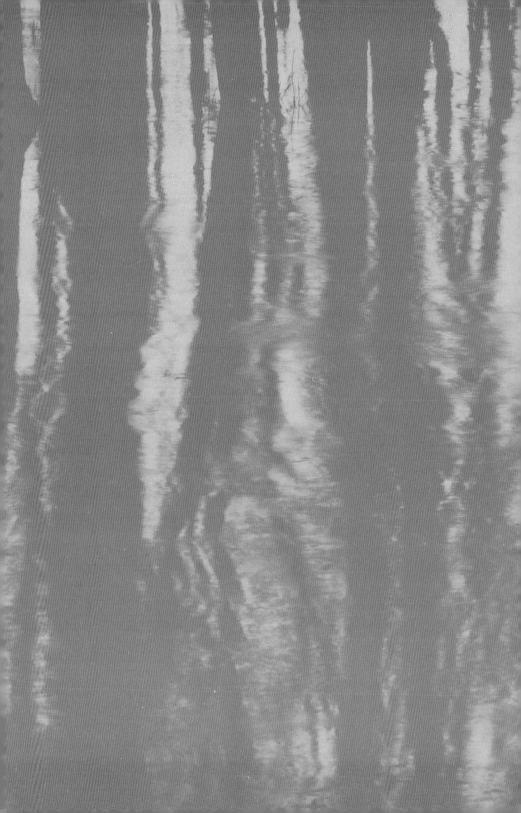

외진 곳에 홀로 서 있는 봉성리 석조여래입상은 소박한 모습이 반갑고, 안동 도솔원 미륵불은 그 생김새부터가 파격적이어서 놀랍다.

제비원의 이천동석불은 성주풀이의 고향이다.

거제 죽림반찌재 앞에 있는 죽림 할매미륵은 투박한 모습에 그 사연까지 각별하고, 포항 고석사 미륵은 희귀한 미륵불의 좌상이라는 점

에서 한번쯤 찾아봐야 할 작품이다.

삼척 봉황산 미륵십불은 모든 나쁜 기운을 막아설 듯 버티고 있는 기세부터가 남다르다. 불쑥 얼굴을 들이밀며 노려보는 미륵. 걸쭉하

지만 빙그레 웃음 짓는 미륵들의 표정이 무서우면서도 익살스럽다. 혼탁한 민심을 달래려고 한 지방관이 세운 것이라고 한다. 임원리

석불입상은 인적이 뜸한 옛 절터에서 어쩌다 찾아오는 발걸음만 하염없이 기다리고 있다.

미륵당 석조미륵입상

구미시 장천면 오로리에 있는 불상으로 높이는 220cm다. 원래는 오로리 고갯길에 있었는데 고속도로 건설공사 때 지금의 자리로 옮겼다. 여래불로 조성되었지만 마을 주민들의 숭배불로 모셔지면서 미륵불로 불렸고 마을 이름도 '미륵댕이' 다.

불상은 몸에 비해 머리가 큰 편이고, 굵은 나선형 머리카락의 흔적이 보인다. 두광과 함께 얼굴을 부조 형식으로 조각했지만 떨어져 나가 원형을 알아보기 힘들다. 눈썹이 초승달 모양이고 이마에는 백호공이 나 있다. 귀는 크고 길며 굵은 목에는 삼도가 뚜렷하

다. 법의는 왼쪽 어깨에 걸쳤는데 옷 주름은 형식화되었다. 수인은 시무외인과 여원인을 결했다. 광배는 두광만 표현했다. 전체적으로 고려시대에 유행하던 불상의 특징을 보여주고 있다.

• 주소 : 경상북도 구미시 장천면 장천로 700(오로리 86)

김천 미륵암 석조미륵불입상

미륵암은 김천시의 동남쪽 경계에, 성주군·칠곡군과 인접한 교통의 갈림길에 접해 있다. 이 미륵암에 석조미륵불상이 서 있는데 높이 240cm, 대좌를 포함한 전체 높이는 280cm 다. 원래 하반부가 매몰되어 있었는데 1999년에 현재의 모습으로 복원했다.

얼굴이 풍만하고 소발의 머리 중앙부에 높다랗게 솟은 육계로 보관을 받치고 있다. 백호는 불상을 보수할 때 보충했고, 귀에도 보수한 흔적이 남아 있으며 목에는 삼도가 뚜렷하다. 양손도 보수했는데, 오른손은 가슴에 댔고 왼손은 배 부분에 붙였다. 통견의 법의는 앞가

습에 완만한 U자형 옷 주
름을 여러 겹 흘리고 있으
며, 두 팔에 드리워진 옷자
락도 매우 사실적이다. 대
좌는 하나의 돌에 상대와
하대를 조성하고 앙련과 복
련을 새겼다. 신라시대 양
식을 계승한 고려시대의 불
상으로 보인다.

• 주소 : 경상북도 김천시 남면 월명리 203-1

봉화 봉성리 석조여래입상

거대한 자연석에 마애기법으로 불신을 조성하고 그 위에 별석으로 불두와 두광을 만들어
올렸다. 불상 전체 높이는 300cm, 어깨 너비는 195cm다.

두광의 일부가 파손되어 결실되었고, 소발에 육계도 얕고 작게 조각되었다. 상호는 전체
적인 균형미가 떨어지는데, 얼굴은 긴 반면 이마가 좁고 코는 길게 묘사했다. 입도 가늘고
날렵하게 묘사되어 근엄함보다 친근하고 소박한 느낌이 든다. 미간에는 백호를 크게 양각
했고, 귀는 모호하게 처리되었다. 암벽에 새긴 불신은 통견의 법의를 착용했으며 음각 선
으로 옷 주름을 표현했다. 두 손은 가슴 앞에 나란히 들어 엄지와 중지를 맞댄 아미타구품
인을 짓고 있다.

조각 수법이나 구성 방식 등에서 고려 전기에 조성한
것으로 추정되고, 전체적으로 종교적인 엄숙함보다
세속적이고 민간신앙적인 요소가 강한 불상이다.

• 주소 : 경상북도 봉화군 봉성면 봉성리 13-1

안동 이천동 석불상

자연 암벽에 불신을 조성하고 그 위에 별도의 불두를 만들어 올린 불상이다. 불두 높이 2.4m, 전체 높이 12.3m의 대형 석불이다. 보물 제115호로 지정되었다. 안동시 북쪽 이천동의 제비원에 있는 불상으로 '제비원 미륵'이라고도 불린다. 연미사 옛터에 있는 석불로, 연미사는 신라 때인 634년(신라 선덕여왕 3년)에 명덕이 세운 사찰로 전해지는데 오랫동안 폐사로 남아 있다가 1918년에 복원되었다.

불상은 소발에 육계가 있고 이마에 백호가 양각되었다. 머리는 파손되었지만 얼굴은 완전한 모습을 간직하고 있다. 미소를 띤 풍만한 얼굴에 긴 눈, 우뚝 솟은 코, 두터운 입술이 장중하면서도 근엄한 인상을 풍긴다. 삼도가 뚜렷한 목에는 특이하게 연주문을 새겨 장식했다.

양어깨를 덮은 통견의 법의에 도식적인 옷 주름이 표현되었다. 왼쪽 어깨에서 길게 내려오는 옷 주름 몇 가닥이 오른쪽에서 직선으로 흘러내린 옷자락과 교차되어 접혔다. 노출된 가슴 밑으로 수평의 내의 자락이 보인다. 왼손은 가슴 높이로 들어 엄지와 중지를 맞댔고 오른손은 내려서 엄지와 중지를 맞댄 아미타여래불이다. 대좌는 불상의 발아래에 음각한 단판연화문으로 되어 있다.

얼굴의 강한 윤곽과 세부적인 조각 양식에서 11세기 무렵에 제작된 불상으로 추정되는데, 일제강점기 초까지만 해도 미륵불 위에 닫집이 있었다고 한다. 불상의 어깨 부분에 닫집을 얹기 위해 세운 기둥 자리가 있는 것으로 미루어 금당의 구조가 있었던 듯하다.

특별히 인위적으로 건축하지 않으면서도 자연과의 조화를 통해 불교적 세계관을 보여주는 동시에 전통적인 성주신앙을 잘 드러내고 있다. 성주는 집을 만들고 지켜주는 수호신으로

가족의 건강과 화목을 도모하면서 자연재해와 화재 등으로부터 보호해준다. 따라서 안동의 제비원은 우리 가족 문화의 근간을 이루는 집을 창조하는 신의 고향이자 성지인 셈이다. 그래서 '성주풀이'와도 깊이 관련되어 있다.

성주풀이는 두 가지가 있는데 무당이 성주굿을 할 때 부르는 노래와, 일반백성들이 지신밟기를 하며 부르는 덕담 형식의 노래가 있다. 둘 다 그 내용이 비슷한데 성주의 본향이 안동 제비원이라는 점과, 제비원에서 솔씨가 날아들어 웅장한 소나무가 되었고, 이 소나무를 이용해 집을 지었으니 집안이 매우 번창할 것이라는 것이 주된 내용이다. 지금도 우리나라 전역에서 성주굿을 올리거나 치성을 드려 성주풀이를 할 때 한결같이 안동 제비원을 본향으로 노래하고 있다.

• 주소 : 경상북도 안동시 이천동 산 2

도솔원 미륵불

안동시 서후면 명리에 있는 미륵불로 높이는 2.3m다. 조성 시기는 불분명하지만, 임진왜란 직전에 짙은 갈색을 띤 땀을 흘렸고 배꼽에서 샘이 솟아 국난을 예견했다는 이야기가 전해온다. 조령을 넘기 위해 이곳을 지나던 왜병의 말발굽이 붙어서 움직이지 못하게 했다는 이야기도 있다. 미륵불에 당집을 짓고 미륵당이라고 부른 것은 후대의 일이다.

도솔원(兜率院)은 조선 세조 때 관원이나 선비들이 숙식할 수 있도록 국가에서 운영하던 숙박 시설이었다. 역(驛)과 역 사이의 인가가 드문 곳에 설치한 일종의 여관촌인 셈이다.

지금도 도솔원 미륵불을 찾아와 치성을 비는 이들의 발길이 끊이지 않으며, 마을에서 해마다 정월 대보름 전날 밤에 치성을 올리며 주민들의 안녕과 재운을 기원하고 있다.

• 주소 : 경상북도 안동시 서후면 명리 424 / 학가산온천 옆에 있다.

예천 동본리 석조여래입상

예천 동본동 삼층석탑과 나란히 서 있는 미륵불로 두 문화재 모두 보물 제426·427호로 지정되었다. 불상은 단판복련이 새겨진 원형 연화좌 위에 서 있는데 높이는 3.5m다. 하나의 화강암에 조성했지만 불상의 발과 머리에 시멘트로 보수한 흔적이 남아 있다.

나발의 머리에 육계가 큼직하고 풍만한 사각형 얼굴에 길게 감은 눈, 짧은 코, 적당한 입은 미소를 띤 자비로운 모습이다. 귀는 굴곡이 유려하고 목에는 삼도가 뚜렷하다. 수인은 시무외인과 여원인을 결했다. 법의는 양어깨를 덮은 통견이다. 어깨부터 가슴 양쪽으로 굵은 띠가 있고, 선명하게 구분된 두 다리에 있는 타원형의 동심선이 독특하다.

상체에 비해 커 보이는 얼굴과 판판한 가슴, 긴 타원형으로 연속되는 옷 주름, 가슴 띠 등에서 통일신라시대 불상의 특징을 유감없이 발휘하고 있다.

함께 서 있는 삼층석탑도 불상과 비슷한 통일신라시대에 조성한 것으로, 규모는 아담하지만 탑신의 옥신석과 옥개석의 체감 비율이 조화를 이루는 우아하고 아름다운 탑이다.

• 주소 : 경상북도 예천군 예천읍 동본리 474-4

거제 죽림 할매미륵

죽림마을 남쪽 방파제 앞에 곤발네 할매가 치성을 드리기 위해 모신 미륵불로 높이는 1m다. 생김새가 투박하면서도 친근한 모습이어서 더욱 정감이 가는 마을의 수호상이다.

거제 죽림마을은 야트막한 구릉으로 둘러싸인 어촌인데, 대나무가 많아서 '대숲개(竹林浦)'라 불리기도 했다. 바닷가에 오랜 세월의 풍파를 견뎌낸 고목이 한 그루 서 있고, 그 곁

에 당집이 있다. 지금은 앞에 방파제가 있지만 예전에는 당집이 바다와 맞닿아 있었다. 지금도 3년에 한 번씩 마을의 평안을 비는 '죽림별신굿'이 이곳 미륵당 앞에서 열린다.

곤밭네는 젊어서 남편을 여의고 자식도 없이 오두막 단칸방에서 홀로 살았다. 새벽부터 밤 늦게까지 밭일과 고기잡이 뒷일, 삯바느질을 해서 차곡차곡 돈을 모았다. 세월이 흘러 칠순을 넘긴 할매는 그간 모아둔 돈으로 밭을 사 수수와 조를 심었다. 그러다가 1885년 가을에 큰 흉년이 들어 사람들은 칡을 캐먹고 해초를 뜯어 간신히 생계를 이었고 아이들은 굶어 죽을 지경에 이르렀다. 이에 곤밭네 할매는 밭에서 수확한 수수와 조로 엿을 만들었다. 그러고는 아이들에게만 먹일 요량으로 뒷간 옆에 엿을 숨겨두고 어른들이 일하러 나간 사이에 아이들에게만 먹였다. 그렇게 할매가 엿을 만들 수수와 조가 떨어져갈 무렵 봄이 찾아왔고, 산과 들에 봄나물이 나면서 마침내 굶주린 아이들도 고비를 넘길 수 있었다.

- 주소 : 경상남도 거제시 거제면 오수리 / 죽림마을 방파제 앞 느티나무 아래에 당집이 있다.

포항 고석사 미륵

포항시 장기면 방산리의 고석사 보광전에 모셔진 마애불좌상으로, 최근 이 불상이 미륵불로 확인되었다. 불상에 덧발라진 석고를 뜯어내기 전까지는 약사여래불로 알려진 불상이었다. 거대한 석감(石龕)에 의자에 기대앉은 미륵불을 돋을새김한 작품인데, 통일신라시대의 미륵불의좌상으로는 독보적인 작품이다. 정면 2.5m, 측면 1.4m, 높이 2.8m의 직사각형 돌기둥에 한쪽 면을 석실 모양으로 깎은 뒤 의자를 만들고 그 위에 미륵불이 앉아 있는 모습을 형상화했다. 불상은 높은 돋을새김으로 부조했는데, 얼굴이

동그랗고 머리에 높고 큼직한 육계가 솟아 있다. 목이 굵고 법의는 좌우 어깨에 남아 있는 옷 주름으로 보아 통견으로 보인다. 희귀한 미륵불의좌상이라는 점에서 문화재적 가치가 높다.

• 주소 : 경상북도 포항시 남구 장기면 방산리

주포리 미륵불

원주시 귀래면 주포리의 미륵산에 있는 마애불로 20m나 되는 깎아지른 절벽에 조각했다.

주포리 미륵불을 만나려면 먼저 경천묘(敬天廟)를 찾아야 한다. 경천묘는 신라 경순왕의 영정을 모신 영정각인데, 왕건에게 나라를 빼앗긴 경순왕은 이곳 용화산(지금의 미륵산)에 들어와 암자를 짓고 살았다고 한다. 그때 한 화승(畵僧)이 그린 경순왕의 영정을 암자에 모시고 제사를 지낸 것이 훗날 경천묘가 되었다.

경천묘에서 미륵산 등산로를 따라 오르다 보면 옛 절터 황산사지를 외롭게 지키고 서 있는 삼층석탑이 먼저 눈에 띈다. 석탑은 절터에 흐트러져 있었는데 훗날 그것을 추슬러 복원했으며 기단 없이 조촐한 탑신만 남아 있다. 이곳에서 1km쯤 더 올라가면 미륵불이 나온다. 정상이 가까워질수

록 경사가 급해지고 계단과 붙잡고 오를 로프가 보인다.

보기만 해도 까마득한 대형 암벽에 조성한 미륵불은 화사한 연꽃받침 위에 앉아 있다. 사각형 얼굴은 높은 돋을새김으로 조각해 입체감이 살아 있고, 이목구비가 큼직큼직해서 토속적인 인상을 풍긴다. 가사는 양어깨에 걸쳤고, 옷 주름과 수인은 분명하지 않다. 소발의 머리에 낮은 육계를 표현했는데 불두에 비해 체구가 작아 균형감은 떨어진다.

마애불 앞의 평지에 불단이 마련되어 있지만 정면에서 불상 전체를 살펴보기는 힘들다. 오히려 입구인 경순묘 근처에서 멀리서나마 전경을 바라볼 수 있다. 밧줄을 잡고 불상 바위로 올라서면 아찔한 높이에 다리가 후들거린다. 그 옛날 어떤 석공이 자신의 목숨까지 매달고 절벽에 부처님을 새겼을 것이라고 생각하면 마음이 절로 숙연해진다.

• 주소 : 강원도 원주시 귀래면 주포리 25-2

원주 교항리 석조불두

원주 교항리 도로변의 화강암 위에 높이 1m의 석조불두 하나가 놓여 있다.

이마에 백호가 있고 둥근 얼굴에 상호의 윤곽이 뚜렷하다. 두 귀는 목 부분까지 길게 늘어져 있고, 다소 투박해 보이는 입술은 굳게 다물었다. 양미간과 콧날이 잘 다듬어졌고 목에는 삼도의 흔적이 남아 있다. 조각 수법이나 기교보다 보는 이의 마음을 움직이는 불력을 잘 형상화한 작품이다. 전설에 의하면 임진왜란 당시 왜병을 물리치기 위해 조성한 불상이라고 한다.

원래 이 불두는 교항리와 평장리 사이에 있었고, 암벽에 신체를 선각하고 그 위에 원각한 이 불두를 모셔 봉안했는데 도로 확장 공사를 하면서 머리만 옮겨놓은 것이다. 원위치에 있던 암벽의 크기가 가로 4m, 세로 5m인 것으로 미루어 상당한 규모의 석불이었을 것이다.

그런데 최근에 원주시에서 이 석조불두의 몸체를 찾기 위한 발굴 조사에 착수했다는 소식이 들려온다. 원래의 불상 바위가 매몰되어 확인하기 어려웠지만 생존해 있는 마을 노인을 통해 최근 매몰 위치가 확인되었고, 마침 그곳이 현재 사용되지 않는 도로라 발굴 조사가 가능해졌다는 것이다. 불두가 하루빨리 원래의 몸을 되찾아 돌아가기를 염원해본다.

• 주소 : 강원도 원주시 소초면 교항리 1019

삼척 봉황산 미륵삼불

삼척항과 시내 사이를 가로막고 있는 봉황산(해발 149m)의 봉긋하게 솟아오른 언덕이 그 끝부분에서는 날카로운 바위 자락을 드리우고 있다. 그리고 산자락 끝에 산을 넘어오는 모든 나쁜 기운을 막아설 기세로 미륵불 3기가 위풍당당하게 버티고 있다.

맨 앞에서 얼굴을 불쑥 내밀고 있는 불상은 함부로 마주 보기도 불편할 정도로 무뚝뚝한 표정을 지으며 잔뜩 웅크리고 있다. 두 번째 미륵은 그 자세가 결연하지만 빙그레 웃음을

머금었고, 세 번째 미륵은 여유로운 표정이다. 이 미륵삼불이 노려보고 있는 지점은 호악, 즉 '호랑이산'이라 불려왔는데 사악한 기운이 흘러나오지 않도록 삼척부사가 조성했다는 이야기가 전해온다.

봉황산 뒤편에는 조선시대에 동해안의 해상 방위를 총괄하던 삼척포진(三陟浦鎭)이 있었고 그 뒤에 사형장이 있었다. 그래서 동해의 수군 죄수들은 모두 삼척항으로 압송되어 재판과 형을 받아야 했는데, 사형당한 죄수들의 사악한 영혼이 봉황산 자락을 타고 내려와 읍내에 온갖 재앙을 불러일으키곤 했다. 이런 사정으로 민심이 흉흉해지자 1835년에 삼척부사 이 규현이 읍내로 내려오는 나쁜 기운을 막기 위해 미륵불 3기를 조성해 이곳에 안치하고 봉 황산 정상을 바라보게 했다는 것이다. 학술적인 가치나 불상으로서의 의미를 떠나 민간신 앙과 조화를 이루며 민심을 달래려 한 지방관의 지혜가 돋보이는 문화유산이다.

• 주소 : 강원도 삼척시 남양동 339-2

삼척 임원리 석불입상

삼척시 원덕읍 임원3리 청룡동의 사기촌 옛 절터 에 남아 있는 고려시대의 석불로 높이는 143cm 다. 하나의 돌에 광배와 불상을 조성했는데 불두 와 광배는 사라졌고 목도 거의 떨어져 나갔다. 소 발에 육계가 높고 원만한 상호에는 인자함이 가득 하다. 수인은 두 손을 가슴에 모아 잡고 있는 독특 한 모습이다. 마멸된 부분이 많아 형체를 가늠하 기 힘들고 남은 부분도 닳아서 확인하기 어렵다. 그럼에도 고려시대에 조성한 불상임은 쉽게 짐작 할 수 있다. 불상 앞에 놓인 작은 입석은 남근석

형태로 기자의 상징이고, 목의 실타래도 장수를 기원하는 민간신앙의 상징이다.

인적이 뜸한 옛 절터의 나무 그늘에 숨어서 어쩌다 찾아오는 무속인의 발걸음만 기다리고 있는 불상이 한없이 쓸쓸하고 고즈넉해 보인다.

• 주소 : 강원도 삼척시 원덕읍 임원리 1152

258

서울 강서구 개화산의 약사사석불입상은 추상적이지만 과장됨이 없어 담백하고 천진스러워 보인다. 산 서남쪽의 미타사 석불입상은 6·25전쟁 때 목숨을 잃은 병사들의 영혼을 위로하고 있다.

구기동 마애여래좌상이 위치한 북한산 승가사는 마애불과 약사전에 모신 약사여래불의 엄험함, 약수의 효험이 좋아 참배객들을 불러 모으고, 거대한 암벽을 깎아 부조한 우이동 도선사 마애불입상 앞에도, 3대 관음도량으로 틈하는 강화 보문사 마애석불좌상 앞에도 여인들의 발길이 끊이지 않는다.

약사사 석불입상

서울 강서구의 개화산 약사사 대웅전에 봉안된 높이 3.3m의 불상이다. 머리에 둥근 갓을 썼고 얼굴이 넓적하며 눈이 두툼하다. 목은 거의 없고, 어깨는 사각형으로 움츠려 있어서 조금 경직된 모습이다. 두 손은 가슴에 붙여 연꽃가지를 잡고 있다. 몸에는 옷 주름을 몇 가닥으로 간략하게 표현했는데 입체감이 없어서 마치 돌기둥처럼 보인다. 전체적인 표현 감각은 매우 간결하고 부드러우며, 추상적이지만 과장되지 않고 오히려 담백하고 천진한 느낌까지 든다.

본래 개화사였던 절이 '약사암', '약사사'로 불리기 시작한 것은 절의 약수가 좋아서라는 말이 있고, 순조 때부터 약사불을 모셨기 때문이라는 설도 있다. 그 모양새로 보아 관음 보살로 조성한 듯하고, 돌부처를 흔히 '미륵'이라 통칭하던 관습상 미륵불로 추정하기도 한다.

약사사를 품고 있는 개화산은 조선시대에 봉수대가 설치되었던 곳으로, 원래는 '주룡산'이 라 불렸다. 설화에 의하면 신라 때 이 산에 주룡(駐龍)이라는 도인이 살았다. 그는 매년 9월 9일이면 여러 벗을 거느리고 이 산의 높은 곳에 올라가 술을 마셨는데, 이 행사를 '9월 9일 주룡산에서 술 마시기'라는 뜻의 '구일용산음(九日龍山飮)'이라고 했다. 세월이 흘러 수명 을 다한 그가 죽자 그 자리에 이상한 꽃 한 송이가 피어났다. 그때부터 사람들이 개화산이 라 고쳐 불렀다고 한다.

• 주소 : 서울특별시 강서구 금낭화로17길 261(개화동 332-1)

강서 미타사 석불입상

개화산 서남쪽 기슭에 또 다른 돌부처가 우뚝 서 있다. 미타사 경내에 봉안된 미륵불로 높 이는 4m다. 두툼한 돌기둥에 불상을 조성했는데, 정면에서는 조금 평면적으로 보이지만

옆에서 보면 제법 묵중함이 느껴진다. 머리에 반원형의 보개형 보관을 썼고 얼굴은 둥글면서도 평면적이다. 눈과 입은 얕게 음각되었고 코가 오뚝하다. 두 귀는 어깨까지 늘어졌고, 두툼한 목에는 삼도가 얕게 음각되었다. 불신은 평면적이고 어깨 폭이 좁고 각지게 표현되었다. 몸에는 통견의 법의를 걸쳤는데 왼쪽 어깨에서 오른쪽 겨드랑이 밑으로 사선의 옷 주름이 표현되었다. 넓은 U자형 옷 주름은 무릎 아래까지 늘어졌다. 오른손을 아래에, 왼손을 위로 하여 가슴 부근에서 서로 포갰는데 지물은 보이지 않는다.

전체적으로 얼굴이 커 보이고 조금 비대칭적인 신체 표현과 간략화된 세부 묘사, 옥개형 보관 등에서 고려시대 거불의 전통을 계승한 조선 초기의 석불로 추정된다.

김포평야와 행주나루 끝에 걸쳐 있는 미타사는 도심 속 사찰이면서도 고즈넉함을 느낄 수 있는 곳이다. 이곳은 6·25전쟁 당시 국군과 인민군이 치열하게 공방을 벌이던 격전지로, 김포공항을 사수하려던 1,000명의 국군이 전사하는 슬픔을 겪기도 했다. 그래서 경내에 호국 영령을 위한 위령비가 세워져 있고, 해마다 6월이면 위령제를 올린다.

• 주소 : 서울특별시 강서구 개화동로13길 56-33(개화동 산 81-13)

일원동 불국사 석불좌상

대모산 자락의 불국사 약사보전에 봉안된 불상으로 높이는 80cm다. 머리에 나발이 새겨져 있고 계주가 표현되었다. 신체에 비해 얼굴이 커 보인다. 전체적으로 호분이 여러 겹 칠해져 있어 조성 당시의 원형은 알

아보기 힘들지만 동그란 얼굴에 이목구비가 섬세한 불상임은 짐작할 수 있다. 불신은 전체적으로 위축되었고 어깨가 좁아 보인다. 법의는 우견편단이고, 수인은 결가부좌한 다리 위에서 선정인을 결했다. 불두와 신체의 어색한 비례, 자연스럽지 않은 옷 주름 등에서 고려 말기에 조성한 불상으로 추정된다. 현재 사찰에서는 약사불로 모시고 있지만, 원래는 아미타불로 보인다.

일원동 불국사의 창건 당시 이름은 '약사절' 이었다. 절 아랫마을의 농부가 밭을 갈다가 땅속에서 돌로 만든 부처님이 나와 마을 뒷산에 모시고 있다가 고려 공민왕 2년 진정국사가 지금의 자리에 절을 세웠다고 전해온다. 그 후 조선 말엽 고종이 대모산 남쪽의 현인릉에 물이 나는 것을 보고 당시 주지에게 방책을 물으니, 대모산 동쪽(현 성지약수터)의 수맥을 차단하면 된다고 말해줘서 그렇게 하니 신기하게도 물이 나오지 않았다. 이를 고맙게 여긴 고종이 불국정토를 이루라는 뜻에서 '불국사' 라는 사명을 내렸다고 한다.

• 주소 : 서울특별시 강남구 광평로10길 30-71(일원동 442)

상부암 석불입상

서울 광진구 광장동에 자리한 석불로, 최근에 발라져 있던 호분이 벗겨내면서 원래의 모습을 되찾았다. 670년(신라 문무왕 26년)에 의상이 광나루를 이용하는 사람들의 안위와 백성들의 안녕을 빌기 위해 조성했다고 전해온다.

불상은 머리와 육계가 큰 데 반해 신체는 매우 날렵한 편이다. 넓적한 얼굴에 양감이 부드럽고 유연하며 이

목구비도 원만하다. 절단되었던 목은 붙여서 복원했고, 상체는 짧지만 단아하며 하체의 양감도 풍부하다. 오른손은 가슴 부근에서 꽃가지를 든 것처럼 움켜쥐었고, 왼손은 아래로 내려 옷자락을 잡았다. 양어깨를 덮은 통견의 법의는 양팔을 돌아 계단식 옷 주름을 이루고, 가슴 앞에서 U자형을 취하다가 두 다리 사이로 내려와 다시 U자형을 형성하는 우전왕(優塡王)식 착의법을 보인다.

짧은 상체에 잘록한 허리, 양감이 두드러진 두 다리 등 신체는 8세기 통일신라시대의 금동불입상 양식을 따르고 있다. 동시에 팔의 형태와 계단식 옷 주름은 9세기의 불상 양식도 계승하고 있어서 9세기 후반의 불상이 아닐까 추측된다. 현재 서울·경기도 지역에 통일신라시대의 불상 양식을 반영한 작품이 많지 않은 상황에서 이 불상은 매우 중요한 유물로 평가된다.

• 주소 : 서울특별시 광진구 광장동 100 / 위치가 강변도로 바로 아래쪽이다. 내비게이션에 '광장동 제2경로당'을 입력하면 쉽게 찾아갈 수 있다.

북한산 구기동 마애여래좌상

보물 제215호로 지정된 불상이다. 북한산 비봉 아래, 승가사 뒤쪽 화강암 벽에 조성되어 있다. 거대한 바위 면에 감실을 만들고 높이 5m의 대형 마애불을 돋을새김했다. 머리 위에 팔각의 머릿돌이 끼워져 있어 불상의 얼굴은 보존 상태가 좋은 편이다.

소발의 머리 위에 큼직한 육계가 있고, 사각형에 가까울 정도로 얼굴이 풍만하고 박력이 넘쳐흐른다. 가

느다란 미소를 짓고 있으며, 큼직한 코와 장대한 귀가 위엄 있어 보인다. 수인은 항마촉지인을 결했다. 불신은 건장하고 당당한데 각지고 평면적이다. 잘록한 허리와 절도 있는 팔, 장대하고 큼직한 하체도 매력적이다. 우견편단의 법의는 얇고, 왼팔에 묘사된 옷 주름은 세로 평행 무늬여서 기하학적인 추상성도 엿보인다. 앙련과 복련이 겹친 연꽃무늬 대좌도 아름답다. 전체적인 균형미가 뛰어나고 조각 수법이 우수하며 옷 주름도 매우 율동적이다. 강인해 보이는 얼굴, 평면적인 신체 등 전통적인 양식에 추상미까지 가미해 웅대하게 변모시킨 고려 초기의 불상이다.

승가사는 756년(신라 경덕왕 15년)에 수태가 창건했는데, 당시 당나라에서 생불로 불리던 승가(僧伽)를 사모하는 의미로 승가사라 이름 지었다. 중수와 중창을 여러 차례 거듭하다가 1957년 이후 대웅전과 영산전, 약사전 등을 갖추었다. 경내에는 산신각, 향로각, 동정각, 범종각, 대방, 요사채 등 여러 당우가 좁고 가파른 지형을 따라 배치되었다. 여러 왕이 행차해 기도했다는 기록도 남아 있고, 성월스님이 팔도도승통(八道都僧統)이 되어 불교 진흥에 앞장섰던 중요한 사찰이다.

예로부터 승가사는 기도처로도 유명하다. 108계단 끝에 우뚝한 마애불과 약사전에 모신 약사여래불의 영험함, 약수의 효험 등이 참배객과 등산객을 두루 불러 모은다.

• 주소 : 서울특별시 종로구 구기동 산 2-1 / 북한산 산행을 겸하는 것이 좋다. 구기터널 삼거리에서 승가사 입구로 가다 보면 절로 올라가는 차도가 있는데, 사륜구동 차량도 벅찰 만큼 경사가 가파르다. 2km, 걸어서 한 시간 남짓 소요된다.

삼천사지 마애여래입상

보물 제657호로 지정된 마애불이다. 북한산 삼천사계곡
의 병풍바위에 얕은 홈을 파고 조성했다. 불상의 높이는
260cm다. 섬세하게 선각한 여래입상으로 얼굴과 상체는
얕게 부조하고 하반신과 광배, 대좌는 융기선으로 표현하
여 입체감이 부족하다. 전체적으로 온화하고 중후한 인상
을 풍기지만, 조형미도 다소 떨어진다.

소발의 머리 위에 육계가 큼직하고 살짝 치뜬 눈은 눈초
리가 길어 귀 근처까지 닿았다. 양미간에는 백호공이 뚫
려 있고, 두 귀는 크고 길며 입은 꼭 다물어 입 언저리가
오목하게 파였다. 삼도는 굵은 편인데 긴 목에 두 줄, 가
슴 부분에 한 줄을 둘렀다. 법의는 통견이고, 굽힌 왼팔에
는 겨드랑이 사이로 물결무늬의 옷 주름이 촘촘하다. U자형으로 트인 가슴 사이로 비스듬한 내의
와 군의의 띠 매듭이 보이고, 두 가닥의 긴 끈이 무릎 위로 늘어져 있다. 오른손은 옷자락을 잡았
고, 왼손은 배 앞에서 손바닥을 구부렸다. 두광과 신광은 두 줄의 융기선으로 구분했으며, 대좌는
중엽의 단판앙련좌다. 불상의 좌우 면에 네모진 가구공이 뚫려 있어 목조전실이 있었던 것 같고,
불두 위에는 별도의 큰 바위가 보개처럼 얹혀 있다.

삼천사는 661년(신라 문무왕 1년)에 원효가 창건했다. 기록에 의하면 승려 3,000명이 한꺼번에 수
도할 만큼 규모가 컸으며, 삼천사라는 절 이름도 이 숫자에서 유래한 것이다. 임진왜란 당시 승병
들의 집결지로도 활용되었는데, 현재의 사찰은 1970년대 이후 중흥불사를 일으켜 대웅보전, 산령
각, 천태각, 요사채 등의 당우와 석탑 등을 조성한 것이다.

• 주소 : 서울특별시 은평구 진관외동 산 127-1

학도암 마애관음보살좌상

노원구 불암산 중턱의 학도암 뒤쪽 절벽에 조성한 대형 불상으로 높이가 13.4m나 된다. 돌을새김으로 관세음보살상을 선각했는데, 머리에 쓴 아미타불 화불을 모신 화려한 보관이 아름답다. 보관의 테두리 양쪽에 한 줄씩 구슬을 단 마름모꼴의 사슬 장식은 어깨까지 드리워졌다. 전체적으로 각 부분의 높낮이와 크기 · 굵기의 비례가 자연스러워서 균형미가 돋보이고, 아름다움과 위엄이 동시에 느껴진다.

가늘고 긴 눈에 코가 두툼하고 입술은 얇은 편이다. 목에는 삼도가 표현되었고, 통견의 법의에 가슴 부분에 매듭지어진 내의가 보인다. 수인은 하품중생인을 지었으며 왼쪽 손목에 '卍(만)' 자 무늬가 장식된 두툼한 팔찌가 있다. 앙련과 복련이 겹친 연꽃무늬 대좌에 광배는 신광과 두광이 흐릿하게 표현되었다. 가슴 중앙의 사각형 홈은 복장감실의 흔적으로, 부조상인 마애불에서는 매우 드문 경우이다.

조선시대에 조성한 작품으로 조각 기법상 최고의 기량을 뽐내는 수작이다. 바위 측면에 남

아 있는 명문 50자에 의하면 1870년
(고종 7년)에 명성황후가 마애불을
조성했고, 1878년(고종 15년)에 중창
하면서 마애불의 선각을 보강했다.
학도암은 '학이 찾아드는 곳'이라고
할 만큼 풍경이 수려한 암자로,
1624년에 무공대사가 창건했다고
전해온다.

• 주소 : 서울특별시 노원구 중계본동 산 3 / 서울 지하철 4호선 상계역에서 불암초등학교를 지나면 불암산 등산로 입구임을
  알리는 '학도암' 이정표가 보인다.

도선사 마애불입상

도봉산 도선사의 대웅전 뒤편에 있는 거대한 암벽의 동남쪽을 깎아 부조한 대형 불상이다.
바위 높이는 20m, 직사각형의 청동 보호각에 안치된 불상의 크기는 8.4m다. 소발의 머리
위에 육계가 있고 넓적한 사각형 얼굴에 눈, 코, 입을 다소 크게 묘사했다. 어깨는 각진 모
양이고 목은 어깨와 거의 붙어 있어 전체적으로 둔중하면서도 평면적인 느낌이 강하다. 법
의는 통견이고 옷 주름은 양각과 선각으로 간략하게 처리했다. 오른손은 가슴께에 들어 엄
지와 검지를 맞댔고 왼손은 배 부분에서 손바닥을 위로 향했다.

도선사는 862년(신라 경문왕 2년)에 도선국사가 창건했다. 1,000년 뒤 말법시대에 불법을 다시 일으켜 세울 곳이 이곳이라고 예언하면서 손으로 큰 암석을 갈라 이 관음보살상을 만들었다고 전해온다. 그런데 조성 수법상 조선 중기 이후의 작품으로 추정된다. 조선의 억불정책으로 한때 방치되었다가 1863년(철종 14년)에 나라의 기도도량이 되면서 유명세를 떨치기 시작했고, 영험함이 소문나면서 지금도 불상 앞에 기도객이 끊이지 않는다.

• 주소 : 서울특별시 강북구 우이동 산 69 / 서울 지하철 4호선 수유역에서 6km쯤 떨어져 있다. 우이동 입구에서 도선사까지 셔틀버스가 운행된다.

보타사 마애좌상

성북구 안암동에 있는 이 불상은 개운사의 말사인 보타사의 대웅전 뒤쪽에 있다. 화강암 암벽에 높이 5m의 보살상을 돋을새김했다. 머리에 뿔이 있는 보관을 썼고, 그 끝에는 타원형의 장식이 늘어져 있다. 목에는 삼도가 있고 커다란 두 귀에도 장식이 달려 있다. 법의는 통견이고 옷 주름은 두 어깨에서 무릎까지 늘어져 있다. 넓찍하게 양발을 포갠 결가부좌를 했는데 발끝에도 장식이 달려 있다. 오른손은 어깨 높이로 들어 엄지와 검지를 맞댔고 왼손은 무릎

아래로 내려 엄지와 중지를 맞댔다. 몸체와 얼굴을 하얗게 칠해서 백불의 인상이 강한데 입술에는 붉은 색, 눈과 눈썹의 윤곽에는 검은색을 칠했다. 어깨 좌우로 홈이 파여 있는 것으로 보아 보호전각이 있었던 것 같고, 우측 하단에는 조성 당시의 명문이 남아 있다.

• 주소 : 서울특별시 성북구 개운사길 60-46(안암동5가 7) / 안암동 고려대학교 근처, 중앙승가대학교에서 100m쯤 떨어져 있다.

옥천암 마애좌상

서대문구 홍은동 옥천암 경내의 암석에 옥천암 마애좌상이 새겨져 있다. 높이 5m의 관음보살로 바위에는 정면 한 칸, 측면 두 칸의 보도각(普渡閣)을 세워 봉안했다. 그래서 '보도각 백불' 또는 '해수관음'이라고도 불린다. 태조 이성계가 한양을 도읍으로 정할 때 이 불상 앞에서 기원했고, 고종의 어머니도 아들을 위해 이곳에서 축원했는데 이때부터 하얗게 칠을 하여 '백불'이라 불렸다.

바위 평평한 면에 조성한 불상에는 호분과 금분이 칠해져 있다. 머리에는 꽃무늬를 장식한 화려한 보관을 썼고 머리카락은 팔꿈치까지 길게 늘어져 있다. 둥근 얼굴에 눈은 가늘고 입은 작게 묘사했는데, 전형적인 고려시대의 불상이다. 법의는 양어깨를 감쌌고 얇은 옷주름이 신체 전반에 걸쳐 부드럽게 흘러내린다. 오른손은 들어서 엄지와 중지를 맞댔고 왼손은 무릎 위에 올려놓았다.

불상의 탄생 설화도 재미있다. 조선 명종 때 김수동이라는 사람이 해수라는 처녀를 아내로 맞았는데, 시

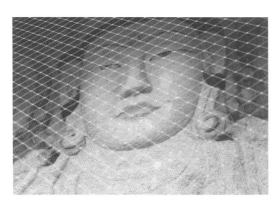

어머니의 구박이 어찌나 심했던 지 쫓겨나 결국에는 굶어 죽기에 이르렀다. 죽음을 예감한 여자는 자신의 화병을 식혀줄 수 있도록 물이 흐르는 냇가에 묻어주기를 바랐고, 김수동은 아내의 소원대 로 바위 아래 강바닥에 묻어주었 다. 그 후 김수동은 그 바위에 아 내의 모습을 조각했고, 사람들은

그것을 해수관음의 형상이라 여기고 신성시했다.

• 주소 : 서울특별시 서대문구 홍지문길 1-38(홍은동 8)

봉천동 마애미륵불좌상

서울 서남쪽에 있는 관악산 북쪽 중턱의 바위 면을 골라 돋을새김한 마애불이다. 가로 5m, 세로 6m의 절벽 면에 높이 1.6m의 불상을 선각했는데, 연꽃대좌 위에서 연꽃 봉우 리를 들고 있는 미륵불이다.

갸름하면서도 풍만해 보이는 얼굴은 온화한 인상을 풍긴다. 둥근 어깨에 늘씬하게 표현된 신체는 왼쪽으로 몸을 살짝 틀었다. 소발의 머리에 낮게 육계를 표현했고 두광은 이중의 태를, 신광은 외줄로 묘사했다. 법의의 가슴께가 약간 돌출되었고 안쪽에 평행의 내의와 묶은 매듭을 세밀하게 조각했다. 불상 우측에 '彌勒尊佛 崇禎三年庚午四月日 大施主

朴山會 兩主(미륵존불 숭정삼년경오사월일 대시주 박산회 양주)'라는 명문이 남아 있는데 조성 연대가 1630년

이고 미륵불이며 시주자까지 명확히 밝히고 있다. 17세기의 조선 사회에도 미륵신앙이 유행했음을 입증해주는 귀중한 작품이다.

- 주소 : 서울특별시 관악구 봉천동 산 4-9 / 미륵불을 보려면 관악산 등산로상에 위치한 상봉약수터를 찾아가면 되는데, 봉천동 임현아파트 쪽에서 오르는 길이 가장 가깝다. 아파트 우측의 등산로를 따라 30분쯤 오르면 상봉약수터가 나오고, 약수터 아래쪽 계단을 조금 내려가다가 우측 바위 군락 쪽으로 50m쯤 가면 불상이 새겨진 바위를 만날 수 있다.

강화 보문사 마애석불좌상

강화도 외포리 선착장에서 배를 타고 들어가는 석모도의 중앙에 낙가산이 있고, 이 산자락의 보문사는 양양의 낙산사, 남해 금산의 보리암과 함께 3대 관음도량으로 통하는데 그 중심에 보문사 마애석불좌상이 있다. 불상에 지극정성으로 기도하면 아이를 가질 수 있다고 해서 여인들의 발길이 끊이지 않는 불상이다.

이 마애불은 일제강점기인 1928년에 조성했다. 금강산 표훈사 주지 이화응과 보문사 주지 배선주가 움푹 파여 들어간 '눈썹바위'에 좌불상을 조각했는데 높이 32척, 너비 11척으로 관세음보살의 32응신(應身)과 11면 화신을 상징한 것이다.

머리에 커다란 보관을 썼는데 그 가운데에 아미타불이 새겨져 있다. 네모난 얼굴에 코가 넓고 높으며, 기다란 귀는 투박하고 목은 매우 짧다. 이마에는 백호가 있으며 초승달 모양의 눈썹에 수평으로 길쭉한 두 눈은 눈초리가 약간 위로 올라가 있다. 통견의 법의에 가슴

에는 큼직한 '卍(만)' 자가 새겨져 있다. 불상은 한 손에 정병을 들고 연꽃무늬 대좌 위에 앉아 있다. 불상의 배후에는 두광과 신광을 표현했는데 두광에는 '六字大明王眞言(육자대명왕진언)'이 새겨져 있고, 신광에는 불꽃무늬 선각이 가득하다. 불상의 우측에는 명문이 새겨져 있다.

얼굴에서 대좌까지 입체감이나 양감이 거의 없는 평면적인 모습이다. 몸에 비해 얼굴이 지나치게 커 보이고 하체로 갈수록 왜소해진다. 문화재적인 가치보다 근대 불상의 조각 양식을 보여주는 작품으로 더 가치 있고, 무엇보다 성지로서 중시되는 종교적인 의미가 더 크게 부각되는 작품이다.

• 주소 : 인천광역시 강화군 삼산면 매음리 산 293 / 강화 외포리 선착장에서 오전 7시부터 오후 7시 30분까지 30분 간격으로 카페리호가 운행된다.

강화 하점면 석조여래입상

강화군 하점면 장정리에 있는 높이 282cm의 불상으로 보물 제615호로 지정되었다. 두꺼운 화강암 판석에 새긴 여래불로, 소발의 머리에 육계가 큼직하고 얼굴은 퉁퉁한 편이다. 눈을 크게 떴고 입술은 두꺼우며 귀는 무척 크게 묘사했다. 목에는 삼도가 뚜렷하고, 법의는 통견이며 U자형 옷 주름이 발까지 덮고 있다. 오른손은 여원인, 왼손은 시무외인을 결했다. 광배에는 화염무늬가 조각되었는데 두광과 신광이 뚜렷하다. 불신의 비례와 균형감이 살아 있는 불상으로 고려시대에 조성한 불상이다.

• 주소 : 인천광역시 강화군 하점면 장정리 산 122

김포 용화사 미륵석불

김포 용화사 용화전에 봉안된 석불로 높이는 193cm다. 돌기
둥형 불상인데 전체적으로 호분이 덮여 있고 군데군데 채색
되어 있다. 나발에 육계가 표현되었고, 풍만한 상호는 원만
해 보인다. 눈과 눈썹, 입, 수염은 채색되었다. 적당한 크기
의 귀는 얼굴에 바싹 붙어 있고 삼도는 보이지 않는다. 두 손
을 배 부분에서 맞잡았는데 의복에 가려져 수인은 보이지 않
는다. 의습도 알 수 없는데 호분에 가려졌을 가능성이 높다.
운양산 용화사의 창건 연대는 1405년(태종 5년)으로, 뱃사공
인 정도명이 조공을 배에 가득 싣고 오다가 간조로 운양산 앞
에 배를 대게 되었는데, 그날 밤 꿈에 부처가 나타나 배 밑에
석불이 있으니 잘 모시라 했다. 이에 석불을 모
시고 자신도 삭발수도했다는 창건 설화를 간직
하고 있다.

• 주소 : 경기도 김포시 금포로 1487-5(운양동 831)

파주 용미리 석불입상

파주시 광탄면 용미리에 있는 고려시대의 불상으로 '용미리 마애이불입상'이라고도 한다. 자연
암벽에 불신을 조각하고 그 위에 목, 머리, 갓 등을 별도로 조성하여 결합한 2구의 병렬식 불상으
로 높이가 17.4m에 이르는 거불이다. 보물 제93호로 지정되었다.

우측 불상은 사각의 갓을, 좌측 불상은 원통형의 관을 쓰고 있어서 매우 토속적인 분위기를 풍긴
다. 한눈에 보기에도 사각의 갓을 쓴 불상은 남상이고, 둥근 갓을 쓴 불상은 여상이다. 가늘고 긴

눈, 큰 코, 꾹 다문 큰 입 등 이목구비
가 대체로 큼직큼직하다. 우측 불상은
두 손을 가슴 높이로 들어 합장을 했
는데 손이 유난히 커 보인다. 좌측 불
상은 두 손으로 연꽃가지를 들었는데
관촉사 은진미륵과 비슷한 모습이다.
통견의 법의가 온몸을 감싸고 있다.
가슴에는 군의를 묶은 띠 매듭이 보이

며, 그 아래로 U자형 옷 주름이 굵고 선명하다.

전하는 말에 의하면 자식이 귀했던 고려 선종은 원신궁주까지 맞아들였지만 왕자를 얻지 못했다. 후대를 염려하며 시름에 잠겨 있던 궁주가 어느 날 밤 꿈을 꾸었는데, 두 명의 도승이 나타나 말했다.

"우린 장지산 남쪽 기슭의 바위틈에 사는 사람들이오. 지금 매우 시장하니 먹을 것을 좀 내주시오."

잠이 깬 궁주가 너무 이상해서 그 이야기를 들려주자 왕은 곧 장지산으로 사람을 보내 알아보라 일렀다. 그러자 얼마 후 장지산 아래에 커다란 바위 두 개가 나란히 서 있다고 보고해왔다. 왕은 몹시 상서로운 일이라 여기고 즉시 그 바위에 두 도승의 모습을 새기라 명한 뒤 절을 짓고 불공을 드렸는데, 그해에 왕자 한산후가 태어났다.

선종과 원신궁주의 왕자인 한산후의 탄생 일화가 전해지고, 불상 옆에 명문까지 남아 있어서 고려 시대의 지방화된 불상 양식을 연구하는 데 귀중한 자료로 평가되고 있다.

• 주소 : 경기도 파주시 광탄면 용미리 산 8 · 9

⊙ 이해를 돕기 위한 용어 해설

⊙ **이해를 돕기 위한 용어 해설**

| 부처님의 모습과 특징 |

• **광배(光背)** : 회화나 조각에서 부처님의 성스러움을 상징적으로 표현하기 위해 머리나 등 뒤에 새겨 넣은 둥근 빛. 보통 두광, 신광, 거신광 등이 있다. 광배에 작은 화불(化佛)을 배치하여 여러 형태로 변화되어 나타나는 영겁의 불타세계를 상징하기도 한다.

• **두광(頭光)** : 부처님과 보살의 정수리에서 나오는 빛.

• **신광(身光)** : 부처님과 보살의 몸에서 발하는 빛.

• **거신광(擧身光)** : 부처님과 보살의 온몸에서 나오는 빛.

• **상호(相好)** : 불상의 얼굴. 부처님의 몸에 갖추어진 훌륭한 용모와 형.

• **백호공(白毫孔)** : 눈썹 사이에 오른쪽으로 말리면서 나와 있는 희고 부드러운 터럭. 대승불교에서는 광명을 비춘다고 하여 부처님뿐 아니라 여러 보살도 백호를 갖추고 있다. 작은 원형을 도드라지게 새기거나 수정 같은 보석을 끼워 넣기도 한다.

• **소발(素髮)** : 민머리.

• **나발(螺髮)** : 오른쪽으로 말린 꼬불꼬불한 나선형 머리카락. 소라 껍데기처럼 틀어 말린 모양이어서 나발이라 한다.

• **육계(肉髻)** : 부처님의 정수리에 혹과 같이 살이 오르거나 머리뼈가 튀어 올라 상투처럼 보이는 것으로, 지혜를 상징한다.

• **삼도(三道)** : 부처·보살상에서 볼 수 있는 목 주위에 표현된 세 개의 주름. 생사(生死)를 윤회하는 인과(因果)를 나타내며 번뇌도(煩惱道), 업도(業道), 고도(苦道)를 의미한다. 원만하고 광대한 불신(佛身)을 나타내는 상징적 형식이다.

• **통견의(通肩衣)** : 부처님이나 승려가 입는 의복을 법의(法衣) 또는 가사(袈裟)라고 하는데, 통견(通肩)은 양어깨를 모두 가리는 방식이고 우견편단(右肩偏袒)은 오른쪽 어깨를 드러낸 방식이다.

• **천의(天衣)** : 천인(天人)이나 선녀의 옷. 보통 보살상이 나신의 상체에 숄처럼 어깨에 걸쳐 두른다.

• **연화좌(蓮花座)** : 불상을 안치한 연꽃무늬 대좌, 연화대라고도 한다. 부처님과 보살만 앉을 수 있다.

• **고부조(高浮彫)** : 높은 돋을새김. 모양이나 형상의 표현을 매우 두껍게 드러내는 부조.

• **환조(丸彫)** : 대상을 입체적으로 조각하여, 주위를 돌아가며 만져볼 수 있도록 한 3차원 조각.

• **선각(線刻)** : 부처님의 얼굴이나 신체를 선으로 새겨 표현하는 것.

• **화불(化佛)** : 여러 형태로 변화되어 나타나는 영겁의 불타세계를 상징하는 것으로, 응신불(應身佛) 또는 변화불(變化佛)이라고도 한다. 불·보살이 중생을 제도하기 위해 때와 장소를 가리지 않고 나타나는 것으로, 작은 여래의 형태로 표현된다. 보통 관음보살과 대일여래는 보관(寶冠)에 화불이 표현되고, 광배에 작은 화불을 배치하는 경우도 있다.

| 수인 |

• **수인(手印)** : 모든 불상·보살의 서원을 나타내는 손 모양 또는 수행자가 손이나 손가락으로 맺는 인(印)이다. 부처님이 내자증(內自證)의 덕을 표시하기 위해 열 손가락으로 여러 가지 모양을 만드는 표상이다. 석가여래불의 경우 주로 선정인(禪定印)·항마촉지인(降魔觸地印)·전법륜인(轉法輪印)·시무외인(施無畏印)·여원인(與願印)을 취하고 있다. 또 비로자나불의 지권인(智拳印)과 법계정인(法界定

印), 아미타불의 미타정인(彌陀定印), 합장인 등이 있다. 삼국시대에는 여원인·시무외인이 유행했고 통일신라시대인 8세기에는 항마촉지인이, 9세기 이후에는 지권인이 유행했다. 고려시대에는 더욱 다변화된 형태가 나타나고, 조선시대에는 불상의 존명에 따라 수인의 형태가 정립되었지만, 항마촉지인이 가장 많이 나타나고 있다. 우리나라 불상은 수인만으로 그 명칭을 판단하기 힘들다. 선정인의 경우 아미타 선정인일 수도 있고, 석가 근본 5인 가운데 나타나는 선정인일 수도 있다. 수인은 그 불상이 지니고 있는 불성(佛性)의 표상일 뿐, 존명 자체를 결정짓지는 않는다.

- **선정인** : 법계정인과 동일한 형태로, 삼마지인(三摩地印)이라고도 한다.
- **항마촉지인** : 석가모니의 정각(正覺) 성취를 상징하는 수인이다. 결가부좌한 자세의 선정인에서 오른손을 오른쪽 무릎에 얹어 손가락으로 땅을 가리키는 모습이다. 그래서 촉지인(觸地印) 또는 지지인(指地印)이라고도 한다. 정각을 성취한 석가모니가 악마의 장난을 물리쳤음을 지신(地神)으로 하여금 최초로 증명하게 하는 수인이다.
- **전법륜인** : 석가모니의 설법(說法)을 상징하는 수인이다. 처음 정각을 이룬 석가모니는 그를 따라다니면서 수행하던 다섯 비구를 위해 녹야원(鹿野苑)에서 고(苦)·집(集)·멸(滅)·도(道)의 사제(四諦) 법문을 설하였다. 이 같은 설법의 모습을 나타내는 수인으로, 왼손과 오른손의 엄지와 검지를 각각 맞대고 나머지 손가락은 펴며, 두 손은 가까이 접근시킨 모습을 나타낸다.
- **시무외인** : 모든 중생에게 무외(無畏)를 베풂으로써 두려움에서 벗어나 온갖 근심·걱정을 없애주는 수인이다. 다섯 손가락을 가지런히 펴서 손바닥을 밖으로 하여 어깨높이까지 올린 모습이다.

- **여원인** : 부처님께서 중생에게 대자(大慈)의 덕을 베풀어 중생이 원하는 바를 달성하게 하는 수인이다. 다섯 손가락을 편 상태에서 손바닥을 밖으로 하여 손 전체를 내린 모습으로, 시무외인과 반대 위치에 손이 있다.
- **지권인** : 왼손 검지를 펴서 오른손으로 감싸 쥐고 오른손 엄지와 왼손 검지를 서로 댄 손 모양이다. 이때 오른손은 불계(佛界), 왼손은 중생계를 상징하는데 부처님과 중생이 둘이 아니고 미혹과 깨달음이 하나라는 것이다.
- **법계정인** : 석가모니의 근본 5인과 동일한 형태로, 결가부좌에 두 손의 엄지를 단전 아래에서 서로 맞대는 모습이다. 손의 위치가 바뀌는 경우도 있지만, 오른손이 왼손 위에 놓이는 것이 원칙이다.
- **미타정인** : 선정인에서 조금 변형된 수인이다. 무릎 위 단전 아래에 왼손을 놓고 그 위에 오른손을 포개놓은 다음 검지를 구부려 엄지의 끝을 맞대어 검지가 서로 닿게 한다. 입상일 때는 설법인(說法印)으로 나타난다. 이 미타정인에는 9품(品)이 있어 이를 아마타여래 9품인이라고 한다. 즉 극락세계에 왕생하는 무리를 상·중·하 3품으로 나누고, 이를 각기 3생으로 나누어 9단계의 수인으로 나타낸다. 먼저 상품상생인(上品上生印)은 선정인과 동일한 것으로 왼손 위에 오른손을 놓고 손바닥을 위로 하여 검지를 구부려 엄지에 댄다. 상품중생인(上品中生印)은 같은 손 모양에서 중지를 구부려 엄지에 대고, 상품하생인(上品下生印)은 약지를 구부려 엄지에 댄 모양이다. 중품(中品)의 수인은 두 손을 가슴 앞까지 들고 손바닥은 밖으로 하는데 중품상생인은 두 손의 검지를 엄지와 마주 대고, 중품중생인은 장지를 서로 대고, 중품하생인은 약지를 댄다.

| 부처님 |

- **부처**〔붓다(Buddha)＝불타(佛陀)〕 : 우리가 흔히 말하는 부처님은 기원전 5세기 무렵 인도 카필라국의 왕자로 태어나, 스물아홉 살에 출가하여 일체의 번뇌를 끊고 깨달음을 이루어 중생을 설법하고 깨우쳐주었던 석가모니를 일컫는다. 원래 이름은 고타마 싯다르타로, 깨달음을 이루면서 세존, 석존, 붓다 등으로 불렸다. 석가(釋迦)란 현재 네팔령에 있는 샤카족을 한자음으로 옮겨 부른 말이며, 모니(牟尼)는 인도어로 성자를 의미한다. 세존(世尊)은 신성한 사람, 이 세상에서 가장 존경받을 만한 사람을 의미한다. 즉 석가모니 세존이란 샤카족 출신의 성자로, 이 세상에서 가장 존경받고 숭배되는 사람이라는 의미이다. 이 존칭을 우리는 부처라고 말하고 있는 것이다. 부처라는 말의 근원은 인도어로 깨달은 사람이라는 뜻의 붓다(Buddha)이다. 이것이 중국에 전해지면서 불타(佛陀)로 변하고, 우리나라에 와서 부처로 발음되었다. 부처님이라고 하면 고타마 싯다르타를 일컫지만 석가모니불 말고도 많은 부처님이 존재하는 대승불교에서는 '깨달은 사람(覺者)', '흔히 아는 사람(知者)'을 의미한다. 따라서 지금은 부처님과 보살 등을 포함하여 불교 신앙의 대상을 부처님이라고 정의하는 것이 일반적이다.
- **불상**(佛像) : 부처님을 시각적인 조형 매체로 표현한 조각상. 좁은 의미로는 석가여래의 존상을, 넓은 의미로는 부처님뿐 아니라 비로자나, 아미타여래, 약사불, 미륵불 등과 보살상, 천왕상(天王像), 명왕상(明王像), 나한상(羅漢像) 등을 포함한다.
- **비로자나불**(毘盧遮那佛) : 현상세계에 나타난 화신 부처님의 원래 모습으로 진리 그 자체를 상징한다. 진신 또는 법신이라고도 한다. 화엄경의 주존불(主尊佛)로 부처님의 광명

이 모든 곳에 두루 비치며 그 불신(佛身)은 모든 세계를 포용하고 있다는 의미이다. 그래서 비로자나불이 봉안된 불전을 대광명전 혹은 대적광전이라 한다. 형상은 보통 지권인을 취하며 협시로 문수보살과 보현보살이 배치되는 경우가 많다. 불전이 큰 경우에는 좌우에 노사나불과 석가불이 협시하는, 이른바 삼신불을 모시는 것이 보편화되고 있다.
- **아미타여래불**(阿彌陀如來佛) : 영원한 수명과 무한한 광명을 보장해주는, 즉 시공간적으로 영원한 부처님이라는 뜻으로 서방 극락세계에 살면서 중생을 위해 자비를 베푸는 부처님. 무량수불 또는 무량광불이라고도 한다. 어떤 중생이라도 착한 일을 하고 아미타불을 지극정성으로 부르면 서방극락의 정토로 맞아주는 부처님이다. 무량수전, 극락전, 아미타전 등의 불전에 봉안하며 아미타여래 9품인을 짓고 좌우에 관음보살과 대세지보살을 협시하는데, 대세지보살 대신 지장보살 등을 모시기도 한다.
- **미륵불**(彌勒佛) : 석가모니 다음에 올 부처님으로, 흔히 메시아로 통한다. 현재 도솔천에 머물면서 56억 7,000만 년 뒤 이 세상에 나타나 용화수 아래에서 성불하고 세 번의 설법으로 모든 중생을 남김없이 구제한다는 미래불이다. 미륵불이 봉안된 불전은 용화전이며, 보통 연꽃 봉우리나 꽃가지를 든 용화수인을 짓고 있다. 청광과 신광보살 등을 협시불로 거느린 삼존불을 구성하기도 한다. 국보 제78호인 금동미륵반가사유상은 가장 아름다운 불교 작품으로 손꼽힌다.
- **약사불**(藥師佛) : 질병의 고통을 없애주는 부처님으로, 동방유리광세계에 살면서 모든 중생의 병을 치료하고 수명을 연장해주는 의왕(醫王)으로 추앙되고 있다. 다른 여래와 달리 손에 약그릇이나 보주 등 지물을 들고 있다. 협시상으로 일광보살 및 월광보살과 함께 약사 십이지신상을 거느리고 있다.

| 보살 |

- **보살상**(菩薩像) : 불교의 진리를 깨우치기 위해 수행하는 동시에, 부처님의 자비행을 실천하여 모든 중생을 교화하고자 노력하는 대승불교의 이상적인 수행자 상을 가리킨다. 관음보살, 대세지보살, 문수보살, 보현보살, 지장보살 등이 있다. 보살은 단독으로 예불되는 경우도 있지만, 보통은 불상의 양 협시(脇侍)로 표현된다. 보살상은 불상과 달리 법의가 없고, 상체는 나신으로 천의라 불리는 솔 같은 것을 어깨에 걸쳐 두르며 치마와 같은 상의를 입는다.
- **문수보살**(文殊菩薩) : 지혜를 상징하는 보살로, 여래불이나 비로자나불 왼쪽의 협시불이다. 문수전에 단독으로 봉안되기도 한다. 문수보살의 신앙은 화엄경이나 반야경 등에서 가장 강조되고 있다.
- **보현보살**(普賢菩薩) : 불교 자비의 이치를 상징하는 보살로, 문수보살과 함께 여래불이나 비로자나불을 협시하는 2대 보살 중 하나이다. 보현전에 단독으로 봉안되기도 하는데, 법화경이나 화엄경의 으뜸 보살로 인기가 높다.
- **관음보살**(觀音菩薩像) : 보살의 특징인 자비를 가장 극명하게 나타내고 있는 '자비의 화신'으로, 보살 중의 보살로 통한다. 손에 정병이나 버들가지를 들고 있는 계인이며, 보관에 화불을 표현하고 있다. 천수천안관음보살의 경우 여러 개의 손과 눈을 지니고 있다. 관음보살은 아미타불을 협시하는 8대 보살에 해당하며, 여래불의 협시보살이나 다른 보살의 협시보살로 표현되기도 한다. 후대에 와서 관음보살상만 단독으로 모시는 경우가 많아졌다. 원통전은 관음보살이 주불로 모셔질 때 붙이는 명칭이고, 부속 불전인 경우에는 관음전에 봉안된다.
- **대세지보살**(大勢至菩薩) : 관음보살상과 함께 아미타불을 협시하는 보살. 보관에 보병을 새기거나 손에 보병이나 연꽃을 든 모습으로 서악 아미타삼존상의 대세지보살상이나 벽도산 대세지보살상 등이 대표적이다.
- **일광 · 월광보살**(日光 · 月光菩薩) : 약사불의 협시보살상으로, 이마나 보관에 해와 달을 표현하고 있다. 방어산 마애약사삼존불상의 좌우 협시 일광 · 월광보살상이 대표적이다.
- **지장보살**(地藏菩薩) : 지장보살은 지옥, 아귀, 축생, 수라, 사람, 하늘 등 6도의 윤회에 끝없이 방황하는 중생들을 구제하고 지옥의 고통에 허덕이는 중생들을 극락세계로 이끌어주는 구세주이다. 따라서 수많은 사람들이 죽은 후 지옥의 고통에서 벗어나고자 지장보살을 염원하며, 현실의 고통으로부터 해탈시켜주는 자비의 화신인 관음보살과 함께 민중들의 아낌없는 사랑을 받는 부처님이다. 명부전의 주불로 봉안되며 좌우에 명부를 주재하는 10대 왕을 거느리고 있다.

기적을 찾아가는 돌부처 기행

미륵 로드

초판 1쇄 ⏐ 2015년 11월 30일

지은이 ⏐ 유동후
펴낸이 ⏐ 유동범
펴낸곳 ⏐ 도서출판 토파즈

출판등록 ⏐ 2006년 6월 26일 제313-2006-000137호
주　소 ⏐ 경기도 고양시 덕양구 행신동 746-7번지 써니빌 102호
전　화 ⏐ 02-323-8105
팩　스 ⏐ 02-323-8109
이메일 ⏐ topazbook@hanmail.net

ISBN　978-89-92512-45-9 (03220)